Jana Haas

Mein Seelenweg ins Licht

GOLDMANN

Buch

Schon von klein auf spürt Jana Haas, dass sie anders ist: Unerlöste Seelen offenbaren sich ihr, Nahtoderlebnisse ängstigen sie, düstere Stimmen suchen ihre Nähe. Wie sie die destruktive Dunkelheit hinter sich lässt und lernt, ihre außergewöhnliche Gabe anzunehmen und lichtvoll zu leben, schildert die Engelbotschafterin und Bestsellerautorin erstmals in ihrer berührenden Lebensgeschichte. Sie handelt davon, wie aufrichtige Liebe uns heilt. Von der geistigen Welt und ihrer liebevollen Führung. Und vom Vertrauen, das uns durch scheinbar aussichtslose Situationen trägt, durch Angst oder Selbstzweifel zurück ins Licht zu Selbstliebe, Seelenwärme und Verbundenheit. So kann Jana Haas' Heilungsweg wegweisend auch für unsere eigene Heilung werden.

Autorin

Jana Haas hat russische Wurzeln und lebt seit 1992 in Deutschland. Seit ihrer Kindheit verfügt sie über die Gabe der Hellsichtigkeit und kann geistige Dimensionen genauso deutlich sehen wie die materielle Welt. Durch ihre liebevolle, klare Ausstrahlung und ihre Bücher eroberte sie eine große Fangemeinde. In zahlreichen Vorträgen und Seminaren gibt sie ihr Wissen weiter. Die Autorin lebt am Bodensee.

Von Jana Haas sind folgende Titel bei Goldmann und Arkana lieferbar:

Der Seelenplan (22139)
Heilen mit der göttlichen Kraft (22191)
Dein Herz kennt den Weg (22258)
Das Seelenhören (22322)
Ein Engel für dich – Kartenset (34284)

Jana Haas

mit Franziska Muri

Mein Seelenweg ins Licht

GOLDMANN

Sollte diese Publikation Links auf Webseiten Dritter enthalten, so übernehmen wir für deren Inhalte keine Haftung, da wir uns diese nicht zu eigen machen, sondern lediglich auf deren Stand zum Zeitpunkt der Erstveröffentlichung verweisen.

Die hier vorgestellten Informationen und Ratschläge sind nach bestem Wissen und Gewissen geprüft. Dennoch übernehmen Autorin und Verlag keinerlei Haftung für Schäden irgendeiner Art, die sich direkt oder indirekt aus dem Gebrauch dieser Informationen, Tipps und Ratschläge ergeben. Im Zweifelsfall holen Sie bitte ärztlichen Rat ein.

MIX
Papier | Fördert gute Waldnutzung
FSC® C014496

Penguin Random House Verlagsgruppe FSC® N001967

1. Auflage
Vollständige Taschenbuchausgabe Februar 2023

Lektorat: Ralf Lay
Umschlaggestaltung: ki 36 Editorial Design, München, Daniela Hofner
Umschlagporträt: © Frank Bauer
Satz: Satzwerk Huber, Germering
Druck und Bindung: GGP Media GmbH, Pößneck
Printed in Germany
SC · CB
ISBN 978-3-442-22358-9

Inhalt

Prolog

Schwer atmend saß ich am Ufer des riesigen Sees. Es war, als würden mich seine Wellen noch immer bewegen. Aufgewühlt. Ruhelos. Einer unermesslichen Kraft hingegeben. Mein Körper schmerzte, und bei jedem Atemzug brannte es in meiner Brust. Mein ganzer Leib zitterte. Minutenlang hatte ich Wasser ausgehustet, während die Erschütterungen meine Lunge fast zu zersprengen drohten.

Ich schaute aufs Wasser und versuchte, mich zu fassen. Sechs Jahre war ich alt, in wenigen Wochen würde ich in die Schule kommen. In einiger Entfernung sah ich meine Familie sitzen und ihren Urlaubsspäßen nachgehen. Sie hatten noch nicht einmal bemerkt, dass ich weg war. Ich würde nicht zu ihnen hinübergehen.

Ich hatte dem Tod in die Augen geschaut. Wieder einmal. In den Fluten dieses Sees hatte er nach mir gegriffen und mich dann doch wieder losgelassen. Wie schon so oft. Doch diesmal war etwas anders. Während ich an diesem Ufer saß, spürte ich eine unbeschreibliche Stärke und innere Reife in mir. Ich wusste: Mir kann nichts passieren, denn die Seele ist unsterblich. Selbst wenn ich sterbe – ich kann nie tiefer fallen als in Gottes Hände. Als in dieses liebevolle Bewusstsein, das mich in der Tiefe des Wassers als warmes goldenes Licht umfangen hatte. Leicht und frei war ich darin gewesen, vollständig angenommen.

Doch ich musste zurück in meinen Körper, der kalt und schwer geworden war. Ich musste zurück ins Leben. Dieses goldene Licht jedoch und die tiefe Geborgenheit der göttlichen Liebe, sie sollten mich nie wieder verlassen.

Meine Kindheit in Russland

Wenn ich an meine frühe Kindheit zurückdenke, sehe ich immer wieder ein Bild vor mir: ich im hintersten Eckchen des Gartens auf einer Wiese voller Mohnblumen und Nelken. Geflohen aus dem Haus der Großeltern, in dem die Erwachsenen laut stritten.

Ich bin in Kasachstan geboren, und unsere Familie ist oft umgezogen. Eine Zeit lang lebten wir bei den Großeltern, und heftiger Streit war an der Tagesordnung. Disharmonie, Neid, ja sogar Hass prägten die Stimmung. So dünnhäutig, wie ich als Kind war, konnte ich diese Schwingung schier nicht aushalten. Zum Glück konnte mir meine Intuition immer schon frühzeitig mitteilen, wann wieder ein Konflikt eskalieren würde. Und so brachte ich mich rechtzeitig aus der Schusslinie, lief aus dem Haus und versteckte mich in meinem kleinen Paradies: dem Garten der Großeltern. Ich verzog mich in die hinterste Ecke, um ja nicht gefunden zu werden. Dort saß ich dann auf der Wiese. Die Blumen und die herumschwirrenden Insekten halfen mir, mich zu beruhigen.

Die Natur war für mich schon im Vorschulalter das Paradies auf Erden. Während im Haus meiner Familie aggressiv gestritten wurde, tauchte ich ein in die Liebe, die für mich auch damals schon von der Schöpfung ausging. Ich spürte eine himmlische Präsenz, konnte sie aber noch nicht benennen. Ich kannte nicht einmal Märchen oder Sagen, und man hat uns auch niemals Gutenachtgeschichten vorgelesen. So konnte ich keine Vorstellung von Natur- und Fabelwesen, von Zwergen und Gnomen, von Feen und Elfen entwickeln. Doch ich erlebte ganz aus mir selbst heraus die Natur als einen heiligen Ort. Vollkommen, konfliktfrei, friedvoll. Liebe habe ich als Kind immer durch den Rückzug in die Natur erfahren, weniger durch Menschen. Denn die Menschen um mich herum in meiner Ursprungsfamilie waren alle in hohem Maße mit sich selbst beschäftigt und überfordert.

Einen Menschen allerdings gab es, mit dem mich eine besondere Liebe verband: meine Urgroßmutter mütterlicherseits, Palina. Wenn ich mir meine Kinderfotos anschaue, dann sehe ich mich ausschließlich mit ihr in einem innigen Kontakt und auch mal in einer Umarmung. Sie war für mich in ihrem ganzen Wesen ein heiliger, liebevoller Mensch. Wenn wir Enkelkinder – ich war die Älteste der ganzen Schar – ins Haus kamen, war sie diejenige, die sich erkundigte, ob wir Hunger haben. Und egal, zu welcher Tages- oder Nachtzeit, sie hat uns etwas gebacken oder gekocht. Kein Gericht war ihr zu kompliziert oder zu aufwendig, wenn sie uns Kinder damit stärken konnte.

Mit meiner Urgroßmutter Palina verband mich eine besondere Liebe.

Mein Studium in den Armen der Urgroßmutter

Schon in meinen ersten Lebensjahren begegneten mir Tag und Nacht die Seelen zahlreicher Verstorbener. Sie spukten auch durch meine Träume, immer neu kamen sie auf mich zu und zeigten sich mir in den erschreckendsten Bildern. Ich wusste nicht, warum sie das taten und was sie von mir wollten, und so wurde ich fast jede Nacht von Panik ergriffen. Zu meiner Mutter oder meinem Vater konnte ich damit nicht gehen. Sie wollten davon nichts wissen. Einzig meine Urgroßmutter schickte mich nicht weg, sondern nahm mich in meiner Angst einfach in ihre Arme.

Es war in der damaligen UdSSR verboten, einer Religion nachzugehen – doch meine Urgroßmutter führte auf ihre Weise ein spirituelles Leben. Sie strukturierte ihren Alltag ganz klar danach, dass sie mehrmals täglich Gebetszeiten für sich fand. So sah ich sie zu bestimmten Zeiten immer in ihrem Zimmer vor ihrem Altar knien und vor ihren Ikonen beten. Ich war fasziniert davon, sie mit vor der Brust gefalteten Händen zu sehen, inbrünstig, ihre Gebete innerlich sprechend. In ihrem Raum spürte ich eine heilige Stimmung in Form von Frieden und bedingungsloser Liebe.

Meine Urgroßmutter bemerkte natürlich mein Interesse für ihre Spiritualität; und da solche Dinge verboten waren, wollte sie mich und sich selbst nicht in Gefahr bringen. Also schaute sie mich voller Verständnis an und sagte: »Janotschka, über die geistigen Welten kann man nicht sprechen, die kann man ausschließlich in sich selbst erfahren.«

Dieser Satz hat mich schon damals dazu gebracht, noch genauer hinzuschauen, zu lauschen und zu versuchen, alle

Antworten in mir selbst zu finden, unabhängig davon, was mir mein Umfeld und irgendwelche Autoritäten vorschreiben wollten. Viele Menschen bewundern heute meine liebevolle Art, mein gütiges Lächeln, meine freundliche Weise, mit den Dingen umzugehen. Und wenn ich an den Start meines Lebens denke und daran, wo mir eine solche Liebe und etwas Heiliges schon früh begegnet sind, dann finde ich dafür eindeutig zwei Quellen: die Natur und meine Urgroßmutter Palina. Sie strahlte stets bedingungslose Liebe aus, sie war vollkommen frei von Habgier und Neid, unprätentiös, zurückhaltend und dabei zugleich enorm präsent und stark. Diese Power hat mein Bild von Weiblichkeit geprägt. Auch wenn bei uns damals durch große Existenzängste, durch Nachwirkungen des Zweiten Weltkriegs und politische Intrigen eine dunkle Schwere über allem lag, so hat mich dieses Reine und Heilige, das von meiner Urgroßmutter ausging, doch erreicht. Ich durfte erfahren, wie viel Kraft ein einzelner Mensch hat, der in Liebe und Einfachheit seinem spirituellen Weg folgt. Wie viel Einfluss er auf andere Menschen nehmen kann, indem er in all seiner Bescheidenheit einfach so ist, wie er ist. Meiner Urgroßmutter war dies trotz politischer Niederungen und familiärer Disharmonien möglich. Dabei war sie eine Frau, die den Zweiten Weltkrieg erlebt und darin auch mehrere Kinder und ihren Mann verloren hatte.

Ich erinnere mich in diesem Zusammenhang an eine Geschichte von dieser Urgroßmutter. Man hat bei uns über den Krieg nicht gesprochen, aber diese eine Geschichte hat sie mir erzählt, um meinen Glauben zu stärken: Sie lebte mit ihrer Familie in einem wolgadeutschen Dorf, das im Krieg überfallen und zerstört wurde. Die Männer wurden in Konzentrationslager verschleppt, die Frauen und die Kinder im russischen Winter bei minus vierzig Grad einfach ausgesetzt. So irrte meine Urgroßmutter mit ihren Kindern draußen durch die Kälte und musste zulassen, dass eins nach dem anderen erfror. Sie konnte nichts tun. Irgendwann saß sie mit ihren zwei verbliebenen Töchtern im Schnee und spürte, dass auch sie bald erfrieren würde. Sie würde in der schmerzvollen Gewissheit sterben, auch ihre letzten beiden Kinder diesem Schicksal überlassen zu müssen.

Meine Urgroßmutter machte sich innerlich bereit für ihren Tod. Sie wurde ganz still und betete. Da erstrahlte mit einem Mal ihr Schutzengel vor ihr; und mit einer machtvoll donnernden Stimme befahl er ihr regelrecht, nicht aufzugeben und aufzustehen. Er zeigte ihr in einem klaren Bild, wo sie ein Haus finden würde, an dessen Tür sie klopfen solle. Dort würden Russen wohnen, die sie – eine Wolgadeutsche mitten im von Deutschen angezettelten Krieg – einlassen würden. Seine Kraft war so überzeugend, dass sie ihren letzten Lebensmut zusammennahm, ihre beiden Kinder aufhob und sich zu diesem Haus schleppte, auf das der Engel verwiesen hatte. Und da geschah es: Man öffnete ihr und ließ sie hinein. Meine Urgroßmutter und ihre beiden Töchter konnten überleben.

So gut die Geschichte für diese drei letztlich ausging, diese frühe Erfahrung hat die Töchter meiner Urgroßmutter stark traumatisiert. Sie konnten ihre Herzen ihr Leben lang nicht mehr für Gnade und Liebe öffnen. Die Urgroßmutter hingegen hat sich offenbar trotz all der Verluste – auch ihr Mann starb an den Folgen seiner Zeit im Konzentrationslager – ganz bewusst dafür entschieden, für die Gnade ihrer Rettung dankbar zu sein und keine Verbitterung zuzulassen. Sie hat sich für die

Güte entschieden und dies ihr Leben lang so beibehalten. Ganz gleich, wie unmenschlich sich manche in ihrem Umfeld auch benommen haben, sie hat nie ein böses Wort verloren, niemals jemanden bewertet. Ich glaube, das ist die wahre Engelsstärke: nicht zu bewerten, sondern in tiefster Güte Verständnis aufzubringen und liebevoll zu handeln. Eine solche Kraft in einem einzigen Menschen reicht für viele. Und sie zog sich, wenn ich heute zurückschaue, wie ein schmaler, aber spürbarer roter Faden durch die Jahre meiner Kindheit. Oder vielleicht sollte ich eher sagen: wie ein goldener Faden durch eine ansonsten recht düstere und schwere Welt.

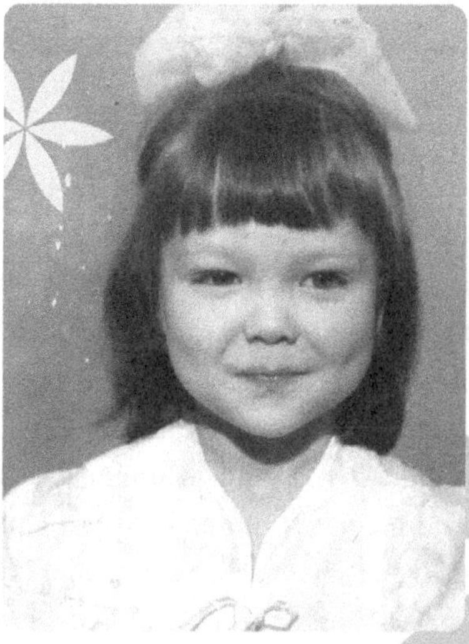

Als Kind war ich meist sehr ernst. Ich hatte so viele Fragen.

Bis heute erinnere ich mich immer wieder an diese Kraft der Güte und der bedingungslosen Liebe, wenn ich vor Schwierigkeiten stehe. Damit wird mir auch stets ganz schnell wieder der größere Rahmen, die höhere Ebene bewusst, in die sich jede aktuelle Begebenheit wie ein kleines Mosaiksteinchen einbettet. Mein Fokus geht auf das, was wirklich von Bedeutung ist: die Seelenstärke. Es sind nicht die Widrigkeiten, die hier und da durch das Wirken verschiedener Egos entstehen. Was zählt, ist unsere innere Kraft.

Ein Kind lernt ja durch das Nachahmen, und so habe ich unbewusst sehr viel von meiner Urgroßmutter und ihrer Spiritualität aufgenommen. Ich weiß nicht, ob sie um meine feingeistigen Fähigkeiten gewusst hat. Wir haben nie darüber gesprochen, denn es war wie gesagt verboten, in irgendeiner Weise einem Glauben oder etwas Spirituellem anzuhängen. Man hätte dafür in die Psychiatrie kommen können oder wäre Repressalien ausgesetzt gewesen. Doch meine Urgroßmutter kümmerte sich ganz besonders um mich. Wenn mich vor allem nachts Visionen und die Seelen Verstorbener aufsuchten und ich damit nicht umgehen konnte, sondern in Panik verfiel, dann hielt sie mich einfach in ihren Armen fest. Sie sprach nicht. Sie hielt mich, damit ich meine Emotionen auszuhalten und zu überwinden lernte und in mir selbst zu meinen Erkenntnissen und meiner Meinung kommen konnte. Letztlich hat sie auch das, was ich an Erschreckendem erlebte, niemals bewertet, niemals als gut oder schlecht bezeichnet. Nach dem Wort von Erich Fried: »Es ist, was es ist, sagt die Liebe.«

Heute weiß ich: Das war mein Studium. Gehalten von meiner Urgroßmutter durch meine heftigen Ängste und Emotionen hindurchzugehen und dabei zu lernen, sie nicht zu bewerten. Ich glaube heute, dass ich von meiner Geburt an auf meine Aufgabe in der Welt vorbereitet worden bin. Ich bin als Frühchen auf die Welt gekommen und hatte schon im ersten Lebensjahr mehrmals einen Herzstillstand. Die Ärzte sagten nicht nur einmal, dass sie nichts mehr für mich tun könnten. Doch meine Mutter gab mich nicht auf. Blau angelaufen lag ich in ihren Händen, und sie ließ mich nicht los, bis ich plötzlich doch wieder zu atmen begann – sie verfügte über starke geistige Heilkräfte. So bewegte ich mich von Anfang an immer auf der Schwelle zwischen den Welten.

Und auch auf der Schwelle zwischen Dunkel und Licht. Ich muss dazu sagen, dass in meiner Familie die spirituellen Fähigkeiten auf der mütterlichen, der wolgadeutschen ebenso wie auf der väterlichen, der russischen, Seite stark vertreten sind. Auf der mütterlichen Seite und insbesondere verkörpert durch meine Urgroßmutter bin ich an die Gnade der Philosophie und des Glaubens herangeführt worden – an die weiße Magie. Hierzu gehört beispielsweise das Wissen, dass ein guter Gedanke etwas Gutes bewirkt. Hierzu gehören Gebete und Segenssprüche. Von der väterlichen Seite hingegen strömten auf mich von Anfang an lauter düstere Geschichten ein, es wurde schwarze Magie betrieben, inklusive Verwünschungen und entsprechender Rituale. Hier ging es nicht selten darum, böse Gedanken zu kultivieren und anderen intensiv etwas Böses zu wünschen und dafür auch aktiv zu werden. So bewegte ich mich meine ganze Kindheit hindurch wie auf einem Grat. Oder anders gesagt: Es war, als stünde ich jahrelang an einer Weggabelung. Ich beobachtete, wie die einen schwarze Magie betrieben, was das für Menschen waren, wie es ihnen ging und wie sie sich entwickelten. Und auf der anderen Seite sah ich meine Urgroßmutter in ihrer bescheidenen und einfachen Art vor ihrem Altar beten, umgeben von etwas Heiligem und Liebevollem. In mir verbanden sich beide Blutlinien, und ich konnte als Kind natürlich nicht anders, als einfach nur alles mitzuerleben, zu beobachten und meine Erfahrungen zu machen.

Prüfung zwischen den Welten

Verschiedene Nahtoderfahrungen führten dazu, dass meine hellsichtigen Fähigkeiten immer stärker wurden. Bald erschienen mir die umherirrenden Geister von Verstorbenen nicht mehr überwiegend nur nachts, sondern verstärkt auch tagsüber, ohne dass ich etwas dagegen unternehmen konnte oder auch nur gewusst hätte, wie ich mit ihnen hätte umgehen können. Meine Wahrnehmungen des Feingeistigen wurden so stark, dass ich die Welten kaum noch auseinanderhalten konnte. In alldem wusste ich auf irgendeiner Ebene schon im Vorschulalter, dass eine Entscheidung von mir verlangt wurde. Ich musste festlegen, in welche Richtung ich gehen wollte: schwarz oder weiß?

Eines Nachts schließlich sah ich, wie sich die Seele aus meinem Körper erhob und auf Astralreise ging. Ich sah mich fliegen, weit, weit weg. Und plötzlich erlebte ich mich im Perm – einer sehr urigen Gegend in Russland, voller magischer Kraft. Hier passierte auch sehr viel im Geistigen, im Reinen wie im Unreinen. Es gibt dort tiefe Wälder, die zahlreiche Menschen anziehen, die auf die eine oder andere Weise magisch oder schamanisch aktiv sind. Ich nun erlebte mich mit meinen sechs Jahren als Seele dort im Wald sitzen. In der dunklen Umgebung erblickte ich die Seele meiner Urgroßmutter, leuchtend wie ein Engel. Mit ihrer Energie zog sie wie mit Kreide einen Kreis um mich herum. Von oben reichten mir die Engel ein Buch, und meine Urgroßmutter wies mich an, in dieser heiligen Schrift zu lesen. Sie sagte: »Resoniere nur auf das Gute und geh niemals mit deiner Aufmerksamkeit aus diesem Kreis heraus. In seiner liebevollen Resonanz bist du geschützt. Lies in diesem Buch und schöpfe all sein Wissen in dich hinein.«

Ich fing also an zu lesen – natürlich konnte ich mit sechs Jahren noch keine Wörter lesen, aber ich nahm die Energie aus dem Buch in mich auf. Es war, als würde ich all die lichtvolle Weisheit, die dort geschrieben stand, in mir spüren. So saß ich da mit diesem Buch in meinem Schutzkreis und hatte auch keine Angst.

Plötzlich hörte ich Trommeln wie für den Beginn einer Zeremonie. Ich hob die Augen vom Buch auf und sah auf einer Lichtung nicht weit entfernt einen Hexentanz. Mit machtvollen Gesten traten die unterschiedlichsten Gestalten auf, und ich erblickte unter ihnen auch einige aus meiner dunklen Verwandtschaft. Energisch und wild tanzten sie um ein Feuer in ihrer Mitte. Viele winken mir zu und versuchten, meine Aufmerksamkeit zu erhaschen. Plötzlich war die Stimme meiner Urgroßmutter wieder da: »Geh nicht in eine negative Resonanz! Bleib bei der positiven Resonanz und fokussiere dich auf das, was zählt: die heilige Schrift vor dir, die Worte in diesem Weisheitsbuch.«

Ich schaute also wieder in das Buch und las. Doch plötzlich bemerkte ich, dass der rasende Hexentanz nun um mich herum stattfand. All diese Gestalten mit ihren ausladenden Gesten tobten jetzt im Kreis um mich herum. Eintauchen allerdings konnten sie nicht in meinen Schutzraum. Ich spürte intensiv die Kälte dieser Menschen, ihre Negativität. Sie fuhr mir wie ein kaltes Grauen über den Rücken. Zugleich erlebte ich mich selbst in meinem Inneren aber ganz warm und stark. Und ich wusste, dass ich stärker bin als die Angst und auch stärker als die Versuchung.

Ich weiß nicht, wie lang diese Erfahrung gedauert hat, denn im Traum und in Visionen haben wir kein Zeitgefühl. Meinem Empfinden nach dauerte es die ganze Nacht, dass ich im Lotossitz über meinem Buch in diesem Wald saß, umringt von den dunklen Magiern und Hexen in ihrem Tanz. Irgendwann sah ich schließlich die Sonne aufgehen, ich spürte, wie mich die Flügel der Engel einhüllten und zurück nach Hause und in meinen Körper trugen. Ich nahm wahr, wie mich die Seele meiner Urgroßmutter streichelte. Und dann erschien ein Engel, der sagte: »Du hast dich für das Licht entschieden.« Die Prüfung war bestanden. Dann sprach der Engel weiter: »Du bist auf die Erde gekommen, um den Menschen das Licht zu bringen.«

Nach dieser Erfahrung war ich wie ausgewechselt. Ich war über Nacht gereift, der letzte Rest kindlicher Naivität hatte mich verlassen. Ich spürte sehr deutlich, dass ich mehr wusste, mehr erlebt hatte als andere, und das veränderte mich. Ich sah die Welt mit anderen Augen. Und auch ich wurde jetzt anders gesehen: Interessant war nämlich, dass ab diesem Zeitpunkt alle Schwarzmagier aus meinem Umfeld einen Bogen um mich machten. Sie konnten mir nicht mehr in die Augen schauen, sie merkten sofort, dass ich stärker war. Seitdem weiß ich auch, dass Menschen mit unreinen Absichten meinen Blick nicht ertragen. Ich war an dieser Prüfung gereift – und es sollte nicht die letzte sein.

Mit meinem Bruder und meiner Mutter im Fotostudio – in dicker Winterkleidung.

Sterben … und neu leben

Das erste Lebensjahrsiebt ist besonders prägend für uns Menschen. In den ersten sieben Jahren ist das Kind noch ganz im Seelenbewusstsein, bis mit den Einflüssen in der Schule das geistige Bewusstsein zu reifen beginnt. Jetzt werden Rationalität und Intellekt immer wichtiger, und die Emotionalität tritt in den Hintergrund, letztlich, damit das Kind in der irdischen und menschlichen Welt gut zurechtkommen kann.

In meinem Leben ist in den ersten sieben Jahren sehr viel passiert, was meine Spiritualität tief in mir verankert und für mein ganzes Dasein geprägt hat. Dazu gehört auch ein besonders nachhaltiges Erlebnis in meinem letzten Sommer vor der Einschulung. Ich war sechs Jahre alt, und wir waren mit der Familie in Kasachstan im Irtysch zum Baden. Ich konnte noch nicht schwimmen und spielte mit Nachbarskindern im Wasser Ball, immer so, dass ich noch gut stehen konnte. Doch ich war übermütig und unaufmerksam, und um einen Ball noch zu erreichen, sprang ich weiter ins Wasser hinein. In diesem Moment kam eine große Welle. Ich spürte, wie meine Füße den Halt verloren und mich die mächtige Welle nach unten riss. Von allen Seiten fühlte ich den enormen Druck des Wassers, aus dem ich mich nicht befreien konnte. Ich zappelte und strampelte, doch ich kam nicht mehr nach oben. Es wurde mit einem Mal unfassbar kalt in meiner Lunge. Ich rang nach Luft. Doch ich schmeckte nur Wasser, und mein Körper wurde kalt und schwer wie ein Stein. Er fiel und fiel und fiel auf den Grund des Sees. Ich verstand in diesem Moment: So fühlt sich der Tod an.

Ich sah meine Seele außerhalb des Körpers und beobachtete mit ihren Augen, wie der Körper immer tiefer sank. Es ging alles so schnell, ich hatte gar keine Zeit, Panik zu bekommen. Denn sobald ich mich als Seele erlebte und den Körper von außen betrachtete, spürte ich so viel Wärme rings um mich her. Ich konnte wieder atmen, und um mich herum war es paradiesisch schön. Eine freundliche Stille breitete sich in mir aus. In der physischen Realität war dieser See dunkel wie ein schwarzes Loch. Doch in meinem Seelenbewusstsein erlebte ich ihn voller wunderschöner Farben und faszinierender Fische. Voller Geborgenheit und Freude.

Ich wusste, dass mein Körper stirbt. Bald sah ich ein Licht und fragte mich mit kindlicher Neugier, wohin es wohl führt. Ich erkannte nach und nach einen Lichttunnel, der wie ein Strahl nach oben führte. Unwillkürlich begann ich als Seelenbewusstsein zu diesem Licht hinzuschwimmen – ich konnte zwar noch nicht schwimmen, aber ich machte gezielt Bewegungen, mit denen ich mich im Wasser auf diesen Lichttunnel zubewegen konnte. Alles war so voller Harmonie, ich schwebte im Glück.

Doch plötzlich stellte sich mein Schutzengel vor mich hin. So direkt erlebte ich ihn zum allerersten Mal, von Kopf bis Fuß sichtbar. Seine helle Gestalt leuchtete wie die Sonne, und mit seiner Ausstrahlung sagte er mir: »Deine Zeit ist noch nicht gekommen.« Doch ich sehnte mich so sehr nach dieser göttlichen Wärme und wollte weiter auf diesen Lichttunnel zuschwimmen. Er aber blieb vor mir stehen. Flehend fragte ich ihn, warum er mir den Weg versperre. Und dann sah ich vor meinen Augen einen Film ablaufen, der mir den Seelenplan enthüllte, den ich mir für dieses Leben vorgenommen hatte. Ich sah einige Haltestellen in meiner Zukunft, die ich gar nicht klar benennen könnte. Es waren sehr schnell ablaufende Filmfragmente, von denen mir vor allem ein Gefühl geblieben ist: Ich bin für bestimmte Aufgaben in die Welt gekommen, und meine Seele hat diese Aufgaben noch nicht vollbracht.

In meinem Inneren spürte ich damals mit sechs Jahren, dass es einen Sinn hätte, jetzt von dem verlockenden Schein des Lichttunnels abzulassen und als Mensch weiterzuleben. Kaum hatte ich mein inneres Ja zum Weiterleben verspürt, fühlte es sich so an, als ob mich jemand an den Haaren packte, nach oben zog und in Richtung Ufer schob. Es war eine ungeheure

Macht dahinter, und ich sah, wie mein Schutzengel seine Flügel ausbreitete und einen kleinen Tsunami erzeugte.

Mit aller Gewalt wurde ich – wusch! – weitergeschoben und spürte unglaublich unangenehm bald wieder meinen kalten Körper. Die Lunge war eisig und sehr schmerzvoll. Ich wusste zunächst nicht, wo ich war und was passiert war. Doch da war fester Boden unter mir. Und Luft zum Atmen. Ich hustete und spuckte das Wasser aus der Lunge. Ich war stark unterkühlt und musste mich erst wieder orientieren.

Schwer atmend saß ich dann am Ufer. Es war, als würden mich die Wellen noch immer bewegen. Aufgewühlt. Ruhelos. Einer unermesslichen Kraft hingegeben. Mein Körper schmerzte, und bei jedem Atemzug brannte es in meiner Brust. Mein ganzer Leib zitterte. Ich schaute aufs Wasser und versuchte, mich zu fassen. In einiger Entfernung sah ich meine Familie sitzen und ihren Urlaubsvergnügungen nachgehen. Sie hatten noch nicht einmal bemerkt, dass ich weg war. Ich würde nicht zu ihnen hinübergehen.

Ich hatte dem Tod in die Augen geschaut. Wieder einmal. In den Fluten dieses Sees hatte er nach mir gegriffen und mich dann doch wieder losgelassen. Wie schon so oft. Doch diesmal war etwas anders. Während ich an diesem Ufer saß, spürte ich eine unbeschreibliche Stärke und innere Reife in mir. Ich wusste: Mir kann nichts passieren, denn die Seele ist unsterblich. Selbst wenn ich sterbe – ich kann nie tiefer fallen als in Gottes Hände. Als in dieses liebevolle Bewusstsein, das mich in der Tiefe des Wassers als warmes goldenes Licht umfangen hatte. Leicht und frei war ich darin gewesen, vollständig angenommen.

Nun war ich zurück in meinem Körper, zurück im Leben. Dieses goldene Licht jedoch und die tiefe Geborgenheit der göttlichen Liebe, sie sollten mich nie wieder verlassen. Auch dieses unfassbare Wunder, wie ich mithilfe der Engel aus dem Wasser ans Land befördert wurde, wird mich ein Leben lang begleiten und meinen Glauben aufrechterhalten.

Aus der Einsamkeit zur inneren Stärke

Bei den meisten Kindern ist es wie gesagt so, dass die Fähigkeit, in die geistigen und seelischen Welten zu schauen, um das siebte Lebensjahr herum abnimmt und schließlich zugunsten von Rationalität und Effektivität fast ganz verschwindet. Doch bei mir hat diese Nahtoderfahrung im Irtysch dazu geführt, dass meine Fähigkeit des geistigen Schauens nicht aufhörte, sondern blieb und sich weiterentwickelte. Von diesem Tag an war meine Gabe noch stärker wahrnehmbar. Das allerdings überforderte mich erneut. Aus dieser Erfahrung im See war mir zwar eine unglaubliche Gewissheit im Herzen geblieben, doch leicht war es weiterhin nicht. Jede Nacht besuchten mich die Seelen Verstorbener, und auch tagsüber nahm ich immer mehr Details aus den geistigen Welten wahr, vor allem sehr viel Dunkles.

Ich hatte in meiner Kindheit in fast jeder Nacht etwa fünfzehn Träume. Fünfzehn verstörende Geschichten oder Begegnungen, die ich allein mit mir verarbeiten musste. Die meisten waren Albträume, all diese suchenden Seelen gingen durch mich hindurch, und ich konnte damit nicht umgehen. Ich wusste nicht, was sie von mir wollten, und sie konnten sich mir nicht verständlich machen. Ich hatte Angst, mit ihnen zu reden oder sie überhaupt nur direkt anzuschauen. Wenn ich mit meiner Mutter darüber sprechen wollte, wehrte sie es ab und sagte, ich solle über so etwas nicht reden, sonst käme ich in die Geschlossene. Also hielt ich mich daran, schwieg und focht all die Kämpfe in meinem Inneren aus. Es war eine große Überforderung. So konnte ich auch bis Mitte zwanzig nicht ohne Licht schlafen, dann hätte mich die Angst überrollt.

Auch in der Schule verfolgten mich die Seelen. Ich konnte mich fast nie auf den Unterricht konzentrieren, denn wenn ich zur Lehrerin nach vorn an die Tafel schaute, dann war es, als ginge die Tafel auf, und ich sah, wie all die umherirrenden Seelen nach ihrem Weg suchten. Ich wusste nicht, was sie wollten. Doch sie kamen alle zu mir, weil sie dachten, ich sei das Licht. Doch ich habe es einfach nur ausgestrahlt, ohne schon bewusst damit umgehen zu können. Es war erschreckend: Wo auch immer ich war, kamen diese Seelen auf mich zugeströmt. Der Unterricht konnte mich nie begeistern oder auch nur interessieren. Mit jedem Atemzug, den ich nahm, beschäftigten mich große und existenzielle philosophische Fragen von Leben und Tod, auf die mir weder in der Schule noch zu Hause jemand eine Antwort geben konnte. Ich wagte ja nicht einmal zu fragen.

Heute weiß ich, dass ich kein ängstlicher Mensch bin. Doch in meiner Kindheit hatte ich fast durchgehend Angst. Denn ich hatte keine Antworten auf all meine drängenden Fragen. Diese enorme Überreizung durch meine Dünnhäutigkeit und meine Medialität kostete mich in meiner Kindheit die Erdung, und so war ich sehr häufig krank oder einfach körperlich schwach. Die Ärzte waren mit mir komplett überfragt, stellten mir unzählige Diagnosen, die sich aber widersprachen und in sich vollkommen unlogisch waren. Wenn sie in solchen Vokabeln gesprochen hätten, hätten sie sagen müssen: Mein ganzes energetisches System war durcheinander.

Bis zu meiner Einschulung verbrachte ich sehr viel Zeit in Krankenhäusern und Kuranstalten. Immer wieder galt ich als austherapiert, und dann schickte man mich aufs Dorf zu Verwandten und damit in die Natur, wo ich mich wieder zu strukturieren und zu erholen vermochte. Ich konnte im gesunden Tag-und-Nacht-Rhythmus meine Kraft wiederfinden, die Ruhe des ländlichen Lebens aufnehmen und so gesund werden. Dann aber kam ich wieder in die Großstadt zur Familie, und es begann von Neuem.

Immer wenn mein Gesundheitszustand zu bedrohlich wurde, brachte mich meine Mutter zu russischen Geistheilerinnen. Ich erinnere mich, wie ich im Vorschulalter im Häuschen einer solchen Frau saß. Sie hantierte mit einer Pfanne und bereitete dort das Wachs vor – für ihre Methode des Wachsgießens. Damit nahm sie viele fremde Energien und Ängste von mir. Sie leitete sie mit ihren Gebeten von mir ab und speicherte sie in das Wachs hinein. Nur so konnte mir damals geholfen werden. Es waren die rettenden Momente meiner frühen Kindheit, wenn ich zu einer solchen Geistheilerin geschickt wurde. Allerdings hielt die heilsame Wirkung nie lange vor, denn die überwältigenden Reize strömten weiter auf mich ein, und der innere Prozess, damit gut umzugehen, konnte nicht stattfinden. Die Antworten auf meine Fragen blieben aus. Es gab diese Hilfe, doch sie konnte mich nicht zur Selbsthilfe befähigen. Dieser Prozess sollte erst sehr viel später, mit Mitte zwanzig, beginnen. Heute weiß ich: Immer wenn uns kein Arzt oder Heiler mehr helfen kann, dann verbirgt sich darin die Aufgabe, dass wir lernen, uns selbst zu helfen. Ich war schon als Kind gezwungen, nach meinen eigenen Antworten zu suchen und mir auf meine Weise selbst zu helfen, so gut es ging. Dieser nicht ganz leichte Entwicklungsweg hat mir schon früh geholfen, meine Berufung auszubauen, und mich auf meine spätere Arbeit mit heilsuchenden Menschen vorbereitet.

Ich dachte immer, dass ein solcher Leidensweg normal sei. Doch irgendwann merkte ich, dass ich damit ziemlich allein dastand. Unter den anderen Kindern habe ich manchmal versucht, über das zu sprechen, was mich beschäftigte. Doch sie verstanden mich nicht, und so hörte ich auch dort schnell auf, darüber zu reden. Einmal zum Beispiel stand ich in den Ferien irgendwo auf einem Spielplatz mit anderen Kindern und sah zu einer Wohnung hin. Dort lebte eine Spielkameradin von mir, die ich nicht sehr gut kannte. Ich sah in dieser Wohnung einen Mann, dem es sehr schlecht ging. Er lag bereits im Sterben. Ich fragte die Freundin, wer das sei und wie es ihm gehe. Aber sie meinte, dass da niemand sei. Ich beschrieb ihr den etwa vierzigjährigen Mann, der sehr schwer atmete. Und sie erwiderte irritiert, dass der Vormieter in dieser Wohnung so ausgesehen habe und dort gestorben sei. Das Mädchen bekam Angst vor mir, weil ich solche Dinge gesagt hatte. Ich selbst bekam Angst, weil ich merkte, dass ich mich in den Welten verloren hatte. Der Verstorbene bekam auch Angst, weil er merkte, dass ich ihn beobachtete. Alles geriet durcheinander. Die Freundin hat von da an nicht mehr mit mir gesprochen, und ich nahm mir fest vor, ab jetzt lieber zu schweigen, bevor ich mich noch weiter isolierte.

Für mich war das, was ich gesehen hatte, absolut real. Doch es war eine Parallelwelt, eine Welt, die neben unserer existiert und ausschließlich geistig ist. Die Seele, die in dieser Wohnung gestorben war, hatte bisher nicht ins Licht gefunden. Geistig war sie also noch da, deswegen hatte ich sie sehen können. Sie hatte noch nicht realisiert, dass sie gestorben war, und »lebte« deswegen noch immer in dieser Wohnung, parallel mit den neuen Mietern, die nichts davon wussten. Doch wie sollte ich all das als Vorschulkind auseinanderhalten und Menschen erklären, die von so etwas überhaupt nichts wussten?

Meine Besonderheit kam mir wie eine schwere Bürde vor, weil ich mit niemandem darüber sprechen konnte und mit all dem Schrecken, den sie auslöste, allein umgehen musste. Dass es eine Gabe ist, die vielen Menschen helfen kann, wusste ich noch lange nicht. So habe ich in meiner Kindheit gelernt, lieber zu schweigen und alles um mich herum sehr genau zu beobachten. Doch irgendwie habe ich immer nach einem Schalter gesucht, mit dem ich all diese Wahrnehmungen, die offenbar niemand außer mir hatte, ausschalten könnte. Aber es gab und gibt diesen Schalter nicht, denn diese Gabe ist ein Teil von mir.

Dieses Erlebnis auf dem Spielplatz ist nur eines von unzähligen, die mich lehrten, dass Reden Silber ist und Schweigen Gold. Auch heute spreche ich nur über Dinge, die ich nachvollziehen kann, die ich in Liebe transformiert habe, die sich lichtvoll anfühlen und die mich und andere im Leben weiterbringen können. Ich bin seit frühester Kindheit darin geschult worden, nicht in Halbwahrheiten und Wunschdenken zu verfallen. Deswegen ist es mir heute möglich, so eine klare spirituelle Lehrerin zu sein, die so viel Wert auf Nachvollziehbarkeit, Umsetzbarkeit und Liebesfähigkeit legt. Das ist eine vollkommen andere Schwingung, als mit Effekthascherei Aufmerksamkeit erzeugen zu wollen. Beides birgt in sich eine völlig andere Perspektive und damit natürlich auch eine vollkommen andere Zukunft.

Durch all meine Erlebnisse war ich ein sehr introvertiertes Kind geworden. Ich war verschlossen und wurde dadurch auch nie als hübsch wahrgenommen. Immer wenn mein ein Jahr jüngerer Bruder und ich irgendwo hinkamen, hieß es: »So ein hübscher Junge! So ein süßer, sonniger Junge!« Mich hingegen nahm man kaum wahr. In den Augen meines Umfelds war ich bis in meine Jugend hinein immer so etwas wie das hässliche Entlein. Mir fehlte einfach jede kindliche Leichtigkeit und auch die Offenheit für die anderen.

Wenn ich so zurückblicke auf den Beginn meines Lebens, verstehe ich, warum es aus meinen ersten Jahren kaum Fotos gibt, auf denen ich lache oder zumindest lächle. Es gab in der ehemaligen UdSSR einfach nicht sehr viel zu lachen. Vor allem aber war ich mit meiner hohen Sensibilität und meinen feingeistigen Fähigkeiten vollkommen allein und musste für mich selbst sehen, wie ich damit klarkam. In meiner Kindheit, so muss ich es heute sagen, war ich dauerhaft überfordert und dadurch auch sehr häufig körperlich schwach und krank.

In meiner Berufserfahrung als geistige Heilerin sind mir ein paar Kinder begegnet, die ähnliche geistige Fähigkeiten haben, wie ich sie als Kind hatte. Es sind nicht viele. Es gibt zwar seit einigen Jahren zahlreiche Eltern, die ihr Kind für medial begabt und gleich für ein »Indigo-«, »Kristall-« oder sonst ein spezielles Kind halten. Doch aus meiner Erfahrung ist dies umso unwahrscheinlicher, je lauter die Eltern davon sprechen. Wenn ich diese Eltern gefragt habe, was denn das Besondere an ihrem Kind sei – schließlich ist jedes Kind etwas Besonderes –, dann antworteten sie meist Dinge wie: Das Kind könne sich nicht konzentrieren und komme mit Autoritäten nicht zurecht. Doch so etwas hat überhaupt nichts mit medialen Fähigkeiten zu tun. So etwas ist aus meiner Sicht einfach ein Zeichen von, pardon, mangelnder Struktur in der Familie und einer Überforderung der Eltern in ihrer Rolle als Mutter oder Vater. Dahinter verbirgt sich oft eine Irritation des Kindes, beispielsweise durch Vernachlässigung, emotionale Überforderung oder häufig auch Überbehütung. Es können auch Irritationen durch Erdstrahlen oder elektromagnetische Felder hineinspielen. All das führt zu Disharmonien, die dann vom Kind auch in die Schule getragen werden.

Kinder, die wirklich mediale Gaben haben, sind davon meist zutiefst erschüttert. Sie können diese Sphären, die sie wahrnehmen, sehr genau beschreiben. Sie bocken nicht gegenüber Autoritäten. Sie versuchen eher, ihre Hände auszustrecken, Hilfe zu finden und ein Miteinander zu schaffen. Ihre Eltern sind nach allem, was ich erlebe, eher ruhig und bescheiden und gehen vorsichtig und bedacht mit dem um, was sie bei ihrem Kind erleben. Sie widmen sich ernsthaft den dabei aufkommenden Fragen, statt plakativ irgendeine moderne Theorie in die Welt hinauszutragen. Vor allem sind sie nicht daran interessiert, ihrem Kind die Kindheit zu rauben und mit ihm Geld zu verdienen. Denn so etwas kann dem Kind den letzten inneren Halt rauben und es in die Schizophrenie führen, in das Fehlen jeglicher gesunder Erdung.

Den Kindern, mit denen ich gearbeitet habe, konnte ich es genau an den Augen ablesen – diesen Weitblick, den ich auch von mir als Kind kannte. An ihren Fragen und ihren Beschreibungen konnte ich sehr gut bestätigen, was sie erlebten. Sie waren dankbar, gehört zu werden und sich verstanden zu fühlen.

Dankbar nahmen sie auch Hilfsmittel wie Gebete zum Schutz und zur Abgrenzung von mir an. Sie waren ausgesprochen offen für alles, was ich ihnen sagen konnte, damit sie ihre Kindheit nicht in Panik verbringen müssen, sondern auf psychologischer und geistiger Ebene verstehen und an ihrem Erleben wachsen können.

Ich möchte betonen, dass solche Kinder wirklich die seltene Ausnahme sind und nicht die Regel. Das konnte ich selbst auch erst ab Mitte zwanzig verstehen, da ich meine Kindheitsjahre introvertiert und verschwiegen verbracht hatte. Doch ich brauchte diese Zeit für die Entwicklung meines Charakters und meiner inneren Stärke. Denn beides brauche ich heute, um so vielen Menschen in meinen Seminaren, Büchern und auf all den anderen Wegen helfen zu können. All das, was war, gehört zu meinem Weg. Ohne all diese zum Teil schwer errungenen Erkenntnisse wäre ich nicht die, die ich bin. Dinge mit sich selbst ausmachen zu müssen kann eine ungeheure Kraft in uns erwecken.

Heute, mit vierzig Jahren, kann ich mein Leben viel besser verstehen als jemals zuvor. Ich habe mich oft gefragt, warum mich mein Seelenplan in der ehemaligen UdSSR hat zur Welt kommen lassen, um mich dann im Teenageralter nach Deutschland zu führen. Mittlerweile weiß ich: Die Antworten auf meine Lebensfragen hängen immer mit meinen hellsichtigen Fähigkeiten zusammen. Heute lebe ich ein lichtvolles, spirituelles Leben, getragen von einer liebevollen Lebensphilosophie und einer Weisheit, die mir immer neu aus der Quelle der geistigen Welten zuteilwird. Doch der Weg dorthin war steinig und düster, und ich habe mich häufig gefragt: Warum musste ich erst so viel Dunkelheit überwinden, um ins Licht zu finden? Die Antwort liegt darin, dass auch ich lernen musste, das Licht wirklich wertzuschätzen. Um das zu können, muss man seinen Gegenpol kennengelernt haben.

Heute weiß ich auch, dass es für mich in diesem Leben ein Vorteil war, in einem religionsfreien Raum aufzuwachsen, ohne jegliche Gottesbilder und religiösen Vorstellungen. So konnte mir nichts und niemand in meine Begegnungen mit Gott hineinpfuschen. Es konnte mich niemand mit Bildern von einem strafenden oder gar rachsüchtigen Gott erreichen, von einem bärtigen Mann irgendwo da draußen. So konnte mein Kanal unverfälscht und rein bleiben.

Andererseits ist nur im Materialismus und Atheismus zu leben genauso schlimm, wie einen religiösen Missbrauch zu erfahren. Wenn die Menschen ohne Glauben, ohne Sinnfragen leben, brennt die Seele aus. Ich hatte das Glück, dass ich in Russland eine Kultur kennengelernt hatte, in der die geistigen Gaben zu jener Zeit zwar nicht ausgelebt werden durften, aber auch nicht ausgerottet waren. Denn eine Inquisition mitsamt den unzähligen Hexenverbrennungen – also den Versuch, alles Heilwissen und alles geistige Arbeiten, das nicht der Institution der Kirche entsprach, auszurotten – hat es dort niemals gegeben. Diese Verfolgung der spirituellen Kultur, wie sie im mittleren Europa gegeben war, hat intensive Traumata hinterlassen, die das spirituelle Erleben der Menschen und ihre geistige Kraft bis heute eindämmen. All diese Schocks gab es in meiner Blutlinie nicht und damit auch nicht diese existenziellen Konflikte, die viele westliche Menschen noch heute mit ihren spirituellen Fähigkeiten und Interessen haben. Ich konnte all die Jahre unverfälscht in die geistigen Welten schauen, so wie sie sich mir zeigten. Ich konnte frei von vorgegebenen

Ideen meine Erfahrungen machen und mir meine eigene Meinung bilden. Heute kann ich in meiner liebevollen Lebensphilosophie die Werte aller Weltreligionen vereinen, ohne gegen irgendetwas zu sein. Die Menschen kommen unabhängig von einem religiösen Hintergrund oder gesellschaftlichen Vorstellungen zu mir – als Menschen, die ihre Intuition und ihre Wahrnehmung schulen und ihren eigenen Zugang zum Geistigen stärken wollen. Menschen, die mehr über die Schöpfung, den Sinn des Lebens und Heilung erfahren möchten.

Für mich war es von Vorteil, von der russischen Seele so viele starke emotionale Kräfte aufzunehmen, frei von Religion und Inquisition. Zugleich ist es für mich im westlichen Europa von Vorteil, mich mit meiner deutschen Seite zu verbinden, die stärker intellektuell, eher forschend und wissenschaftlich herangeht, denn die energetischen Dinge zu benennen und zu beschreiben ist wirklich nicht einfach. Doch auch das gehört zu meiner Aufgabe in meinen Seminaren und meinen vielen Büchern, um den Menschen auf ihrem Bewusstseinsweg zu helfen. Mein Seelenplan, in Russland zu inkarnieren und aufzuwachsen und dann nach Deutschland zu gehen, war und ist also äußerst sinnvoll für meine psychologische und philosophische Entwicklung und für meine Berufung. Leicht war nichts. Doch es durfte alles leuchtend und lichtvoll werden.

Als ich eingeschult wurde, hatte mich die geistige Welt schon oft geprüft.

Das schwarze Kleid

Das Thema geistige Welten und die Frage, was die »andere Seite« uns sagen will, waren bei uns in der Familie eigentlich immer wichtig, aber auf eine eher unausgereifte, unbewusste Weise. Zum Beispiel war es absolut üblich, dass über Träume gesprochen wurde, wenn wir bei Verwandten zu Besuch waren und alle zusammensaßen. Vor allem die Frauen unterhielten sich beim Frühstück miteinander, und wir Kinder waren mit unseren Ohren natürlich heimlich dabei. Die Tanten und

Großmütter erzählten sich gegenseitig ihre Träume und versuchten, sie zu deuten. Doch diese Deutungsweise war unentwickelt, primitiv. Einmal zum Beispiel saß ich als Zehnjährige mit am Tisch, die anderen Kinder spielten irgendwo, und meine Großmutter erzählte meinen Tanten und meiner Mutter von einem Traum. Voller Panik meinte sie: »Ajajaj, ich habe letzte Nacht von einem schwarzen Kleid geträumt! Bestimmt hat jemand seine schwarze Magie auf uns geschickt, und einer von uns wird sterben. Das ist die Botschaft des schwarzen Kleides! Also müssen wir vorsichtig sein: Heute darf niemand aus dem Haus gehen!«

Meine Verwandten hatten keine Vorstellung davon, dass man einen Traum auch neutral, sachlich, konstruktiv und liebevoll deuten kann. Angst und Unwissen waren ihre Antriebskräfte. Sie haben ihre Angst nie hinterfragt. Vielleicht habe ich auch aus solchen frühen Erfahrungen meine Stärke entwickelt, alles zu hinterfragen. Wirklich alles. Auf diese Weise bleibe ich nie in der Angst verhaftet. Ich gebe mich mit Angst einfach nicht zufrieden, denn sie ist keine gute Beraterin.

Doch meine Tanten und die Großmutter hörten auf die Angst – und so gab es immer wieder diese Tage, an denen niemand das Haus verlassen durfte und auch wir Kinder nicht auf den Spielplatz hinauskonnten. Wir alle saßen im Haus fest. Wenn doch mal jemand ausbüxte, wurde ganz offensichtlich: Niemand starb. Nichts Schlimmes passierte. Diese Deutung vom schwarzen Kleid konnte also nicht so ganz stimmen.

Ich sollte später noch lernen, sehr bewusst mit seelischen Bildern und auch Träumen umzugehen und sie auf eine heilsame Weise zu deuten. Mit Anfang bis Mitte zwanzig führte mich mein Weg – ich werde darüber noch genauer erzählen –

in eine Naturheilpraxis am Bodensee. Ich lernte in dieser Zeit, mit welcher Sprache die geistige Welt zu uns spricht. Sie hat ja keine phonetische Sprache, sie spricht nicht in Wörtern. Deswegen ist es – nebenbei gesagt – eher gefährlich, wenn man eine fremde Stimme in seinem Kopf hört. Eine fremde Stimme im Kopf deutet oft auf unreine Kanäle hin. Manchmal aber kann es auch eine göttliche Stimme sein, die sich dadurch auszeichnet, dass es sich absolut stimmig anfühlt, was sie sagt und wie sie spricht. Die Engel kommunizieren in Schwingungen der Liebe, in sanft schillernden Farben und in Bildern. Es ist eine geistige Sprache. Mit meiner Hellsichtigkeit kann ich diese Sprache wahrnehmen, und ich konnte lernen, sie dann für die Menschen in die Sprache der Worte zu übersetzen.

Bei einem meiner ersten Beratungsgespräche passierte es nun, dass ich in der Aura eines Menschen ein schwarzes Kleid wahrnahm. Geprägt von den frühen Erfahrungen in meiner Familie, zuckte ich kurz zusammen: Das bedeutet Tod! Doch dann atmete ich in Ruhe durch und überlegte noch einmal neu. Denn eine Deutung aus Angst führt immer zu einer Fehlinterpretation. Man könnte ein schwarzes Kleid schließlich auch als das sprichwörtliche »kleine Schwarze« ansehen, als ein Symbol für ein sexy Kleidungsstück für einen schönen und sinnlichen Abend. Es gibt viele Möglichkeiten. Ich bat die Engel deshalb, mir zu zeigen, wie ich dieses Symbol richtig deuten könne, sodass es nachvollziehbar, liebevoll und umsetzbar ist. Dabei begriff ich, dass sich die Sprache der geistigen Welt nur richtig deuten lässt, wenn wir absolut neutral sind. Wenn wir die Dinge weder als gut noch als schlecht bewerten. Wenn wir gewissermaßen sind wie die Engel, vollkommen gleichmütig. Jede Botschaft offenbart uns Werte und Tugenden, und so gilt es herauszufinden, um welche davon es gerade geht und wie sie den betreffenden Menschen im Leben weiterbringen können. Da spürte ich plötzlich, dass das Symbol des schwarzen Kleides nichts anderes bedeutet als: Lieber Mensch, es ist die Zeit gekommen, die Trauer loszulassen.

Meine Großmutter hatte so oft von diesem schwarzen Kleid geträumt. Ihr Überbewusstsein und ihre Engel schickten ihr als traumatisiertem Kriegskind immer wieder dieses Symbol und damit die Botschaft: Jetzt ist es Zeit, all die Trauer und das Leid loszulassen und aus der Schockstarre aufzuwachen. Leider hat sie die Botschaft nicht verstanden und nach jedem dieser Träume neue Angst geschürt, nicht nur bei sich selbst, sondern in der ganzen Familie. Dass es eine Fehlinterpretation war, erkenne ich heute ganz einfach daran, dass ihre Deutung weder nachvollziehbar noch liebevoll oder umsetzbar war. Sie hat sie nicht weitergebracht. Genau das aber wollen die himmlischen Botschaften für uns tun: uns auf liebevolle und heilsame Weise auf unserem Weg voranbringen.

Diesem Menschen, der in meiner Beratung in der Naturheilpraxis vor mir saß und bei dem ich das schwarze Kleid in der Aura wahrgenommen hatte, übermittelte ich die Botschaft, dass es an der Zeit sei, die Trauer loszulassen. Seine Augen wurden feucht, und er weinte ein paar heilsame Tränen. Er sagte, dass er genau wisse, was gemeint sei, und dass er jetzt bereit sei, ein verstorbenes Familienmitglied endlich freizugeben und dem Licht zu überlassen. Ich sah, wie dieser Mensch nach ein paar Momenten des Weinens mit einem Mal lächelte und wie befreit wirkte. Es war ein innerer Prozess angestoßen worden, eine wichtige Transformation. Die Botschaft war nachvollziehbar, liebevoll und umsetzbar für diesen Menschen. Und ich verstand: So spricht die geistige Welt zu uns. So arbeitet sie.

Die drei Prüfsteine einer Botschaft

Eine geistige Botschaft ist für uns dann richtig und sinnvoll, wenn sie drei Kriterien erfüllt. Sie sollte

- nachvollziehbar,
- liebevoll und
- umsetzbar sein.

Es waren meine ersten Schritte, aus meiner Gabe eine Aufgabe werden zu lassen. Für mich war es eine Erlösung, endlich damit umgehen zu können. Doch leider ist es nicht so, dass sich irgendjemand aus meiner Ursprungsfamilie – gerade die Frauen sind dort alle sehr hochsensibel und »spürig« – dem geöffnet hätte. Es ist, als würden manche Menschen nichts mehr scheuen als die Selbsterkenntnis. Doch damit bleiben sie in ihrem Leid gefangen. Ich musste das akzeptieren. Ich begriff: Solange jemand an seinem Leid festhält und nicht bereit ist, sich zu hinterfragen, hat er offenbar einen Nutzen davon. Denn wir tun nichts ohne einen Gewinn. Der Nutzen bedeutet manchmal nur, dass die Komfortzone nicht verlassen werden und man nicht in die Eigenverantwortung gehen muss. Irgendwann ist jeder Mensch bereit, die angezogene Handbremse zu lösen und etwas Neues in seinem Leben zuzulassen: das Glück. Dieses Glück fällt uns Menschen nicht einfach vom Himmel herunter in den Schoß, und es wird uns auch nicht von einem anderen Menschen auf dem Silbertablett serviert. Nein, es ist die Bereitschaft zu Selbstliebe, Selbsterkenntnis, Vergebung und Eigenverantwortung. Es ist die Bereitschaft, aus all den gemachten Erfahrungen eine liebevolle Lebensphilosophie zu entwickeln. Das passiert nur dann, wenn wir uns als geistige Wesen, die eine irdische Erfahrung machen, erkennen und anerkennen. Wenn wir beginnen, uns regelmäßig zu spüren und die Qualität unserer Gedanken, Gefühle und Handlungen zu hinterfragen. All das kann nur in Liebe geschehen und nicht in Ablenkung, Selbstzerstörung oder Habgier. Ob es in dieser Inkarnation passiert oder noch einige weitere braucht – das entscheidet jeder selbst.

Wenn ich heute Seminare gebe und Menschen dabei unterstütze, ihre Selbstwahrnehmung und ihre Intuition zu trainieren, lehre ich sie, im Rahmen ihrer Veranlagung sinnvoll damit umzugehen. Es sind nur sehr wenige Menschen wirklich hellsichtig. Wenn jemand tatsächlich Bilder sieht, ist es mir wichtig, dass er sie neutral zu deuten lernt. So wird dann aus einem schwarzen Kleid kein Todesbote und wahrscheinlich auch kein sexy »kleines Schwarzes«. Trauernde erlauben sich oft nicht, wieder glücklich zu sein. Wenn sie dann wirklich spüren, dass die Botschaft der geistigen Welt an sie lautet, dass sie den Schmerz nun loslassen können, dann bekommen sie diese Erlaubnis. Was für eine Erleichterung!

Es gibt Menschen, die eher einen Zugang über das Hellfühlen und nicht so sehr über das Hellsehen haben. Sie spüren dann zum Beispiel in der Umarmung ihres Schutzengels die Botschaft, dass es an der Zeit ist, die Trauer zu beenden. Können sie dabei tief atmen, Liebe spüren und im Geist klar sein, dann sind auch das Zeichen dafür, dass die Botschaft stimmig ist. So lernen sie, ihre Intuition richtig anzuwenden.

Drei Regeln für Stimmigkeit

Ebenfalls drei Gradmesser können uns dabei helfen, etwas als stimmig oder unstimmig einzuordnen. Ganz gleich, ob es Botschaften aus der geistigen Welt sind oder eigene Ideen und Vorhaben. Auch in Entscheidungssituationen ist diese Regel sehr wertvoll. Etwas ist für dich richtig und stimmig, wenn du daran denken kannst und dabei

- tief atmen,
- Liebe spüren und
- im Geist klar sein kannst.

Immer wieder gibt es Menschen, die ihren Gefühlen nicht trauen. Sie wiederum sind dann nicht im Hellfühlen zu Hause, sondern eher im Intellekt und im sogenannten Hellwissen. Sie erleben Geistesblitze und wissen einfach, was stimmig ist und was die geistige Welt ihnen sagt: Geh diesen Weg und nicht jenen. Hör auf zu trauern, alles ist gut. Diese Menschen sind meist etwas nüchterner, und dennoch können sie bei solchen Gedanken des Hellwissens tief atmen, Liebe spüren und klar sein. Diese drei Regeln der Selbstüberprüfung helfen ihnen, auch ihre Art der Intuition weiterzuentwickeln und zu nutzen. Es ist wichtig, Herz und Verstand zu verbinden – so wie es diese drei Regeln zeigen.

Mir konnte es gelingen, weil ich zumindest ab meinen Zwanzigerjahren die Engel immer wieder genau beobachtet und gebeten habe, mir zu zeigen, wie ich ihre Botschaften richtig verstehen kann. So konnte ich zu meiner eigenen Autorität finden. Wenn mir das nicht gelungen wäre, wäre ich ein sehr ängstlicher Mensch geblieben, zurückgezogen und verschlossen. Man sagt: Wo Licht ist, ist auch Schatten. Ich kann den Schatten nur dort bestätigen, wo Furcht ist. Und ich kann bestätigen, dass wir durch Selbstliebe und die Eigenverantwortung, unsere Antworten in uns selbst zu finden, die Furcht und das Unvermögen überwinden. Sie verwandeln sich in innere Fülle und Standhaftigkeit. In die Bewusstheit darüber, wer wir sind, was wir können und was unseren Lebenssinn ausmacht. Davon allerdings war ich als Kind noch ziemlich weit entfernt.

Unsere Familie an einem der vielen kalten Wintertage in Kasachstan.

Ich sah als Kind älter aus, als ich war, und ich war auch immer die körperlich Größte in der Klasse. Womöglich durch meine Ernsthaftigkeit hat man mir schon sehr früh mehr Verantwortung aufgeladen als anderen. Dabei war ich innerlich ein total verunsichertes Wesen. Ich musste immer extrem darauf aufpassen, mich nicht in den Welten zu verlieren. Rund um die Uhr fühlte ich mich vom Tod verfolgt – überall um mich herum waren die unerlösten Seelen, und ich wusste einfach noch immer nicht, was sie von mir wollten. Das Schlimmste aber war dieses politische Verbot: Man durfte nicht über solche Dinge sprechen, ja sie durften eigentlich gar nicht existieren. Das war es ja vor allem, was dazu führte, dass ich mich niemandem anvertrauen konnte, dass mich niemand der Erwachsenen um mich herum darüber aufklärte, was in meinem Erleben geschah. Ich war in gewisser Weise ein stummes Kind in einer stummen Welt. Tief in mir hatte sich dieses Gefühl eingenistet, falsch zu sein.

Derweil gab man mir immer sehr viel zu tun, einfach weil man es mir zutraute und es sich so natürlich auch leicht machen konnte. Mit acht oder neun habe ich schon für die ganze Familie gekocht, den Haushalt geschmissen und Babysitting für die Cousins gemacht. Auf dem Land bei der Tante habe ich sogar auf die Neugeborenen aufgepasst, ich habe Kühe gemolken und auch hier für die ganze Bande gekocht. Mit zehn war ich quasi eine Übermutter für alle, und das war natürlich nicht altersgerecht.

Nach außen hin war ich die Große, auf deren Schultern man alles abladen konnte, der man jegliche Verantwortung und alle

Arbeiten übergeben konnte. Nach innen hin fühlte ich mich nicht verstanden und nicht erkannt, ich war voller Fragen. Und voller Angst. Manchmal fürchtete ich, davon eines Tages aggressiv zu werden. Wenn einem die Angst über den Kopf wächst, wird man aggressiv. Wenn Kinder aggressiv reagieren, dann haben sie Angst und leiden unter irgendeiner Form von Vernachlässigung oder Überforderung. Ich habe mich selbst damals nie als stark empfunden – bis etwas passierte, was mich zum einen mehr über Aggression lehrte und zugleich auch über meine Stärke. Und die war enorm.

Bei uns in Russland war es üblich, dass die Kinder die knapp drei Monate der Sommerferien auf dem Land verbringen. Über das Jahr hinweg hatten wir nur sehr wenig frei, unsere Ferienzeit ballte sich im Sommer. Die Eltern arbeiten in diesen drei Monaten natürlich weiter, daher schickte man die Kinder aufs Dorf zu Verwandten oder in die Ferienlager. Bei den Verwandten aber ging es nicht darum, drei Monate Spaß zu haben, sondern es wurde mitgearbeitet. Im Dorf hatte man als Kind das Vieh zu betreuen, den Garten zu pflegen, und ich hatte als Älteste in der Kindergeneration sehr oft die Kleineren zu hüten.

In Russland gab es damals keine Haustiere im heutigen Sinne, sondern nur Nutztiere. Und Tierschutz war vor 1992 schon gar kein Thema. Im Dorf meiner Verwandten lebte nun auf einem Hof ein Wachhund. Tag und Nacht war er angekettet, es war seine Aufgabe, bei Gefahr zu bellen, ansonsten hatte er keinerlei Rechte. Die Menschen gingen mit sich schon aggressiv um und entsprechend würdelos auch mit den Tieren. Diesen Hund haben die Nachbarn damals bei jeder Gelegenheit geärgert und provoziert. Die Kinder ahmten die Alten nach – der Mensch lernt das Menschsein ja vom Menschen – und bewarfen ihn fast täglich mit Steinen und quälten ihn, und sie fanden es lustig, wenn er bellte und aggressiv wurde. Für mich war das nie nachvollziehbar, aber ich empfand mich einfach wie eine kleine stumme Schachfigur in meinem Umfeld und beobachtete die Welt.

Bei ebendiesen Nachbarn gab es zwei kleine Zwillingsmädchen, so ungefähr vierjährig, und ich war damals zehn oder elf. Ich stand eines Tages im großen Garten und hatte eines der Zwillingsmädchen auf dem Arm. Wir gingen zwischen den Büschen und Beeten entlang, und ich zeigte ihr die Insekten und die Blumen. Andere Kinder gingen gerade auf den Hund zu. Und diesen riesigen Schäferhund, der ein Leben lang provoziert worden war, erfasste plötzlich so eine Wut, dass er seine eiserne Kette zerriss und losstürmte. Die Kinder, die ihn so oft mit Steinen beworfen hatten, erstarrten in Panik. Rasend vor Zorn drehte sich der Hund einige Male im Kreis, sprang mal hierhin und mal dorthin, und dann preschte er plötzlich auf mich zu. Ich stand mit dem kleinen Mädchen auf dem Arm am weitesten weg von ihm, wir hatten mit der Situation eigentlich gar nichts zu tun, doch plötzlich fokussierte sich dieser wutschnaubende Hund auf uns und raste in unsere Richtung. Ich sah ihn, und in Lichtgeschwindigkeit liefen die Gedanken durch meinem Kopf: Entweder beißt er dich jetzt zu Tode, oder du reagierst. Aber wie reagierst du? Ich hatte das Kind auf dem Arm, ich konnte körperlich gar nichts tun, ich konnte nichts packen und ihn damit abwehren. Und so ein großer Schäferhund, noch dazu außer sich vor Wut, er würde ohnehin gewinnen. Was würde geschehen?

Das Tier kam näher, und plötzlich spürte ich eine noch nie erlebte Menge Adrenalin in mir aufsteigen, eine enorme Hitze und so eine große mentale Kraft, dass jede Angst in mir verschwand. Ich wusste mit einem Mal, dass ich stärker war als dieser Hund. Ich hätte es nicht erklären können, und es war auch nicht logisch, aber ich wusste es. Ich schaute ihm in die Augen, und mein Blick sagte ganz eindeutig: »Du beißt uns nicht.« Es war eine Aussage voller Kraft und Selbstbestimmtheit. Es war nicht dieses »Oh, wir beide sind doch immer nett gewesen, bitte beiß uns nicht«, es war nicht dieses Naive, Bettelnde, sondern eine bestimmende klare Ansprache: »Du beißt uns nicht.«

Der Hund raste bis zu uns heran, hielt dann ganz unvermittelt kurz vor mir an, setzte sich direkt an meinen Fuß und schaute wie hypnotisiert zu mir auf. Er konnte seinen Blick nicht von meinen Augen abwenden. Alle um uns her schauten wie gebannt zu. Es war kein Mucks zu hören, niemand bewegte sich. Das kleine Mädchen auf meinem Arm aber bekam plötzlich Panik und fing an, mit dem Fuß nach dem Hund zu schlagen. Im Affekt wollte er zubeißen, doch ich schaute ihn noch einmal bestimmend an. Er wich zurück, und so hat sein Reißzahn nur die Haut des Mädchens gestreift.

Es war die ganzen Sommerferien über das Dorfgespräch Nummer eins. Die zehnjährige Jana hat den wie tollwütig rasenden Schäferhund bezwungen. Ich wusste, dass dieser Hund nur aggressiv war, weil man ihn aggressiv sehen wollte, weil man ihn dazu gemacht hatte. Dennoch war dieses Erlebnis für mich enorm: Ich wusste plötzlich, was für eine mentale Stärke ich habe. Ohne Gewalt, aber mit Klarheit hatte ich eine Lebensgefahr abwenden können. Ich konnte mit meiner Stärke sogar ein wütendes Tier erreichen und zu seiner Seele vordringen.

Das hat mich nachhaltig geprägt. Nicht zuletzt deshalb, weil es damals viele gefährliche Situationen im Leben gab. Zum Beispiel war es nicht möglich, als Mädchen oder Frau bei Dunkelheit auf die Straße zu gehen. Viel zu häufig waren die Übergriffe. Man musste äußerst vorsichtig sein, und man wurde natürlich auch darauf getrimmt, niemandem zu vertrauen. Schließlich lebten wir in einer kommunistischen Zeit der Verfolgungen und der Armut, wo jeder um sein Stück Brot kämpfte. Doch ich fühlte mich nun nicht mehr hilflos. Nie wieder. Ich war zwar traurig, ich war einsam, aber mit meinen zehn Jahren wusste ich: Ich bin nicht hilflos.

Schon meine Urgroßmutter hatte mir einen Geschmack davon gegeben, dass ich mir helfen könne, als sie uns Kinder lehrte, immer ein Schutzengelgebet zu sprechen, bevor wir aus dem Haus gehen.

Das Schutzengelgebet meiner Urgroßmutter
»Mein lieber Schutzengel, geh du vor mir,
und ich folge dir.«

Bei allen Verboten, die Kraft des Schutzgebets gab sie uns Enkeln mit. Denn sie wusste, dass wir diesen Schutz brauchen würden und dass er funktioniert.

Außerdem sagte sie: »Du musst daran glauben, dass auf dich aufgepasst wird. Und wenn du in eine gefährliche Situation hineinkommst, dann verlier nicht die Fassung, sondern sprich, wenn alle Stricke reißen, einfach ein Vaterunser.«

Ich erinnere mich an eine Situation, als ich auch zehn oder elf Jahre alt war und in einer Schlange anstand. Hinter mir waren zwei Männer, und ich merkte, wie sie mir zu nahe kamen. Ich spürte, wie so eine verbrecherische Energie zu mir herankroch. Es lag eindeutig Gefahr in der Luft. Also drehte ich mich um und sah, wie einer der Männer einem anderen in der Schlange das Portemonnaie stahl und der zweite mir gerade die Hand auf die Schulter legen wollte. Es war eine Zeit, in der viele Kinder entführt wurden. Seit dem Zusammenbruch der Sowjetunion hat sich vieles zum Guten entwickelt, weil die Menschen politische, wirtschaftliche, religiöse und auch Bildungsfreiheit bekommen haben. Heute ist Russland recht europäisch. Doch damals? Kurz bevor die Hand dieses Mannes meine Schulter berühren konnte, fing ich an, still ein Vaterunser zu beten – und plötzlich nahm er die Hand von mir weg. Sie zuckte regelrecht zurück. Ich spürte wie niemals zuvor, was für eine Kraft vom Vaterunser ausging, ich konnte richtiggehend ein Licht darin erkennen. Und ich wurde für diesen Menschen wie unsichtbar. Er bekam keine Angst vor mir, sondern ich wurde uninteressant, denn ein gewalttätiger Mensch ist nur an ängstlichen Menschen interessiert, nur bei denen kann er seine Macht spielen lassen. Menschen, die keine Angst haben, sind nicht in seinem Resonanzfeld. Er sieht sie nicht.

Ich blieb noch eine Weile in der Schlange stehen, betete unaufhörlich das Vaterunser und ging dann einfach weg. Von der Seite beobachtete ich noch einmal diese Männer, die Diebstähle begingen und Ausschau nach immer weiteren Opfern hielten. Ich konnte nichts weiter tun, als eine stille Beobachterin zu sein und meine Schlüsse zu ziehen. Auch diese Gefahr jedenfalls war an mir durch meinen Glauben und meine mentale Kraft vorübergegangen.

Der Traum meiner Urgroßmutter

Mein Sternzeichen ist der Widder, und vielleicht liegt es daran, dass ich schon als Kind bei aller Zurückgezogenheit recht trotzig war. Trotzig in dem Sinne, dass es mich nie zufriedengestellt hat, wenn man mir keine vernünftige Antwort geben konnte, wenn die Antwort einfach hieß: »Es ist so. Akzeptiere es.« Es war mir zuwider, dass es überall hieß, man habe sich anzupassen. Uniformiert bis zur Unkenntlichkeit. Ich bin doch als Original geboren, und ich will nicht als Kopie eines Regimes, einer gesellschaftlichen Moralvorstellung oder einer Erwartung der Eltern durchs Leben gehen. In den philosophischen Grundfragen des Lebens erhielt ich in meinen ersten Jahren nie befriedigende Antworten, ich fühlte mich von den Aussagen der Erwachsenen, ob es meine Verwandten waren oder die Lehrer in der Schule, einfach unterfordert. So erklärt sich wohl auch mein späterer sehr direkter Umgang mit den geistigen Welten: Ich erstarre nicht vor Verzückung, wenn ich einen Engel sehe, sondern gehe in den Kontakt und in die Kommunikation. Ich frage nach: »Warum zeigst du mir das? Was bedeutet es für mein Leben? Was sagt es aus?« Immer in einer forschenden, wissen wollenden Art. Und ich erinnere mich an eine Begegnung, die genau das in mir ausgelöst hat. Lass mich dafür ein wenig ausholen.

Die ersten zwölf Jahre habe ich ja in Kasachstan verbracht und bin daher in der russischen Sprache aufgewachsen. Sie war für meine Seelenstimmung die prägendste. Die mütterliche Seite, die Verwandten von der wolgadeutschen Seite, hatten allerdings immer den Traum, nach Deutschland zurückzukehren. In Russland wurden sie – als eine Folge des

Zweiten Weltkriegs – wie Menschen zweiter Klasse behandelt und durften beispielsweise sehr oft nicht das studieren, was sie wollten. Auch ihre eigentliche Muttersprache, Deutsch, durften sie nicht sprechen. Nun ist meine Urgroßmutter aber noch in einem wolgadeutschen Dorf aufgewachsen und hatte Zeiten erlebt, in denen gar nicht Russisch gesprochen wurde. Auch die Generation ihrer Töchter ist noch in deutscher Sprache aufgewachsen, und diese Verwandten fühlten sich sehr stark mit dem Schwabenland verbunden, wo sie ursprünglich einmal herkamen. Sogar meine Mutter ist noch mit der deutschen Sprache aufgewachsen, obwohl sie zu Zeiten ihrer Kindheit bereits verboten war. Doch als wir 1992 nach Deutschland kamen, beherrschte sie Schwäbisch und konnte sich in kürzester Zeit auf Hochdeutsch umstellen. Meine Generation, zu der auch meine Cousins und Cousinen gehören, wurde nicht mehr deutschsprachig erzogen, weil die Generation meiner Eltern heimlich davon träumte, dass ihre Kinder keine politische Unterdrückung aufgrund ihrer Nationalität mehr erfahren müssten. Damit wir nicht auffallen, hat man mit uns auch kein Deutsch gesprochen.

Der Traum meiner Urgroßmutter war es immer, nach Deutschland zurückzugehen – und mit der Perestroika rückte die Erfüllung dieses Traums plötzlich in greifbare Nähe. Wolgadeutsche durften zurück in ihre ursprüngliche Heimat, wir bekamen alle dafür nötigen Dokumente und planten unsere Ausreise. Auch meine Urgroßmutter sollte und wollte mitkommen. Immer wenn ich sie in dieser Zeit anschaute, leuchteten ihre Augen. Sie hatte eine ganz andere Ausstrahlung bekommen – und ich wusste, was sie bedeutete. Es war nämlich nicht so sehr ihre Vorfreude auf den Umzug nach Deutschland. Dieses Strahlen sagte vielmehr, dass ihre Zeit auf dieser Erde vorbei ist und dass sie diese Reise nicht mehr mitmachen wird. Ihre große Reise würde woandershin gehen. Ich wusste das ganz genau. Meine Urgroßmutter vielleicht auch. Doch es wurde niemals ausgesprochen. Es war geplant, dass die Urgroßmutter mit uns umgesiedelt wird.

Die lang ersehnten Unterlagen waren endlich vollständig – und genau dann starb meine Urgroßmutter plötzlich. Sie schlief abends ein und wachte morgens nicht mehr auf. Ich hatte es gewusst, und doch war es ein Schock. Sie war der warme Mittelpunkt der Familie gewesen, für mich, für meine Mutter und sicher auch für einige andere. Mit ihrer Güte war sie einzigartig in meinem Umfeld. Und nun fehlte sie.

Zugleich aber war es eine sehr schöne und erstaunliche Erfahrung für mich. Ich sah um mich herum alle heulend und trauernd, ich sah den Leichnam meiner geliebten Urgroßmutter, und es war nur noch ein Zellhaufen. Sie selbst entdeckte ich dort nicht mehr. Also habe ich mich in Liebe mit ihrer Seele verbunden, und so erblickte ich die Urgroßmutter in einer Ecke des Raums, voller Licht und Liebe stand sie dort und betrachtete uns. Sie schaute in die vielen weinenden Gesichter, völlig unbeeindruckt. Denn sie sah genau, dass die, die am lautesten heulten, sie gar nicht mochten. Es war großes Theater. Und sie schaute sich das alles an und blickte mich genauso an wie zu ihren Lebzeiten. In ihren Augen war immer eine Aufforderung: »Beobachte, Janotschka. Beobachte und lerne. Die Wahrheit liegt im Nichtgesagten.«

Und so beobachtete ich und erhielt eine weitere psychologische Schulung. Ich erkannte, wie falsch Menschen sein können. So einige jammerten und klagten lautstark um meine Urgroßmutter, während ich genau wusste, dass diese Menschen sie, wo immer es ging, schlechtgemacht oder unterdrückt hatten. Und jetzt taten sie so, als ob sie ihre engste Verwandte und beste Freundin gewesen wäre.

Doch meine Urgroßmutter stand einfach in ihrer lichtvollen Seelengestalt im Raum und sah zu. Sie war nicht geschockt oder traurig, dass ihr Leben vorbei war. Es war alles in Ordnung, das strahlte sie ganz deutlich aus, und damit war auch für mich alles in Ordnung. Wenn es ihrer Seele gut ging, dann ging es auch mir gut. Sie stand in der Ecke, und für mich war es überhaupt kein Unterschied, ob sie mich wie am Tag vorher umarmte oder ob sie mich jetzt einen Tag später in ihrem Licht anschaute und mit mir korrespondierte. Für mich, die ich auch damals als fast Zwölfjährige die Seelen genauso deutlich sehen konnte wie die Menschen, war da kein Unterschied.

Gleichzeitig wusste ich natürlich, dass sich etwas verändert hatte. Meine geliebte Urgroßmutter, der Mensch, der mir in all den schwierigen Momenten meines bisherigen Lebens beigestanden hatte, war gestorben. Und während alle um mich herum weinten, fragte ich mich: Bin ich so kalt, dass ich keine Trauer spüre? Aber im nächsten Atemzug wusste ich, dass es meiner Urgroßmutter gut ging und dass ich deswegen keinen Grund zur Trauer hatte. Ich sah ganz genau, dass viele der Trauernden nur ihre Show abzogen. Ich konnte aber auch damals schon mit einer Art therapeutischem Blick beobachten, dass die Menschen, wenn sie wirklich trauern, eigentlich um ihren eigenen Verlust trauern und weniger um den Menschen, der gegangen ist. Sie trauern um sich selbst, beweinen ihren Schmerz, die wunden Stellen ihres Lebens. Denn wer lässt schon gern los? Ich hingegen spürte keinen Verlust, denn meine Urgroßmutter war für mich weiterhin sichtbar, spürbar, erlebbar und ansprechbar wie bisher. Also konnte ich mich mit ihr freuen, dass es ihr gut ging und sie den Übergang ins Licht so gut geschafft hatte.

Aber irgendwann traf mich dann doch der Schmerz. Bei uns wurde der Leichnam einige Tage zu Hause aufbewahrt, bis alle Abschied genommen hatten. Dann war es Zeit für die Beerdigung. Ich musste als älteste Enkelin bei den jüngeren Kindern zu Hause bleiben und durfte nicht mit zum Friedhof. In dem Moment, in dem ihr Leichnam abtransportiert wurde, spürte ich plötzlich den Verlust: Man nimmt sie mir jetzt weg, rief es schmerzvoll in mir. Denn ich sah, wie die Seele der Urgroßmutter dem Leichnam folgte und unser Haus verließ. Sie war nicht an den Leichnam gebunden, aber sie wollte ihre Beerdigung miterleben. So blieb ich mit den anderen Kindern zurück in dem leeren und plötzlich wie verlassen wirkenden Haus. Mit einem Schlag wurde mir bewusst, dass ich nie wieder ihre Hand würde halten können.

Mich überrollte eine Welle von Trotz. Natürlich wusste ich weiterhin, dass sie als Seele lebte und dass sie für mich da sein würde, wann immer ich sie brauchte. Aber in diesem Moment fühlte ich mich so verlassen, dass ich dem trotzigen Ärger nachgehen musste. Ich wollte einen Beweis. Ich wollte, dass mir die geistige Welt unmissverständlich zusichert, dass mir der Kontakt zu meiner Urgroßmutter bleiben würde. Sie selbst hatte einmal zu mir gesagt, dass sich die geistige Welt niemals beweisen muss, sondern immer dazu bereit ist, dass wir sie erleben dürften. Doch in meinem Schmerz an diesem Tag wollte ich davon nichts wissen.

Es gab eine Regel: Wenn jemand gestorben ist, darf man die Seele keinesfalls stören und deswegen keine Musik ertönen lassen, schon gar nicht aus einem Gerät wie einem Kassettenrecorder, wie es sie damals gab. Also fasste ich mit meinen elf Jahren einen Plan: Ich würde jetzt laut Musik laufen lassen, und dann sollte mir die geistige Welt zeigen, was tatsächlich Sache ist. Alle Erwachsenen waren bei der Beerdigung, und die Kinder im Haus würden mich nicht davon abbringen. Ich glaube, meine Aktion war auch der Versuch, all das, was hier passierte, zu verstehen und zu verarbeiten – das Sterben meiner Urgroßmutter, ihren Tod, den Leichnam, die Trauernden, all die Emotionen, das Licht und das Dunkel so nah beieinander und jetzt diese Leere. Mit uns Kindern hat einfach niemand gesprochen. Wir liefen so nebenher mit.

In meinem Trotz holte ich also den Recorder hervor, stapfte ins Zimmer der Urgroßmutter und platzierte ihn mitten auf ihrem Altar. Ich stellte die Musik laut, irgendeine Popmusik, setzte mich auf ihr Bett und wartete ab. Es hatte etwas Kindlich-Aufrührerisches. Mit einer inneren Verärgerung, aber auch etwas Spitzbübischem fragte ich mich: Was passiert jetzt? Es heißt, man darf keine Musik hören, und ich höre jetzt Musik. Was passiert?

Es war niemand im Raum, der große Recorder stand auf einer stabilen Kommode, inmitten der Ikonen, die meiner Urgroßmutter so heilig gewesen waren. Ich hatte ihn fest im Blick. Plötzlich aber geriet er wie von Geisterhand in Bewegung und stürzte vom Altar. Obwohl dieser Altar gar nicht hoch war, steckte eine solche Wucht dahinter, dass das Gerät laut auf dem Boden aufschlug und in alle Einzelteile zerbrach. Ich blickte auf die Trümmer und dann wieder zu den Ikonen. All mein Trotz war mit einem Mal verschwunden, und in ehrfürchtiger Stille sah ich, wie aus der Ikonenwand eine Marienerscheinung erstrahlte. Zum allerersten Mal nahm ich Mutter Maria in aller Deutlichkeit wahr. Sie leuchtete in ihrem Lichtgewand wie eine goldene Sonne, schaute mich ganz ernst und gleichzeitig gütig an.

Ihr Blick sagte: »Würdige die Tote. Zeige Respekt.«

In meinem kindlichen Leichtsinn fragte ich sie: »Bleibe ich denn mit meiner Urgroßmutter verbunden?«

Und der Blick von Maria sagte: »Du warst nie getrennt und wirst es nie sein.«

In diesem Moment kullerten bei mir zum ersten Mal seit dem Tod der Urgroßmutter die Tränen. Ohne Drama, ohne Scham, es waren Tränen der Befreiung und der Heilung. Ich hatte meine Antwort gefunden, eine Antwort, die mir kein Mensch hätte geben können. Ich konnte durchatmen, und die Marienerscheinung verschwand.

Seither habe ich es noch öfter erlebt, wie die Energien der geistigen Welt so stark werden können, dass sie physisch spürbar werden. Vor allem wenn so starke und verwirrte Emotionen da sind, ist dies manchmal ein Weg der geistigen Welt, uns wachzurütteln und wieder in unsere Mitte zu führen. Ich bin im Nachhinein unendlich dankbar dafür, dass mir diese Vision die so dringend benötigte Antwort geben konnte, in genau dem Moment, in dem ich so sehr hungrig war, so sehr suchte. Auch wenn mich kein Mensch auffangen konnte, so war ich doch geborgen und gehalten. Das wusste ich mit immer größerer Sicherheit, und es hat mein Wesen und meinen Charakter geformt. Eigenschaften wie Respekt, Achtung, Mitgefühl, sie sind bei mir durch solche Erlebnisse entstanden. Fast fünfundzwanzig Jahre lang hatte ich in meinem Leben außer meiner Urgroßmutter keine Vorbilder unter den Menschen. Und dieses eine Vorbild wurde mir früh genommen, als ich noch nicht ganz zwölf war. Doch ich hatte diese intensive und immer stärker werdende Anbindung an das Geistige. Und das war es, was mich getragen, was mich gefördert und gefordert und was mich zu dem gemacht hat, was ich werden durfte. Ein paar Ikonen meiner Urgroßmutter habe ich bis heute aufbewahrt, als Erinnerung an diese frühe erste intensive Berührung mit der ebenso liebevollen wie machtvollen Kraft des Geistigen.

Keine Angst vor den Toten!

Die Beerdigung lag noch nicht lange zurück. Wir waren gerade dabei, die Koffer zu packen, um nach Deutschland zu ziehen; und ich wohnte ein paar Nächte bei Verwandten im Haus der Großeltern. Manche dieser Verwandten waren in Aggressionen und körperliche Gewalt verstrickt und lebten sie auch zu Hause aus. Ich erinnere mich an einen Mann, der dort regelmäßig seine Frau schlug. Das galt als Kavaliersdelikt. Frauenrechte gab es damals nicht, und sie sind heute immer noch unterentwickelt, obwohl Frauen zugleich immer auch eine bedeutende Rolle in den Familien hatten. Sie sorgten ja nicht nur zu Hause für das Wohl der ganzen Familie, sondern gingen ganz selbstverständlich auch einer bezahlten Arbeit nach, damit die Familie überleben konnte.

An einem Abend nun hatte dieser Mann wieder getrunken – was in vielen Familien damals wie heute ganz normal war. Eigentlich wollten alle schon schlafen gehen, doch plötzlich hörten wir laute Schreie aus dem Wohnzimmer. Es waren die Schreie dieses Mannes, der voller Panik brüllte: »Geh weg, geh weg!« Ich war schon im Schlafzimmer und dachte nur: »In welchem Delirium ist er jetzt schon wieder?« Ich kümmerte mich nicht weiter darum, denn das war ja schließlich die Aufgabe seiner Familie und nicht meine, ich war ja noch ein Kind. Doch plötzlich wurde die Tür meines Zimmers aufgerissen, und seine Frau stürzte auf mich zu.

»Jana, du musst sofort kommen!«, rief sie atemlos.

Wieder einmal sollte offenbar ich eingreifen, wo es die Erwachsenen nicht hinbekamen. Ich lief also ins Wohnzimmer und sah den völlig aufgelösten Mann, der durch das Fenster auf den Vorgarten zeigte. Dort hatten die Großeltern große Fliederbüsche, die bis ins Wohnzimmer hinein dufteten, wenn das Fenster offen war. Wieder schrie der Mann in Richtung dieser Büsche: »Geh weg, geh weg!«

Ich schaute hinaus, und wen entdeckte ich da? An einen dieser großen Fliederbüsche, es waren fast schon Fliederbäume, stand angelehnt die Seele meiner Urgroßmutter. Sie stand da ganz still und schaute den Mann durchdringend ernst an. Fast flehend wandte er sich nun an mich: »Sie soll weggehen.« Offenbar konnte er die Seele der Urgroßmutter sehen und seine Frau ebenfalls. Er fragte mich, ob ich sie sehen könne, und als ich bejahte, versteckte sich dieser große gewalttätige Mann hinter mir, einem noch nicht mal zwölfjährigen Mädchen.

Intuitiv fragte ich meine Urgroßmutter: »Was möchtest du sagen? Was ist deine Botschaft?« Sie blickte weiterhin auf den Mann und sagte mit einer klaren Stimme, die auch er unmissverständlich hören konnte: »Ich sehe dich, und ich sehe dich auch aus dem Jenseits, und wenn du noch einmal deine Frau schlägst, komme ich wieder.« Winselnd versprach der Mann: »Ich werde es nie wieder tun. Geh nur weg, geh endlich weg.«

Ich war mir nicht sicher, ob meine Urgroßmutter dachte, dass der Mann verrückt geworden sei. Denn sie reagierte nicht. Also sagte ich zu ihr: »Er hat es verstanden. Du kannst ins Licht gehen.« Daraufhin hat sie sich umgedreht, ins Licht geschaut und ist dem Lichtstrahl nach oben gefolgt.

Für mich war es nicht nur tröstend und schön, meine Urgroßmutter wieder einmal so deutlich sehen zu dürfen. Es war auch sehr lehrreich.

Bis wir schließlich wirklich umgezogen sind, habe ich mich seit dieser Nacht immer wieder selbst an diesen Fliederbaum gelehnt und die Energie meiner Urgroßmutter gespürt. Immer wenn ich an einem Flieder vorbeigehe, ist es für mich bis heute, wie nach Hause zu kommen. Ich staunte damals noch eine Zeit lang, denn zum ersten Mal hatte ich erlebt, dass auch andere die Seele eines verstorbenen Menschen sehen und hören konnten. Vor allem aber wurde mir bewusst, dass dies meine erste aktive Kommunikation mit einem Verstorbenen gewesen ist. Zuvor hatte ich mit ihnen ja nichts anzufangen gewusst und war immer nur in Angst erstarrt. Jetzt aber begriff ich, dass ich keine Angst zu haben brauchte. Wenn Verstorbene zu mir oder zu einem anderen Menschen kamen, dann hatten sie ein Anliegen, und ich konnte sie fragen: »Was ist deine Botschaft? Was brauchst du?« Und ich wusste plötzlich auch, dass ich sie ins Licht schicken konnte. Ich konnte zu ihnen sagen: »Jetzt kannst du gehen. Folge dem Licht, schau nach oben und folge dem Licht.« So fing ich an, mit den Verstorbenen zu arbeiten und sie zu erlösen. Meine Urgroßmutter hatte mir wieder einmal den Weg gewiesen.

In unserer Familie lief derweil alles weiter wie bisher. Man hat – wie immer – die Erfahrung totgeschwiegen. Es ist vielleicht typisch für die Kriegs- und Nachkriegsgeneration, keinen Bezug zu Gefühlen zu wagen und alles emotional Schwierige und Traumatische unter einem Deckel aufzubewahren und nur nicht daran zu rühren. So existierte man irgendwie, kam mit Ach und Krach zurecht, doch man war einfach nicht in der Lage, sein Herz für sich selbst und andere zu öffnen. Zumindest schien es mir in meiner weitläufigen Familie bei sehr vielen Menschen so zu sein.

Ich selbst allerdings habe diese Erfahrung nie vergessen. Durch sie konnte ich endlich lernen, mit den Seelen Verstorbener umzugehen, die mich seit meiner frühesten Kindheit tagtäglich und vor allem nachts aufgesucht hatten. Endlich wusste ich, was ich für sie tun konnte und damit auch für mich. An jenem Tag haben sich für mich Himmel und Erde endlich verbunden. Ich sah, dass sie eine Einheit bilden, dass es dort keine Trennung gibt, sondern dass Lebende und Tote einfach in einem jeweils anderen Bewusstseinszustand sind. Mit noch nicht ganz zwölf Jahren erkannte ich, wie sehr ich den Verstorbenen ebenso wie den Lebenden helfen konnte. Das war zum einen wunderschön, und es zeigte mir zum anderen erneut, wie stark ich war.

Meine Urgroßmutter hat mir in den ersten knapp zwölf Lebensjahren so oft zur Seite gestanden, wenn ich in der Nacht voller Panik aus Albträumen mit Verstorbenen erwachte. Immer wieder hatte sie mir bedeutet: »Janotschka, hab keine Angst vor Verstorbenen, denn sie können dir nichts tun. Hab vor niemandem Angst. Aber wenn du Angst haben willst, dann hab lieber Angst vor den Lebenden, denn sie können dir etwas tun.« Natürlich, ein Verstorbener kann kein Messer nehmen und jemanden damit töten, ein Lebender schon. Was meine

Urgroßmutter da sagte, war logisch, konnte mir als Kind aber nicht wirklich helfen. Denn es war ja nicht die Lösung. Doch sie konnte oder wollte in der damaligen Zeit einfach nicht mehr darüber sagen. Die Lösung musste letztlich sein, dass ich selbst lerne, den Seelen den Weg ins Licht zu zeigen.

Diese Begegnung mit ihrer Seele vorm Haus der Verwandten hat mich für mein ganzes weiteres Leben geprägt. Nach und nach begriff ich, worum es geht, und konnte dem Leben endlich wirklich furchtlos gegenüberstehen. Nach und nach konnte ich lernen, mit all meinen geistigen Wahrnehmungen konstruktiv umzugehen. Aus den frühen Worten meiner Urgroßmutter erkannte ich jetzt, dass mir die Verstorbenen tatsächlich nichts tun konnten. Und ich reimte mir auch zusammen, woran das lag: am freien Willen, den nichts und niemand übergehen kann. Der menschliche freie Wille ist nämlich stärker als jeglicher Wunsch und jegliches Vorhaben eines Geistwesens. Das gilt im Guten wie im Schlechten. Kein Engel kann uns heilen, wenn wir das nicht wollen. Und keine unerlöste Seele kann uns zu nah kommen, wenn wir das nicht zulassen.

Zu jener Zeit mit dem Erwachen der rebellischen Phase, der Teenagerzeit, war ich an einem Punkt, an dem ich die Nase wirklich voll hatte von diesen ständigen Ängsten in jeder Nacht und oftmals auch am Tag. Ich erinnere mich an einen Abend, das war schon in Deutschland, an dem ich nicht einschlafen konnte, weil ich eine Wesenheit im Haus spürte. Ich hatte aber zu viel Angst, sie anzuschauen und mich der Erfahrung zu öffnen. Ich nutzte also ein Ritual, das mir meine Urgroßmutter als Kind beigebracht hatte: Ich nahm Weihwasser und verspritzte es in jeder Ecke der Räume und an jedem Fenster und den Türen in Form eines Kreuzzeichens. Beim allerletzten Fenster kann man damit tatsächlich die Wesenheit hinausdrängen. Aber es ist oftmals ein Kampf. Und dieses Wesen an jenem Abend wollte nicht gehen, und nach wie vor schien es mir zu gefährlich, es direkt anzuschauen. Was also tun? Ich war ganz auf mich gestellt. Und wieder einmal kam mir die rettende Idee genau dadurch, dass ich gezwungen war, selbst eine Lösung zu finden.

In mir entstand plötzlich ein Schutzgebet. Bis heute nutze ich es und empfehle es anderen, wenn sie sich irgendwo unwohl fühlen. Auch für Menschen, die gerade erst beginnen, ihre Intuition zu schulen und sich den geistigen Welten zu öffnen, ist es enorm hilfreich. Denn nicht immer kann man anfangs unterscheiden, ob ein geistiges Wesen mit guten oder mit negativen Absichten da ist. Dieses Gebet trennt die Spreu vom Weizen. Und auch Kindern hilft es sehr, wenn sie sich fürchten, weil sie das Gefühl haben, dass sich etwas unter ihrem Bett oder in ihrem Zimmer versteckt hält.

Mein Schutzgebet

»Wenn du in reiner Liebe bist, darfst du bei mir bleiben. Wenn du nicht in reiner Liebe bist, musst du dorthin zurückkehren, wo du herkamst, oder nach oben in das Licht schauen und den Engeln folgen.«

Damals in diesem Haus sprach ich diese Worte intuitiv aus, und schwupp war die Wesenheit aus dem Fenster hinaus und verschwunden. Sie ging nicht ins Licht, und sie blieb nicht. Wenn es ein Engel gewesen wäre, wäre sie bei mir geblieben. Doch so war es irgendeine andere Energie, und als sie weg war, war das ganze Haus plötzlich wie befreit. Ich lernte, dass ich auf diese Weise unangenehme Kräfte vertreiben konnte und ebenso auch Menschen, die etwas in sich trugen, was mir nicht wohlgesinnt war.

Der freie Wille ist stärker als alles andere, jedes Geistwesen muss ihn respektieren. Viele geistige Wesen sind an uns Menschen interessiert, weil wir in unserer Verbundenheit mit dem Kosmos große Energien in uns haben. So können wir, wenn wir nicht aufpassen, für solche Wesen zur Kraftquelle werden. Doch das müssen wir nicht, wenn wir unseren freien Willen in einem solchen Schutzgebet kundtun.

Mein Mut wuchs enorm, seit ich angefangen hatte, solche Gebete zu sprechen. Ich traute mich endlich, die Wesen aus den geistigen Welten anzuschauen. Noch so viel hatte ich zu lernen. Doch ich begann zu begreifen, dass es unsere Angst ist, die uns schutzlos dastehen lässt. Es ist, als würde sie unsere Aura öffnen und allerlei ungute Wesen zu sich rufen. Die Liebe hingegen ist wie ein Lichtmantel, der unsere Aura umhüllt und schützt. Deswegen ist es so wichtig, die Liebe als eine friedvolle Quelle in sich zu verstehen – und nicht nur als ein Feuerwerk, romantisch und erotisch, das jemand anderes in uns hervorruft. Die Liebe ist eine Lebenskraft, und die ist in uns. Sie ist der stärkste Schutz. Schwingst du in Liebe, können dir kein unedler Gedanke anderer, kein Fluch und keine Verwünschung etwas antun.

In meinen ersten zwölf Jahren hatte ich viel mit Ängsten, aber auch mit Aggressionen, mangelnder Orientierung und Unterdrückung zu tun. Im Energetischen war ich von sehr viel Gerede über schwarze Magie und Missgunst umgeben. Mein eigener Charakter und meine Willenskraft mussten sich daran messen. Durch meine eigenen Blicke ins Jenseits, durch die

Kraft der Natur und durch die Unterstützung meiner Urgroßmutter konnten sie sich aus diesem Dunkel heraus ins Licht begeben. Und auch das war erst der Anfang.

Aufbruch nach Deutschland

Meine Familie hatte alles für den Umzug nach Deutschland vorbereitet. Die Wurzeln meiner wolgadeutschen Mutter riefen nach uns. Mit der Perestroika öffneten sich wie gesagt die Grenzen, und wir durften ausreisen. Im Rückblick war das gut und wertvoll, und es entsprach mit Sicherheit auch dem Seelenplan. Doch für uns Kinder war es natürlich beängstigend. Schon wieder ein Umzug, und jetzt auch noch in ein ganz anderes Land, eine andere Kultur und Weltanschauung. Wir mussten unsere Schule loslassen, die Freunde und Schulkameraden verabschieden, und wir wussten, dass wir all das Vertraute so schnell nicht wiedersehen würden. Von dem Neuen, das uns erwartete, hatten wir keine Ahnung. Doch man fragte die Kinder nicht. Man beschloss etwas, und sie mussten mit. Und sie mussten es auch emotional für sich allein verarbeiten.

In der Nacht vor dem Umzug, etwa einen Monat vor meinem zwölften Geburtstag, hatte ich einen Traum. Immer war das der Weg meiner Seele, mir zu helfen, die unterschiedlichsten Emotionen zu verarbeiten. In jener Nacht träumte ich von einem Land, das ich nie zuvor gesehen hatte. Ich konnte es riechen, ich konnte die Stimmung spüren. Und ich erhielt dort ein Geschenk: einen etwas klobigen Apparat, der irgendwie interessant schien, auch wenn ich nicht wusste, wozu er diente. Ich hielt ihn in der Hand und spürte sein Gewicht. Als ich aufwachte, nahm ich noch immer dieses Gewicht in meinen Händen wahr. Doch ich sah das Gerät nicht mehr und suchte es überall in meinem Bett. Was war das gewesen? Was war es bloß, was man mir da geschenkt hatte?

Meine Jugend in Deutschland *

Das Land, in das wir kamen, sah genauso aus wie in jenem Traum kurz vor unserer Abreise. Es standen die gleichen Bäume dort, ich erkannte die gleichen Farben, die gleichen Landschaften und Straßen. Alles war so, wie ich es bereits gesehen hatte. Tief in meinem Herzen wusste ich nun, dass alles richtig ist. Eine große Angst fiel von mir ab.

Nach Deutschland zu kommen und in Deutschland zu sein war dennoch ein großer Kulturschock für mich. Zum Beispiel hatte ich es in Russland nie erlebt, dass Menschen auf der Straße lächeln würden. Alle waren gehetzt und guckten mürrisch. Doch hier lächelten ganz viele Menschen, und alles war so sauber. Das irritierte mich. Was man nicht kennt, selbst wenn es freundlich ist, kann einem Angst machen. Doch in dem Moment, in dem ich die Bilder aus meinem Traum wiedererkannte, fasste ich Vertrauen. Ich wusste, dass es so schlimm hier nicht werden würde.

Zu meinem zwölften Geburtstag, wenige Tage nach unserer Ankunft an der Ostsee, hielt ich plötzlich einen klobigen Apparat in der Hand – genau den, den ich bereits aus meinem Traum kannte. Meine Eltern hatten ihn mir von ihren ersten D-Mark gekauft. Es war eine Polaroidkamera. Nun lernte ich, was man damit anstellen kann, und auch dieses Geschenk und sein vertrautes Gewicht in meinen Händen beruhigten mich, dass hier in der Fremde, die meine neue Heimat werden sollte, schon alles gut sein würde.

Dennoch, leicht tat ich mich nicht in der neuen Umgebung. Wir zogen bald in die Nähe von Bonn um und lebten dort in einem Aussiedlerheim, ausschließlich unter Russen. Auf der Hauptschule war ich in einer Russisch sprechenden Klasse, und unsere Lehrerin sprach mit uns ebenfalls nur Russisch. Dazu kam, dass mir immer wieder Rassismus begegnete, der mich natürlich auch nicht für das neue Land und die deutsche Sprache begeisterte. Ich bewegte mich ausschließlich in einem russischen Milieu und blieb dort eine Fremde, wo ich jetzt zu Hause sein sollte.

Irgendwie ergab es sich eines Tages, dass mich ein russisches Reiseunternehmen in eine Jugendgruppe aufnahm und wir in Euskirchen eine Wanderung unternahmen. Ich war schon fast vierzehn, sprach immer noch kein Deutsch und war unglücklich. Ich fühlte mich immer noch neu. Fremd. Allein. Es war, als ob die Zeit stehengeblieben sei, seit ich Russland verlassen hatte. Auf dieser Wanderung nun ging ich mit Gleichaltrigen durch den Wald – und plötzlich fiel mir an einer Abbiegung ein Baum ins Auge, der mich regelrecht hypnotisierte. Er strömte eine Atmosphäre aus, eine Kraft, die mir zutiefst bekannt war. Ich blieb bei diesem Baum wie angewurzelt stehen, während die anderen weiterwanderten. Ich schaute mir wie gebannt diesen Baum an – und plötzlich war da ein Déjà-vu-Erlebnis, als ob sich zwei Bilder übereinanderlegten: das Bild dieses Baums, den ich vor mir sah, und das Bild des gleichen Baums, das aus irgendeiner Ferne, wie aus einem Nebel, in mein Bewusstsein drang. Und mit einem Mal wusste ich: Das kenne ich. Diesen Baum kenne ich. Diese Wanderung. Das alles hier kenne ich.

Tief in meinem Inneren wurde mir mit einem Mal bewusst: All das, was ich hier erlebe, habe ich mir vorgenommen. Meine Seele hat sich vorgenommen, genau so in genau dieses Leben zu kommen. Alles entsprach meinem innersten Plan.

Dieser Moment war die Initialzündung. Von einem Augenblick zum anderen hatte sich mein ängstliches Nein in ein großes, starkes Ja verwandelt. Nach zwei Jahren Abwehr spürte ich endlich ein großes Ja zu diesem Land, in dem ich jetzt war. Zu dieser Sprache und zu meinem Weg, der genau hierher hatte führen müssen. Und dieses wundervolle, freudige Ja löste eine Kettenreaktion aus.

Kurze Zeit nach meinem Erlebnis im Wald bei Euskirchen kamen Mitarbeiter des Jugendamts zu uns ins Aussiedlerheim, um unsere Lebensumstände zu prüfen. Wir wohnten zu viert in einem kleinen Zimmer – meine Eltern, mein Bruder und ich. Man entschied, dass das nicht jugendgerecht sei, und schickte uns Kinder jeweils in ein Internat. Ich kam in ein katholisches Mädcheninternat, war die einzige Russin dort, und die Nonnen nahmen mich unter ihre Fittiche. Von morgens um acht bis abends um siebzehn Uhr hatte ich zu lernen und zu lernen. Und so habe ich innerhalb eines Monats die deutsche Sprache regelrecht in mich aufgesogen. Endlich war ich raus aus dem rein russischen Milieu, war umgeben von Menschen, die deutsch sprachen und die mich darüber hinaus förderten. So etwas hatte ich bis dahin noch nicht erlebt, und es war verbunden mit der stärkenden Erfahrung, wie leicht ich lernen kann.

Leider haben mich meine Eltern nach relativ kurzer Zeit wieder aus dem Internat herausgenommen, obwohl es mir dort sehr gut ging. Vor allem die Tagesstruktur hat mich sehr unterstützt, die Rituale, die Gemeinschaft und nicht zuletzt das Lernen. Ich fand es sehr schade, dass meine Eltern sich dagegen entschieden hatten. Sie waren der Meinung, wir würden »so etwas« nicht brauchen. Hatten sie nicht bemerkt, was an der Hauptschule los war? Das Milieu dort war nicht besonders förderlich. Ich war vierzehn, und viele meiner russischen Mitschüler begannen, ins Drogenmilieu abzurutschen. Es gab einfach niemanden, der sie psychologisch unterstützt oder aufgefangen hätte. Die Eltern waren unfähig, überfordert und konnten den Jugendlichen keine Perspektive aufzeigen. Dazu kam wie gesagt der Rassismus, der auch mir zu schaffen gemacht hatte. In Russland waren wir als Wolgadeutsche »die blöden Faschisten« gewesen, und in Deutschland auf der Hauptschule waren wir nun »die blöden Russen«. Wer schon in seinen jungen Jahren eine solche Ablehnung von allen Seiten erleben muss – wie soll der eine Perspektive für seine persönliche Weiterentwicklung finden?

Zumindest hat meine Zeit im Internat dafür ausgereicht, mich von den Noten her so weit zu verbessern, dass ich nun nicht mehr auf die Hauptschule musste, sondern auf die Realschule gehen konnte. Mein Deutsch wurde immer besser, und ich hatte eine ganz neue Beziehung zu dem, was Bildung ausmachen kann. Vor allem konnte ich befreit aufatmen, als ich merkte, dass mir auf der Realschule – jedenfalls fürs Erste – kein Rassismus und Mobbing mehr begegnete. Es schien ein anderes Niveau zu sein. Ich konnte lernen, ich konnte mich auf den Unterricht konzentrieren, ich konnte meinen Selbstwert finden. Wirklich Bildung in mich aufzunehmen: Das war so neu und so schön für mich, nichts anderes auf der Welt hätte mehr Anziehungskraft auf mich ausüben können als das.

Heute weiß ich, dass diese Bilder, die ich in Euskirchen im Wald als Déjà-vu erlebt hatte, und auch die Bilder in meinem letzten Traum in Russland Ausschnitte aus meinem Seelenplan waren. Es waren kurz aufblitzende Eindrücke von dem, was meine Seele bereits vor dieser Inkarnation gesehen hatte, als sie sich auf dieses Leben vorbereitete und festlegte, welche Aufgaben sie hier erfüllen möchte. Sie wollten mich daran erinnern, dass noch einiges vor mir lag und ich die neuen Chancen endlich ergreifen sollte.

Viele Jahre später erst entdeckte ich genauer, dass wir als Seele vor der Geburt gemeinsam mit unserem Schutzengel tatsächlich einen roten Faden bestimmen, an dem entlang sich unser neues Leben entfalten soll. Wir legen die großen Stationen fest, die unsere Entwicklung maßgeblich beeinflussen werden. Dazu gehören der Geburtsort, die Eltern und entscheidende Umzüge. Es ist daher immer gut, wenn wir uns mit unserer Herkunft und Vergangenheit versöhnen. Sie sind kein Fehler. Vielmehr sind es Stationen auf unserem Weg, die wir für unsere Entwicklung gewählt haben. Auch unsere Charakterzüge und die Eigenschaften und Kräfte, die wir in uns tragen, können zum Seelenplan gehören. Spätere Beziehungs- und Geschäftspartner, eindrückliche Begegnungen, die uns fordern und fördern.

Aber es gibt nicht nur das angestrebte Schicksal, es gibt auch ein Schicksal, das einfach entsteht. Zum Beispiel hätte ich damals mit meinen vierzehn Jahren auch sagen können: »Nein, das Lernen im Internat interessiert mich nicht, und überhaupt finde ich es doof und zu streng dort, die Drogenpartys sind interessanter.« Dann hätte ich durch die Schwingung, die ich damit ausgesandt hätte, einen vollkommen anderen Weg eingeschlagen und nach dem Gesetz der Resonanz ein anderes Schicksal angezogen. Damals war es mir noch nicht so klar bewusst, doch mittlerweile weiß ich sehr gut, wie wichtig es ist, die eigenen Glaubenssätze und inneren Überzeugungen immer wieder zu hinterfragen, denn wir nutzen unsere Schöpferkraft in jeder Situation. Und wir können entscheiden, ob wir sie zum Guten oder zum Bösen einsetzen.

Entscheidende Fragen

Wir können zwar nicht immer bestimmen, was auf uns zukommt, aber wir können immer steuern, wie wir damit umgehen. Wir können unsere Entscheidungen stets auf liebevolle Tugenden ausrichten. Das gelingt uns mit ganz einfachen Fragen, die wir uns stellen sollten – in zwischenmenschlichen Begegnungen, in der Partnerschaft und in Freundschaften ebenso wie in beruflichen Belangen:

* Bringt es mich emotional weiter?
* Tut es mir gut?
* Könnte es wichtig für meine persönliche Reife sein?
* Kann hier etwas für meine Seele gewonnen werden?

Wenn du solche Fragen nicht mit Ja beantworten kannst, könnte es besser sein, einen anderen Umgang mit der jeweiligen Angelegenheit zu suchen oder sie ganz loszulassen. Wenn du an nichts und niemandem festhältst, macht dich das frei. Frei auch in deiner Entwicklung und seelischen Entfaltung.

Mein Leben nahm gerade in Deutschland einen so tief greifenden Wandel, dass ich mich oft gefragt habe: Was wäre eigentlich passiert, wenn es keine Perestroika gegeben hätte? Meine Seele hat sich den Umzug in den Westen vorgenommen, weil die dort vorherrschenden Geisteskräfte und die andere Sprache mich so fördern konnten, wie es unter anderen Umständen nicht möglich gewesen wäre. Aber was wäre passiert, wenn die Perestroika nicht gekommen wäre? Wenn diese globale Strömung nicht entstanden wäre? Hätte sich mein Seelenplan dann nicht erfüllen können?

Ich bin mir mittlerweile vollkommen sicher, dass er sich dennoch erfüllt hätte. Vielleicht hätte ich dann durch ein Studium und einen Beruf in den Westen kommen können, und meine Entwicklung hätte einfach einen anderen Weg genommen. Aber meine Seele hätte trotzdem das erreicht, was es zu erreichen gab.

Ich erkannte auch, dass es noch eine dritte Art von Schicksal gibt. Nicht nur den Seelenplan und das spontan durch unser Tun entstehende Schicksal, es gibt auch plötzliche globale Schicksalsströme. Wie eben die Perestroika oder die Wende 1989, die zur Wiedervereinigung Deutschlands führte. Und es gibt die Millionen von Menschen, die wegen eines Kriegs oder einer Dürre auf der Flucht sind. Sie haben sich das nicht vorgenommen, denn wir nehmen uns immer eine liebevolle Entfaltung vor, auch wenn unser Weg nicht immer leicht sein muss. Sofern es zu einem Krieg kommt, heißt es natürlich nicht: Wir haben uns das vorgenommen. Oder: Wir haben das karmisch verdient. Es gibt Dinge, die einfach entstehen und mit denen wir dann unseren Umgang finden müssen, ohne in eine Opferrolle oder in Schuldgefühle hineinzufallen.

Wie kommen wir da wieder raus? Wie können wir das Beste aus alldem machen? Das sind die Fragen, die uns dann weiterbringen. Denn es liegt tatsächlich an uns selbst, wie wir umgehen mit allem, was war und was ist. Selbst wenn wir noch keinen lichtvollen Sinn darin entdecken können – wir selbst sind es, die dem Geschehen diesen lichtvollen Sinn geben können: durch unser Reifen, durch unsere seelische Entwicklung.

Ich glaube, eines konnte ich damals schon mit meinen vierzehn Jahren aus den aktuellen Erfahrungen mitnehmen: Die Zukunft ist nichts Starres. Ich kann sie beeinflussen. Wenn ich zu dieser Zeit einige meiner Mitmenschen beobachtete, dann gab es bereits so ein Ahnen in mir, dass sie an ihrem Seelenplan vorbeileben, auch wenn ich es damals noch nicht so genannt hätte. Sie schienen sich niemals die Frage zu stellen, ob ihnen das, was sie da taten, wirklich und längerfristig guttäte. Dennoch würde ich heute sagen, dass niemand von uns vollkommen an seinem Seelenplan vorbeileben kann. Auch ein verirrter Lebensweg kreuzt immer wieder die vorgegebenen Pfade.

Es kann tatsächlich passieren, dass wir an ein paar Kreuzungen »falsch abbiegen«, unser Herz verschließen und unser Leben mit einer Haltung von Bitterkeit regelrecht absitzen. Zugleich haben wir immer wieder die Möglichkeit, uns zu besinnen, uns auf das Lichtvolle auszurichten und unsere Schritte zu korrigieren. Es ist nicht nötig, dass wir uns Druck machen und vermeintlichen Zielen unseres Seelenplans krampfhaft hinterherlaufen. Dem perfekten Partner, der richtigen Anzahl von Kindern oder unserer großen Mission. Wie viele klopfen und klopfen und hämmern an die immer gleiche Tür, die aber nicht aufgeht, weil es vielleicht einfach nicht die Tür ist, hinter der sie das finden, was für sie bestimmt ist? Der Seelenplan erfüllt sich nicht willentlich.

Ich wollte damals nicht in den Westen. Ich wollte zunächst auch nicht ins Internat. Und dann wollte ich nicht raus aus dem Internat und zurück zur Familie. Doch die höhere Kraft interessierte das nicht. Sie setzte mir die Chancen vor die Nase. Und als ich begriff, dass ich sie ergreifen musste, begann mein Leben den Lauf zu nehmen, den sich meine Seele tatsächlich gewünscht hatte.

Der lichtvolle Seelenplan – das weiß ich heute – erfüllt sich immer, wenn wir vom Herzen nach Liebe streben. Und je glücklicher, je friedvoller, je harmonischer wir sind, umso mehr können wir davon ausgehen, dass wir tatsächlich in Verbindung mit unserem vorgegebenen Seelenplan leben. Je verbitterter und kämpferischer wir hingegen sind, umso mehr müssen wir annehmen, dass wir eigentlich ankämpfen gegen das, was wir wirklich sind und was wir uns vorgenommen haben. Das erzeugt natürlich weder eine gute Lebensqualität, noch führt es zum Erfolg. Ich begann als Teenager mit diesem langsam spürbar werdenden Wandel in meinem Leben hin zu Selbstbewusstsein und Eigenständigkeit ganz leise zu begreifen, dass ich ein lichtvolles Ziel vor Augen haben kann. Und dass mich die Orientierung darauf – entspannt, flexibel und doch beharrlich – dorthin führen wird, wo ich sein möchte. Später habe ich diesem Thema ein eigenes Buch gewidmet: *Der Seelenplan*.

Eine bedeutsame Engelbotschaft

Halt dir deine lichtvollen Ziele fest vor Augen, aber gestalte deinen Weg dorthin spontan, flexibel und liebevoll. Wisse die Balance zu halten: Bleib ausgerichtet auf das, was dir wichtig ist, und lass dem Leben viel Freiraum, deine Geschicke zu lenken.

Es gibt nicht den einen richtigen Weg im Leben, und damit gibt es auch nicht den falschen. Es gibt nur den stimmigen, und das ist der Weg, der sich für dich im Moment stimmig anfühlt. Wenn du dem folgst, dann ist es dir möglich, dabei tief zu atmen, klar zu denken und Liebe zu spüren. Dann bringst du dich auch nicht in Gefahr, deine Gesundheit, deinen inneren Frieden und dein Umfeld zu schädigen. Du bist in der Balance. Die innere Stimmigkeit ist der einzig wahre Kompass, den du hast.

Als Teenager in Deutschland.

Immer hatte ich meinen Weg allein finden müssen, und das hat mich letztlich auch stark und unerschrocken gemacht. Da war dieses Nahtoderlebnis mit sechs Jahren, als ich beinah im See ertrunken wäre. Da war die intensive Prüfung auf dieser Astralreise nachts im Wald, wo die Hexen tanzten und ich mich zwischen der schwarzen und der weißen Energie zu entscheiden hatte. Und da gab es diese Prüfung, die ich mit etwa siebzehn Jahren zu absolvieren hatte. Wir lebten in Deutschland in einem Haus, und in meiner Familie gab es nach wie vor diese große Angst vor schwarzer Magie. Immer wieder war die Rede davon, wer alles schwarze Magie anwenden würde, es gab stets Neid und Missgunst und einige, die Gefühle dieser Art mit entsprechenden Ritualen auslebten. Eines Abends war meine Mutter stark beunruhigt und redete ständig darüber, dass sie sich mit jemandem gestritten habe und nun bestimmt ein Fluch über sie ausgesprochen würde. Sie geriet regelrecht in Panik. Es war auffallend, auch wenn die Grundenergie von Angst bei uns im Haus eigentlich immer vorherrschend war.

Meine Eltern gingen schließlich schlafen, und auch ich legte mich hin. Aber die Unruhe, die in der Familie aufgekommen war, ließ mich nicht los. Ich hatte das Gefühl, als ob ein Geistwesen durchs Haus ging und sich etwas sehr Unschönes und Ungutes entfalten würde. Ich entschied mich ganz bewusst gegen die Angst und für die Selbstermächtigung. Zu jener Zeit musste ich noch immer nachts das Licht anlassen, und es waren auch alle Türen im Haus offen. So konnte ich hören, dass ich nicht allein war.

In dieser Nacht schließlich stand ich auf, lief durch das ganze Haus und sprach in jedem Zimmer intuitiv ein Vaterunser. Ein anderes Werkzeug fiel mir nicht ein. Ich ging also in die einzelnen Zimmer, sprach das Gebet, ging wieder hinaus und schloss jeweils die Tür. Ganz entgegen meiner Gewohnheit schloss ich alle Türen. Nachdem ich alle Zimmer mit meinem Gebet gereinigt hatte, ging ich wieder ins Bett.

Am nächsten Morgen musste ich zur Schule und ging aber nicht wie gewohnt zuerst ins Bad, sondern ins Büro meiner Eltern. Meine Schritte führten mich einfach intuitiv dorthin. Ich öffnete die Tür, und plötzlich ergoss sich eine Unmenge schwarzer Rauch über mich. Das ganze Zimmer war von schwarzem Rauch erfüllt, es stank fürchterlich. Es stellte sich heraus, dass es in der Nacht wohl beim Fernseher in diesem Zimmer einen Kurzschluss gegeben hatte, der dann zu schmoren begann. Die Vorhänge waren verbrannt – aber da ich die Tür geschlossen hatte, gab es nicht genug Sauerstoff, sodass sich das Feuer nicht hatte ausbreiten können. Im Zimmer nebenan hatte mein Bruder geschlafen, daneben war mein Zimmer. Wenn ich nicht nachts unterwegs gewesen wäre, gebetet und die Türen geschlossen hätte, wäre möglicherweise das ganze Haus abgebrannt – oder wir wären am Rauch erstickt.

Morgens gab es natürlich großen Aufruhr: Das war bestimmt der Fluch, jemand hat uns verflucht und wollte uns ans Leben! Ich fühlte mich körperlich sehr schlecht, als ob ich energetisch irgendetwas Ungutes ausbrütete. Ich saß in der Schule, und innerlich kämpfte es. Einerseits war ich natürlich froh, dass ich die Situation aus meiner Intuition heraus so gut hatte beeinflussen können. Zum anderen aber hatte ich es satt. Dieser ständige Kampf! Dieses ständige Gezeter in meiner Familie wegen der schwarzen Magie! Und jetzt war es uns fast ans Leben gegangen! Ich hatte die Nase gestrichen voll von alledem. Dieser ständige Kampf zwischen Dunkel und Hell, diese ständige Panik in der Familie! Warum durfte ich kein normales Leben führen?

Ich sehnte mich so sehr danach! Ganz normal sein. Ganz normal leben. Normale Gedanken haben, normale Erfahrungen, ein ganz normales Menschsein. Das wäre so schön! Dann würde auch dieses ewige Mobbing in der Schule aufhören. Ich war siebzehn, und jeden Tag zogen die anderen in der Schule über mich her.

Während ich mich immer tiefer in diese wütenden Gedanken hineinbohrte, tauchte in meinem Bewusstsein plötzlich eine Stimme auf, die mir einen Ausweg anbot: Ich könnte mich jetzt sofort gegen meine seltsamen Fähigkeiten entscheiden und mit dem Ganzen Schluss machen. Dann würde ich ein völlig »normales« Leben führen können wie andere Menschen auch. Es klang nur zu verlockend. Ich saß im Klassenzimmer und war innerlich in eine ganz andere Welt eingetaucht. Ich wusste, ich hatte eine große Entscheidung zu treffen. Wieder einmal. Und natürlich war da diese große Sehnsucht, einfach nur normal zu sein. Doch auf der anderen Seite spürte ich sofort, dass sich die Entscheidung dafür wie eine Entscheidung gegen mich selbst anfühlte, eine Entscheidung gegen mein Sosein, gegen mein wenn auch zuweilen seltsam wirkendes Potenzial und gegen einen Entwicklungsweg, der ja doch irgendwie stimmig zu sein schien, auch wenn ich ihn in diesem Alter noch längst nicht verstehen konnte. Mit einem Mal spürte ich wieder den Mut in mir, meinem Weg treu zu bleiben. Wer weiß, wohin er mich noch führen würde? Es wird für etwas gut sein. Aus meinem

Inneren kam in dieser Schulstunde ein unerschütterliches Ja zu allem, was zu meinem Weg gehören würde. Zu meinen Fähigkeiten und zu meinem Entwicklungsprozess.

Seit diesem Tag wurde der innere Ruf, mit Menschen zu arbeiten, immer deutlicher in mir. Jedes Mal wenn ich mir vorstellte, ich würde mich auf irgendeine gute und heilsame Weise den Menschen zuwenden, war es, als würde ich mich mir selbst zuwenden. Ich wusste noch nicht, auf welche Weise ich dies tun könnte. Doch ich wusste: Ich werde es tun.

Meine Entscheidung ging an diesem Tag noch einen Schritt weiter. Durch meine Ernsthaftigkeit und häufige Traurigkeit war ich in meinem Umfeld recht isoliert und daher eben ein geeignetes Mobbingopfer. In der Schule erlebte ich immer wieder Verachtung und Unterdrückung, wurde von meinen Mitschülern ausgelacht und auf alle denkbaren Weisen geärgert. Introvertiert und ängstlich, wie ich war, ließ ich es geschehen. Außerdem hatte ich einfach vollkommen andere Interessen. Die Gespräche der Gleichaltrigen über irgendwelche Schauspieler, in die sie verliebt waren, und über Vorabendserien, sie langweilten mich. Ich hatte mich mit so großen Fragen um Leben und Tod, um Hell und Dunkel zu befassen, das nahm den ganzen Raum in meinem Leben ein. Doch es war zermürbend, immer wieder der Spielball der Launen von anderen zu sein.

An jenem Tag meiner erneuten Entscheidung für das Licht gab es wieder einmal großen Ärger in der Schule. Dort haben die meisten geraucht, sie fanden es cool, sich wie vermeintliche Bad Boys hinter irgendwelchen Hecken zu verstecken und zu qualmen. An dem Tag fragte unsere Lehrerin, wie wir zum Rauchen stünden. Ein allgemeines »Yeah, cool!« ergoss sich durchs Zimmer, selbst die, die nicht rauchten, fügten sich dem

Gruppenzwang. Ich saß einfach nur da und wartete, dass der Unterricht endlich vorbei war, als die Lehrerin mich ansprach: »Und du, Jana, was denkst du über das Rauchen?«

In meiner direkten und zu dieser Zeit auch etwas trotzigen Art antwortete ich ganz ehrlich: »Wie käme ich dazu zu rauchen? Das ist eine unsinnige Art, dafür zu bezahlen, freiwillig die eigene Gesundheit kaputtzumachen. Aber ich gestehe jedem sein Laster zu.«

In der Klasse erhob sich ein großes Buhen, alle waren wieder einmal gegen mich. Die Lehrerin zumindest nahm mich in Schutz und sagte: »Wisst ihr, solange es Menschen gibt, die in der Lage sind, so zu denken wie Jana, so lange ist es um die Menschheit gut bestellt.«

Das zu hören tat mir gut. Es gab mir das Gefühl, vielleicht anders zu sein, aber nicht verkehrt, nicht falsch.

Als der Unterricht zu Ende war, prasselten wieder die Beleidigungen und ablehnenden Kommentare auf mich ein, und fast schon wurde ich mit körperlicher Gewalt bedroht. Ich war wütend und traurig, und plötzlich war da wieder so eine innere Stimme, die zu mir sagte: »Du kannst deine Fähigkeiten auch schwarzmagisch anwenden. Dann kannst du dich endlich rächen. Dann kannst du all diesen Idioten, die dir das Leben zur Hölle machen, ordentlich Schaden zufügen. Entscheide dich doch dafür!«

Ich war erschrocken. Denn in solch eine Richtung hatte ich noch nicht gedacht. So etwas hatte ich nie für mich in Erwägung gezogen. Plötzlich stand eine Tür weit offen, die ich zuvor nicht wahrgenommen hatte. Ich wäre endlich machtvoll, ich würde endlich zu den Stärksten gehören, und niemand könnte mir jemals wieder etwas antun!

Doch stimmte das wirklich? Sollte das wirkliche Stärke sein? Ich hatte doch genügend Beispiele für Schwarzmagier erlebt, die ich alles andere als stark fand. Während ich diese offene Tür vor mir sah, spürte ich gleichzeitig mein wahres Wesen in mir. Wie könnte ich jemals jemandem Schaden zufügen? Das widersprach völlig meiner Persönlichkeit! Und es waren diese Worte da: »Ich vergebe den anderen, denn sie wissen nicht, was sie tun.« Ich würde ihnen nicht wehtun. Niemals.

In diesem Moment hörte ich auch auf, mich als Opfer zu fühlen. Mochten sie auf gewissen Ebenen stärker sein als ich. Meine wahre Stärke war in mir spürbar, und sie würde ihren Weg auch nach außen in die Welt finden. Dessen war ich mir sicher. Und je heller der Weg war, den ich gehen würde, umso sicherer würde ich meine Kraft leben können. Erneut hatte ich mich für die weiße Magie, für das Licht entschieden.

Es gab für mich keinen anderen Weg mehr, als an das Gute zu glauben. Ich hätte mich selbst verraten, wenn ich anderen etwas Schlechtes auch nur gewünscht hätte. So elend hätte es sich angefühlt. Das niedrige Bewusstsein und Gefühle wie Hass, Neid, Rachsucht, sie hatten einfach keinen Platz in meinem Herzen. Mochte ich noch so viel Traurigkeit und Einsamkeit erleben, waren da auch Charakterzüge wie Mut, Wahrheitsstreben und die innere Gewissheit, dass alles für etwas gut sein würde. Sie hatten in meinem Charakter bereits immer überwogen, ich hatte sie wohl schon in dieses Leben mitgebracht. Und ich würde sie weiterhin leben und zu ihrer vollen und schönsten Blüte bringen. Auch wenn ich noch nicht wusste, wie.

Mit meinem Bruder in Deutschland.
Hier kam nach und nach immer mehr Lachen in mein Leben.

Bösartiger Narzissmus – und mein Schutzgebet

Das Leben zwang mich derweil immer wieder, Werkzeuge zu entwickeln und Möglichkeiten zu finden, um mich zu schützen. Ganz besonders deutlich war das in der Zeit meiner Ausbildung zur Immobilienkauffrau. Mir fiel diese Lehrzeit nicht leicht, der Umgang mit Tabellen, mit Gebäuden und diesem typischen Businessman-Gehabe entsprach mir überhaupt nicht. Im dritten Lehrjahr war ich dann im Ausbildungsunternehmen im Innendienst und in der Verwaltung. Ich hatte eigenständig einige Immobilien zu verwalten, Eigentümerversammlungen vorzubereiten und zu leiten und so weiter. Das hätte ich auch alles gut hinbekommen – doch wir Auszubildenden hatten das Pech, dass ein Mitarbeiter, der sich in einer gehobenen Position des Unternehmens befand, ein echter Sadist war. Seine extrem narzisstische Persönlichkeit hatte Freude daran, alle um sich herum zu quälen. Er war ein echter Energievampir.

Morgens, wenn wir alle zur Arbeit kamen, stand er am Empfang und begrüßte jeden Einzelnen laut: mit vernichtenden Worten, erniedrigend vor den Augen und Ohren aller anderen. Was willst du dem als Auszubildender entgegenhalten? Das Gefälle bei diesem Machtmissbrauch war viel zu groß. Außerdem war es auch hier so, wie immer in solchen Fällen, dass solch ein Charakter genügend Mitläufer herangezogen hatte, die aus Angst um ihren Job und um sich Vorteile zu verschaffen, mit in seine Kerbe schlugen und ihm auch alles zutrugen, was sie irgendwo in Erfahrung bringen konnten. Und wir, die bedauernswerten Auszubildenden, gerade einmal volljährig, hatten noch gar keine Abwehrmechanismen, um angemessen mit so etwas umgehen zu können. Wir waren diesen Machenschaften ziemlich ausgeliefert. Und so kamen wir schon morgens völlig gestresst zur Arbeit in dem Wissen, dass wir aufs Fieseste begrüßt werden würden und dass diese Person auch den ganzen Tag über seine schlechte Laune willkürlich an uns auslassen würde. Er gab uns widersprüchliche Aufgaben, an denen wir nur scheitern konnten. Abends gingen wir fix und fertig nach Hause in der Gewissheit, dass das Ganze am nächsten Morgen weitergehen würde. Und dass wir wohl unseren Abschluss riskierten, wenn wir ausstiegen oder uns wehrten. Ich wusste: Du musst dieses Jahr durchstehen! Komme, was da wolle, du wirst es schaffen!

Zur damaligen Zeit habe ich nur sehr unbewusst und gelegentlich mit den Engeln kommuniziert und mit der geistigen

Welt gesprochen. Doch eines Tages kam ich wieder aus solch einer erniedrigenden Situation, bis ins Mark erschüttert und zitternd. Ich konnte nicht mehr. Ich bat die geistige Welt um Hilfe. Ich sprach ein Stoßgebet, bat um Schutz und um die Unterstützung dabei, dieses Jahr noch durchzustehen und meinen Abschluss zu machen. Ich bat darum, meine Würde auch in diesen unmenschlichen Zuständen behalten zu dürfen. Denn ich wusste, um jeden Preis würde ich nicht dort bleiben. Wenn sich gar nichts veränderte, müsste ich einen anderen Weg suchen.

Ich sprach also dieses Stoßgebet, ging am Abend nach Hause, legte mich schlafen und wachte am Morgen wieder auf. In den ersten Momenten des Tages bekomme ich oft die besten Ideen – in diesem Zustand zwischen Wachen und Schlafen, wenn der Verstand noch nicht so sehr aktiv ist. Ich stand unter der Dusche, genoss das warme Wasser, dachte an gar nichts und hatte plötzlich einen Geistesblitz. Mit einem Mal fiel mir ein Gebet wieder ein, ein Schutz- und Abgrenzungsgebet, das ich doch wenige Jahre zuvor schon genutzt hatte. Ich stellte mir diese eine Person und all die Mitläufer in dieser Firma, mit denen ich zu tun hatte, vor meinem inneren Auge vor und sprach zu ihnen von Herz zu Herz.

Schutz- und Abgrenzungsgebet
»Wenn du in reiner Liebe bist, darfst du mir begegnen. Wenn du nicht in reiner Liebe bist, musst du deinen eigenen Weg gehen.«

Mit großer Inbrunst und tiefer Überzeugung sprach ich immer wieder diesen Satz: »Wenn du in reiner Liebe bist, darfst du mir begegnen. Wenn du nicht in reiner Liebe bist, musst du deinen eigenen Weg gehen.« Nach ein paar Malen spürte ich von innen heraus eine enorme Kraft. Ich dachte an den Arbeitstag, und zum ersten Mal seit Wochen konnte ich das, ohne dabei Zitteranfälle und Panik zu bekommen. Ich war unendlich dankbar, dass mir die geistige Welt einen Weg gezeigt hatte. Jetzt würde ich es schaffen. Ich wusste: Das Wunder würde geschehen. Ja, das Wunder war bereits passiert.

Wie jeden Morgen hatte ich um neun Uhr ins Büro zu gehen, und diese eine Person würde wie immer am Eingang stehen, um uns alle auf ihre Weise auf den Tag einzustimmen. An diesem Morgen nun kam ich zum Bürogebäude – und sie war nicht da. Alle gingen erstaunt und nur ganz vorsichtig erleichtert zu ihren Arbeitsplätzen. Die aggressiven Mitläufer saßen zwar dort im Eingangsbereich, aber sie schauten mich nicht an. Sie schienen mich nicht einmal zu bemerken. Bis zum Feierabend an diesem Tag sah ich diesen Mitarbeiter nicht. Zuvor war er jeden Tag mehrfach bei jedem vorbeigekommen, um ihm den Kopf zu waschen und auf Kosten der Belegschaft die eigenen Energiereserven aufzufüllen. Doch heute: keine Spur von ihm. Plötzlich hatte ich Nerven, Raum und Zeit, meiner Tätigkeit angemessen nachzugehen. Ich konnte endlich einfach das lernen, was ich hier lernen sollte, und das tun, wofür ich hier war.

Ich sprach mein Gebet nun täglich morgens und abends in Bezug auf diese Arbeitsstelle und den Mitarbeiter. Und es wirkte. Wochenlang tauchte er zumindest in meinem Büro nicht auf, und am Eingang unten schien er mich zu übersehen. Ich lernte aus dieser Erfahrung so unendlich viel über negative Menschen! Ich vergleiche sie gern mit Haien, die einen Tropfen Blut über Kilometer riechen können und sich dann dorthin bewegen, auf ihr Opfer zu. Ein aggressiver Mensch spürt die Unsicherheit und die Opfermentalität anderer ebenso zuverlässig. Und ein extrem narzisstischer Mensch muss sich Macht aneignen und sie missbrauchen, er muss es tun, um seine Ängste und seine Selbstzweifel zu überdecken. Er braucht seine Opfer ganz dringend. Doch sobald er bei jemandem keinerlei Angst mehr wahrnehmen kann, vermag er bei diesem Menschen nichts mehr auszurichten. Er wird uninteressant für ihn. Es ist dort für ihn nichts mehr zu holen. Und um sich die Schmach zu ersparen, ignoriert er ihn fortan.

Irgendwann ging es auf eine Eigentümerversammlung zum Jahresabschluss zu, und da stand er plötzlich bei mir im Büro. Ich merkte, wie Aggression in seiner Aura aufkam und wie ich darauf mit Panik zu reagieren drohte. Nach all den Monaten, die er mich in Ruhe gelassen hatte, reagierte ich erneut mit Angst. Ich spürte, wie er mich energetisch anzugreifen begann und sich eine dunkle Energie in mir ausbreiten wollte. Schnell erhob ich mich, schaute ihm mit aller Kraft, die ich aufbringen konnte, in die Augen und sprach innerlich mein Schutzgebet: »Wenn du in reiner Liebe bist, darfst du mir begegnen. Wenn du nicht in reiner Liebe bist, musst du deinen eigenen Weg gehen.«

Plötzlich wandte er seinen Blick ab, legte die Unterlagen, die ich für die Eigentümerversammlung brauchen würde, auf meinen Tisch und verschwand. Zur Versammlung selbst schickte er einen Stellvertreter, einen Mann, der mich tatsächlich unterstützte und mir als Auszubildender bei dieser Versammlung half. Ich war so unendlich dankbar und begeistert darüber, was ich mit meiner inneren Arbeit und meiner Verbindung zur geistigen Welt alles bewerkstelligen und wandeln konnte!

Nicht lange danach kam der Tag der Prüfung, und ich bestand. An meinem letzten Arbeitstag ging ich noch einmal zu der eingangs beschriebenen Person ins Büro, um mich von ihm zu verabschieden. Ich wusste bereits, dass für mich eine ganz neue Lebensphase beginnen würde. Doch ich fand es angemessen, mich würdevoll von ihm zu verabschieden. Ich reichte ihm die Hand und musste feststellen, dass er mir nicht einmal in die Augen schauen konnte.

Für mich wurde abschließend deutlich, dass ich hier einen enormen Reifungsprozess absolviert hatte. Ich hatte mich stark verändert, war zu voller Würde und Stärke herangewachsen. Er hingegen hatte sich nicht verändert, sonst hätte er mir in die Augen schauen können. Die Augen sind der Spiegel der Seele, in ihnen erkennen wir, ob jemand ehrlich ist. Er verbarg seine Augen vor mir, er war sich seiner Falschheit bewusst. Er wusste, dass er mir nichts mehr antun konnte. Und ich wusste, dass ich vor so einem Typus Mensch nie wieder würde Angst haben brauchen. Auf die Schwingung eines derartigen Charakters würde ich mein Leben lang nicht mehr reagieren.

Solange wir lediglich sagen: »Diese Person ist blöd!«, machen wir uns zum Opfer. Wir geben unseren Schutz auf und leiden. Wenn wir die Situation hingegen als eine Herausforderung zum Lernen und Wachsen ansehen, können wir sie überwinden. Und mit der Kraft, die wir daraus mitnehmen, sind wir gefeit vor weiteren unangenehmen Begegnungen mit der gleichen Schwingung. Wir sind gewachsen und in unsere Stärke hineingereift.

Auch wenn ich nie wieder in diese Branche zurückgegangen bin, hat mir die dreijährige Ausbildung sehr viel Einblick in den Berufsalltag vieler Menschen gegeben. Und sie hat mir geholfen, später mit Mitarbeitern gut umzugehen. Eine gute Führungspersönlichkeit zu sein bedeutet auch, eine klare und konsequente Persönlichkeit zu sein und zudem ein weitsichtiger visionärer Geist. Ich verdanke dieser Ausbildungszeit viel davon, dass ich heute auch im Weltlichen geerdet und handlungsfähig sein kann. Ich weiß umso mehr, dass ich die Dinge durchziehen kann – meine Seminare, das Schreiben der Bücher, die Organisation meines ganzen wirtschaftlichen Lebens. Ich tue es auf meine Weise, bei der mein Herz und meine Seele immer dabei sind. Und so habe ich auch keine Angst vor dem Erfolg. Denn wir leben schließlich nicht nur von Luft und Liebe, sondern haben auch eine finanzielle Verantwortung für uns selbst, für unsere Familien und unsere Mitarbeiter.

Blutige Erinnerung

Warum aber war ich überhaupt Immobilienkauffrau geworden? Als Teenager träumte ich schließlich von zwei ganz anderen beruflichen Richtungen: Journalismus und Medizin. Beide reizten mich sehr, und ich hätte gern diese Fächer studiert. Aber hier kam mir meine Familie in die Quere. Akademiker waren bei uns ganz und gar nicht erwünscht. So wurde ich mit diesen Ambitionen nicht gefördert und musste mich erst einmal nach etwas anderem umsehen, was meiner Ursprungsfamilie genehm war. Letztendlich bin ich aber dennoch zu dem gekommen, was mir schon in jungen Jahren vorschwebte. Heute bin ich Heilerin und Autorin – und darin verbinde ich Medizin und Journalismus auf eine, wie ich finde, sehr schöne und für mich ganz stimmige Weise.

Meinem Umfeld blieb offenbar auch damals nicht verborgen, dass ich für diese Richtungen eine gewisse Begabung mitbrachte. Obwohl ich mich niemals auf eine Ausbildungsstelle im medizinischen Bereich beworben habe, lagen mir immer wieder Angebote vor. Beispielsweise fragte mich mein damaliger Zahnarzt: »Deine Realschule geht bald zu Ende. Was machst du? Willst du hier Zahnarzthelferin werden?« Das Medizinische hätte mich schon gereizt, aber es gab noch ein Hemmnis, das nichts mit meiner Familie zu tun hatte: Ich hatte damals wahnsinnige Panik vor Blut, und allein die Vorstellung, jemandem wehzutun oder Blut fließen zu sehen, erschreckte mich fast zu Tode. Ich hatte da eine Blockade, die sich erst später auflösen sollte.

So traf ich also erst einmal die Entscheidung, eine kaufmännische Ausbildung zu machen. Ich wusste schon früh, dass ich mit meinem Charakter einmal selbstständig arbeiten würde; und egal, in welchem Bereich das passieren würde, kaufmännische Grundkenntnisse würden mir dabei immer helfen. Außerdem war das genau die berufliche Richtung, die in meiner Herkunftsfamilie als typisch galt. Ich nahm also die Lehrstelle zur Immobilienkauffrau an. Natürlich war in mir die Sehnsucht nach einem therapeutischen oder journalistischen Beruf – doch in diesen jungen Jahren und ohne äußere Unterstützung fand ich einfach keinen Ansatzpunkt, dieses Begehren zu einem Beruf werden zu lassen.

Privat allerdings ließ ich diese Motivation durchaus leben. So besuchte ich beispielsweise mit zwanzig einen Abend zum geistigen Heilen. Und während die Gruppe dort in einer Meditation saß, merkte ich, dass ich eine besondere Resonanz zu einem Teilnehmer empfand. Es war ein etwa vierzigjähriger Mann, der auf mich einen ungepflegten Eindruck machte. Er hatte eine »unterdrückte« Haltung, und er war nicht in der

Lage, den anderen in die Augen zu sehen. Auch meinem Blick wich er aus. Doch ich sah ihn an und hatte plötzlich wieder dieses Déjà-vu-Gefühl: Den kenne ich doch! Allerdings wusste ich nicht, woher. In diesem Leben hatte ich ihn garantiert noch nicht gesehen, und wir hatten auch jetzt noch kein Wort miteinander gesprochen. Ich wusste nichts von ihm, kannte nicht einmal seinen Namen.

Ich war jung, genoss die neue Freiheit, meinen eigenen Weg gestalten zu können, und so ließ ich mich auf die Übungen und Meditationen in diesem kleinen Seminar völlig unbedarft mit all meiner Offenheit und Neugierde ein. Auf diese Weise geriet ich bei einer Heilreise in ein vergangenes Leben, hörte plötzlich Stimmen, fand mich in einem eiskalten dunklen Raum wieder und schmeckte mein eigenes Blut. Langsam wurden die Bilder deutlicher, und ich sah mich mit zerlumpter Kleidung angekettet auf einer Folterliege. Ich wusste, dass ich Opfer der Inquisition geworden war. Meine Arme waren zur Seite angebunden, meine Beine übereinander fixiert, wie gekreuzigt lag ich dort. Und dann sah ich einen Mann über mir, der mich folterte, und ich erkannte in seinen Augen die Augen des Mannes mir gegenüber im Kurs. Er schaute mich an, grinste und stieß mir ein Schwert durch den Fuß ins Bein. Ich hörte, wie die Knochen knackten, und spürte, wie das Schwert das Knie erreichte. Ich geriet in einen Schockzustand und war dem Tode nah. Im Sterben sah ich noch einmal seine Augen und hörte sein animalisches Lachen. Der Schock, der Schmerz, das Entsetzen, sie waren es, die ich mit in den Tod nahm. Das Blut, das ich in meinem Mund schmeckte, gehörte zu den letzten Erinnerungen aus diesem Leben. Und genau das hatte ich offenbar als Trauma und Angst vor Blut in mein aktuelles Leben mitgebracht. Karma ist nicht einfach nur Ursache und Wirkung, zum Karma gehören auch nicht erlöste Emotionen und Schocks. Jene Art zu sterben war es, die mich in diesem Leben von meiner therapeutischen Berufung abhalten wollte. Nun war ich offenbar an der Wurzel dieser Blockade angekommen.

Ich sah, wie ich starb. Ich sah, wie der letzte Atemhauch von mir wich. Ich spürte meine Verbitterung. Ich starb gewissermaßen mit der Faust in der Tasche. Ich wollte nicht vergeben. Niemals. Nicht für diese Grausamkeit. Nicht für diese ungeheuren Schmerzen. Nicht für diese große Ungerechtigkeit. Es war mir egal, dass ein Mensch, der mit solchen Emotionen sein Leben verlässt, dieses schwere Päckchen auch in die nächste Inkarnation hineinschleppen würde. Meine Verbitterung war größer.

In besagtem Seminar war diese wieder heraufgeholte Erinnerung für mich sehr schrecklich. All das erneut zu erleben! Dennoch konnte ich einen gewissen Abstand dazu wahrnehmen, und plötzlich stieg aus der Tiefe meines Inneren ein Vergebungsgebet in mir auf. Mir war mit einem Mal klar: Erlösung findet niemals im Außen statt, sondern ausschließlich in unserem Inneren. Wir selbst sind es, die uns erlösen müssen. Es ist unsere Aufgabe, auch die schmerzhaftesten Emotionen in Liebe zu transformieren und zu vergeben. Ich sah diesem Mann in die Augen, da schaute auch er mir in die Augen, und ich sprach innerlich das Vergebungsgebet.

Vergebungsgebet

»Ich vergebe dir für das, was du getan hast, bewusst und unbewusst. Ich bitte dich, allen Menschen zu vergeben für das, was sie getan haben, bewusst und unbewusst. Ich bitte

alle Menschen, dir zu vergeben für das, was du getan hast, bewusst und unbewusst. Ich vergebe allen Menschen für das, was sie getan haben, bewusst und unbewusst. Ich bitte alle Menschen, mir zu vergeben für das, was ich getan habe, bewusst oder unbewusst. Ich bitte die göttliche Kraft darum, die Kraft der Vergebung in unseren Herzen zu spüren, und ich vergebe mir selbst für das, was ich getan habe, bewusst und unbewusst. Ich vergebe, weil ich liebe.«

Diese Worte, die ich nie zuvor gehört hatte, arbeiteten in mir, während ich dem Mann wie elektrisiert in die Augen schaute, ebenso wie er mir. Und plötzlich wurden seine Augen weich, voller Farbe, Glanz und Schönheit, als ob eine Last von Schuld und Scham von ihm abgefallen wäre. Und auch ich spürte große Erleichterung.

In der Pause gleich darauf ging ich zur Toilette, schloss mich dort ein, machte das Licht aus und weinte. Fast eine Stunde lang weinte ich dicke Tränen. Als ich dann wieder in den Gruppenraum kam, sah ich diesen Mann plötzlich mitten zwischen den anderen stehen und sich mit ihnen unterhalten. Eine große Heilung war geschehen. Und ich selbst hatte seit diesem Tag keine Angst mehr vor Blut. Meinem Weg auf dem Gebiet der Heilung und der Arbeit mit Menschen stand nun nichts mehr im Weg. Durch die Vergebung hatte sich ein Trauma gelöst, und durch die innere Befreiung ergab sich gleichzeitig auch eine Chance im Außen. So wie das Leben eben spielt.

Einige Wochen später, als ich meine Prüfung zur Immobilienkauffrau bestanden und meinen Abschluss kaum in der Tasche hatte, kam mir eine Idee: Ich kannte doch einen Heilpraktiker, mit dem ich in meinen ersten Jahren in Deutschland einmal in Berührung gekommen war. Dieser Mann war mittlerweile an den Bodensee gezogen und hatte dort eine Praxis. Ich rief ihn an, erzählte ihm, wo ich gerade im Leben stand, und fragte ihn, was er mir empfehlen würde, um meinem Wunsch nach einem Heilberuf nachkommen zu können. Er riet mir zu einer dreijährigen Ausbildung zur Heilpraktikerin. Dafür allerdings hatte ich kein Geld, deshalb vereinbarten wir, dass ich zu ihm an den Bodensee kommen und als Sprechstundenhilfe arbeiten würde. So würde ich mir mit der Zeit diese Ausbildung leisten können.

Eine Woche später kratzte ich meine letzten Ersparnisse zusammen und zog an den Bodensee. Ich fing an, mich in den beruflichen Bereich hineinzuleben, von dem ich schon so lange geträumt hatte. Ich hatte überhaupt keine Angst mehr vor Blut, vor Schmerzen oder vor Berührung. Das Vergebungsgebet hatte offenbar ganze Arbeit geleistet. Ich war an der richtigen Stelle, und ich machte meine Sache gut. Alles kam in Fluss.

Endlich Heimat

Ein wirkliches Heimatgefühl kannte ich bis Anfang zwanzig nicht. In meiner Ursprungsfamilie sind wir alle paar Jahre umgezogen, und dann wanderten wir nach Deutschland aus, wo wir auch lange herumgereicht wurden. Immer wieder musste ich mich in der Fremde zurechtfinden. Doch nun war ich an den Bodensee gekommen, und etwas vollkommen Neues begann.

Als ich den See das erste Mal erblickte, war ich zutiefst berührt. Ich hörte eine Stimme in mir, die sagte: »Hier gehörst du hin. Hier wirst du bleiben. Und hier wirst du auch sterben.« Der Bodensee ist meine seelische, meine spirituelle Heimat.

In der Praxis, in der ich nun als Sprechstundenhilfe arbeitete, waren mehrere Heilpraktikerinnen und Heilpraktiker aktiv. Recht schnell sagten sie: »Jana, all das, was du ohne Anamnese weißt, was du den Menschen einfach an der Nasenspitze abliest, ist ungewöhnlich. Setz dich einmal hin und erzähl uns, woher du das alles weißt.«

Für mich war das vollkommen neu. Die Kollegen – und auch mein Partner, den ich in dieser Zeit kennenlernte – haben mir aufrichtiges Interesse entgegengebracht und mich immer wieder aufgefordert, meine Gaben zu hinterfragen und zu nutzen. Eine ganz neue Welt tat sich für mich auf. Denn mit ihren Fragen zeigten mir diese Menschen, dass mit mir keineswegs »etwas nicht stimmte«, sondern dass es gut sei, über solch besondere Gaben zu verfügen. Ich vertraute ihnen und fing an, zu erzählen und zu hinterfragen. Ich wurde von diesen Kollegen wie auch von meinem Partner immer wieder ausgefragt – und damit auch »gepusht« und herausgefordert. Es war mit Mitte zwanzig das erste Mal, dass ich über all das sprach – motiviert vom Interesse dieser Menschen, die sich für meine ungewöhnlichen Fähigkeiten interessierten. Sie taten dies nicht aus Neugierde, Angst oder Kontrollzwang, sondern aus aufrichtigem Interesse. Genau das, was ich brauchte.

Es passierte dann sehr schnell, dass die Heilpraktiker in dieser Praxis zu manchen Patienten sagten: »Ihre Fragen haben keinen medizinischen Charakter. Gehen Sie am besten eine Tür weiter zu Jana Haas, die soll Ihnen eine Botschaft Ihres Engels geben.« Ich war zwar die Sprechstundenhilfe, doch ich fing an, mit den Patienten zu arbeiten und meine Gaben ganz neu zu sehen. Meine Kollegen trauten mir zu, Patienten weiterzuhelfen; und so entstand viel schneller, als ich es hätte erwarten können, meine damalige Beratertätigkeit. Ich setzte mich mit den Patienten hin und erkundigte mich nach ihren Fragen. Und in aller Ruhe schaute ich mir an, was sich zeigte. Was sehe ich in der Aura? Was signalisiert mir der Schutzengel dieses Menschen? Auf diese Weise konnte ich meine Gabe immer mehr fokussieren und auf heilsame Weise anwenden lernen.

Ein paar Monate nach meinem Einstieg dort in der Praxis war ich - völlig ungeplant - nicht mehr Sprechstundenhilfe, sondern eine gleichberechtigte Arbeitskraft im Bereich der Heilung, und es entwickelte sich ein ganz eigener heilerischer Berufszweig. Ich verstand bald, dass mich mein Weg in diesem Leben nicht zur Medizin führen sollte, sondern zum geistigen Heilen. Es schälte sich immer mehr mein eigener Weg, meine Berufung heraus.

Die karmische Erinnerung, die sich erlösen durfte, hat mir meinen Lebensweg geebnet. Es ist immer ein Geschenk, wenn wir auf solchen Wegen Heilung erfahren. Karmische Erinnerungen werden uns zugänglich, wenn die geistige Welt merkt, dass ein bestimmtes Thema anders nicht erlöst werden kann. Dann prüft sie, ob wir stark genug für diese Bilder aus der Vergangenheit sind, denn sie sind selten angenehm oder lichtvoll. Das Licht müssen wir erst hineinbringen.

Große Teile meiner Kindheit habe ich in Krankenhäusern und Kuranstalten verbracht. Manchmal konnte man mir dort helfen, oftmals nicht. Die wirkliche Hilfe kam meist aus der Natur, aus einem klaren Lebensrhythmus auf dem Land und von den russischen Heilerinnen, zu denen mich meine Mutter stets in der größten Not gebracht hatte. Eigentlich war es also kein Wunder, dass mich die Heilberufe so sehr anzogen.

Manchmal habe ich den Eindruck, besonders unsere jungen Jahre dienen dazu, dass wir die unterschiedlichen Facetten von Stärke und persönlicher Kraft entwickeln. Da geht es nicht immer leicht und freudig voran. Doch gerade an den Krisen und an den Umwegen, an den Stolpersteinen und Schwierigkeiten lernen wir, schöpfen wir Lebenserfahrung und entwickeln wir die wahren Diamanten in uns. Denn die entstehen unter Druck. Es war kein Zuckerschlecken für mich, die Ausbildung zur Immobilienkauffrau zu absolvieren. Aber ich musste auch dort gezwungenermaßen mein Potenzial ins Leben bringen und meine Stärke entwickeln, und die entsprechenden Qualitäten kann ich seither zum Wohle anderer einsetzen. Die geistige Welt kann Unglaubliches und wahre Wunder bewirken. Doch sie braucht auch starke Menschen, die sie als ihre irdischen Instrumente zum Wohle des Ganzen einsetzen kann. Und zu starken Menschen müssen wir uns immer erst einmal hin entwickeln.

Ich sehe in der Aura der Menschen so viele Talente. Mit jeder Engelbotschaft, die ich den Menschen gebe – und das sind mittlerweile Zehntausende gewesen –, sehe ich so viel Potenzial, bei dessen Entfaltung die Engel sie unbedingt unterstützen möchten. Doch die Menschen erahnen oftmals gar nicht, was alles in ihnen steckt. Bei so vielen konnte sich noch keine große Ich-Kraft entwickeln. Sie äußert sich in der Selbstliebe, in der Eigenverantwortung, in konsequentem Handeln, in Intuitionsstärke, in Entscheidungsfestigkeit. Es wäre so schön, wenn die Persönlichkeitsentwicklung ein Teil des Schulstoffs wäre. So aber müssen wir uns im Erwachsenenleben selbst darum kümmern, die Angst vor unserer eigenen Größe verlieren und unsere wahre Kraft entfalten. Und das sollten wir auch tatsächlich tun, bevor es zu spät ist. Denn das Leben ist nicht unendlich lang.

Ich erinnere mich da an einen Freund, der an einem Herzinfarkt starb, als ich gerade mein Buch *Das Seelenhören* schrieb. Er meldete sich bei mir und sicherte mir zu, mich vom Jenseits aus beim Schreiben zu unterstützen. Als das Manuskript vor mir lag, wandte ich mich dann an ihn und fragte, was er mir dazu sagen möchte. Seine Antwort berührte mich sehr, und ich setzte sie als Dankesrede an den Beginn des Buchs.

Seine ursprünglichen Worte lauteten etwa so: »Jetzt im Jenseits bei der Lebensrückschau, bei der Reflexion meines Lebens, bin ich entsetzt. Ich bin entsetzt darüber, wie sehr ich mir selbst im Weg gestanden habe. Und vor allem bin ich schockiert darüber, dass ich selbst tatsächlich der Einzige war, der sich mir überhaupt in den Weg hätte stellen können. Niemand anders hätte mich bremsen können. Doch ich selbst habe mich kleingehalten und mir nichts zugetraut. Ich hatte zu wenig Eigenliebe und zu wenig Courage. Zu wenig Risikobereitschaft. Und viel zu viele Urteile über mich. Erst jetzt sehe ich, wie viel mehr in meiner Inkarnation möglich gewesen wäre. Ich hätte einfach nur Ja zu mir selbst sagen müssen. Ganz egal, wie die anderen mich eingeschätzt, bewertet oder auch verurteilt hätten – einzig und allein auf mein Ja zu mir selbst wäre es angekommen. Doch das habe ich mir nicht gegeben. Leider. Wenn ich nur zu Lebzeiten gewusst hätte, wie groß und stark meine Seele ist, wie groß mein Potenzial ist – ich hätte ganz anders gelebt!«

Bereit für das Glück zu sein bedeutet, bereit zu sein, das Glück in sich selbst zu finden, Frieden mit sich selbst zu schließen und der eigenen Kraft zu vertrauen. Dann klappt alles andere, denn dann werden wir umso mehr unterstützt. So hatte ich mit vierundzwanzig Jahren tatsächlich begonnen, voller Freude und Kraft meinen ganz eigenen Weg zu gehen. Ich war dankbar, dem Ruf meiner Seele bis hierhin gefolgt zu sein, und fühlte mich von der geistigen Welt reich unterstützt. Mein nun beginnender Weg als Heilerin kam natürlich nicht aus dem Nichts. Alles, was ich bislang erlebt hatte, hatte mich darauf vorbereitet.

Erste Schritte als Heilerin

Noch bevor ich an den Bodensee und in die Naturheilpraxis kam, experimentierte ich mit dem, was ich in den kleinen Workshops gelernt hatte, die ich ab und an besuchte. Gelegenheit zum Üben gab mir das Leben immer wieder, zum Beispiel auch an diesem Tag: Ein Freund hatte Fieber. Ich war damals achtzehn und mitten in meiner kaufmännischen Ausbildung. Ich bot ihm aus einem spontanen Impuls heraus an, ihn energetisch zu behandeln. Er war damit einverstanden, und ich begann damit, seine Aura auszustreichen und ihm Energie zu schicken. Plötzlich merkte ich, wie eine Welle von ihm zu mir herübersprang. Mir wurde schlecht. Innerhalb von Sekunden bekam ich Fieber und alle Symptome einer heftigen Erkältung. Meinem Freund hingegen ging es prächtig. Er erfuhr eine Spontanheilung und war innerhalb von Minuten wieder fit. Er stand auf und dankte mir. Und ich musste mich hinlegen.

In meinem Kopf ratterte es. »Wow, ich kann heilen«, rief es da einerseits euphorisch. Zum anderen aber: Wenn ich mir die Symptome und Krankheiten von anderen selbst zuziehe, ist natürlich auch niemandem geholfen. Was also tun? Wie konnte ich es schaffen, anderen zu helfen, ohne mir selbst zu schaden?

Ich hatte ein neues privates Forschungsprojekt gefunden. Es war allerdings kein allzu kompliziertes, ich konnte es schnell abschließen. Denn mir wurde recht bald klar, dass so eine Übertragung der Symptome genau dann passiert, wenn ich ins

Mitleid rutsche. Bei der Behandlung dieses Freundes war ich noch sehr unerfahren. Ich wollte unbedingt, dass es ihm wieder gut geht. Das aber ist keine gute Voraussetzung für eine gelingende Heilarbeit. Es war wichtig für mich zu begreifen, dass ich dem anderen Menschen seinen Weg lassen muss – dass ich ihm die Kraft für seinen Weg zutraue, ganz gleich, ob er wieder in die Gesundheit führt oder nicht. Eine gewisse innere Abgrenzung ist notwendig. Mitgefühl natürlich, aber kein Mitleiden.

In dieser Zeit, in der ich einfach ein bisschen herumexperimentierte, bekam ich noch häufig Gelegenheit, mich auszuprobieren. Eine Verwandte beispielsweise war schwanger und litt unter starken Senkungsbeschwerden. Es hatte sich herumgesprochen, dass ich da vielleicht etwas machen könne, und sie bat mich, ihr die Hände auf den Bauch zu legen. Ich tat es und dachte dabei an Liebe. Ich stellte mir vor, wie ich kosmische Energie an sie weiterleiten würde.

Meine Hände wurden von ihrem Bauch regelrecht aufgesogen und blieben eine ganze Weile dort liegen. Plötzlich sah ich in ihrer Aura über dem Bauch eine weiße Rose. Intuitiv schloss ich daraus, dass ich sie so lange behandeln müsste, bis aus dieser weißen Rose eine rote geworden wäre: ein Symbol der Vollkommenheit, der Liebe und der Gesundheit.

Schon nach der ersten Behandlung fühlte sich die Frau wohler und leichter. Die Senkungsbeschwerden waren allerdings wirklich stark, sodass sie bald ins Krankenhaus sollte und bis dahin ausschließlich liegen durfte. Also behandelte ich sie noch zweimal, bis ich tatsächlich eine rote Rose als Symbol für die Genesung in ihrer Aura sehen konnte. Jedes Mal sogen sich meine Hände wie magnetisch an ihrem Bauch fest und blieben dort eine ganze Zeit liegen. Nach der dritten Behandlung ging die Frau zu einem vereinbarten Termin ins Krankenhaus, doch die Ärzte schüttelten nur den Kopf. Sie konnten keine Senkungsbeschwerden mehr feststellen. Es war für mich eine schöne Bestärkung weiterzumachen.

Allein kann ein Heiler nichts bewirken

In der gleichen Zeit fragte mich auch ein Bekannter mit Morbus Parkinson, ob ich ihn behandeln könne. Während wir miteinander sprachen, sah ich, wie seine Hände zitterten. Er fühlte sich durch die Krankheit stark eingeschränkt. Es waren mehrere Behandlungen angezeigt, und ungefähr bei der vierten wunderte ich mich, dass ich die Energie seiner Erkrankung nicht mehr wahrnehmen konnte. Seine Aura war vollkommen heil, und seine Hände zitterten nicht mehr. Er bestätigte, dass er sich besser fühle, hatte aber noch gar nicht bemerkt, dass seine Hände ruhig waren.

Es war also eine spontane Verbesserung des Symptoms eingetreten, allerdings ohne Bewusstheit seinerseits. Mir war natürlich klar, dass das nicht die Heilung der Krankheit sein konnte. Ich hoffte aber im Geheimen, dass ich einen Impuls setzen konnte, sodass er selbst nun etwas achtsamer und bewusster mit sich umgeht und es ihm so gelingt, seine Selbstheilungskräfte aktiv zu halten.

Leider hielt der Impuls nicht lange an. Denn als seine Frau am Abend nach Hause kam und er ihr von seinem Glück erzählte, überschüttete sie ihn mit ihrer Negativität. Sie meinte, eine solche Krankheit sei nicht heilbar und er solle sich nichts einbilden. Noch am selben Abend fing er wieder an zu zittern.

Bei Morbus Parkinson habe ich mittlerweile häufig die Erfahrung gemacht, dass die Betroffenen lernen müssen, ihr eigenes Leben zu führen und sich aus Abhängigkeiten zu lösen. Diesem Mann gelang das, soweit ich ihn beobachten konnte, leider nicht. Doch für mich war es eine wertvolle Erfahrung – zum einen dafür, dass ich tatsächlich etwas bewirken konnte. Und zum anderen erkannte ich, dass ein Großteil des Heilerfolgs von den Erkrankten selbst abhängt, von ihrer Bereitschaft, daraus zu lernen, was ihnen ihr Körper und ihre Seele sagen wollen. Die Aufgabe des Therapeuten und des Heilers ist es vielmehr, die Selbstheilungskräfte der Patienten zu aktivieren und ihnen zu helfen, sich ein förderliches Umfeld zu schaffen. Ich begriff recht schnell, dass ich die Menschen an ihre Eigenverantwortung erinnern musste. Heilung hat immer auch etwas mit Persönlichkeitsentwicklung und Reifung zu tun. Die Zusammenhänge zwischen einer Krankheit des Körpers und Schwächen der Psyche stellten sich mir immer deutlicher dar. Es war unmissverständlich: Ohne die innere Arbeit des Patienten kann die äußere Arbeit des medizinischen Personals nicht viel bewirken.

Es lag nicht in meiner Macht und letztlich auch nicht in meinem Interesse, mich in das Leben und die Beziehungsstrukturen der Menschen einzumischen, die mich um Hilfe baten. Ich durfte darauf vertrauen, dass sich jeder das Umfeld schafft, das für ihn stimmig ist. Vielleicht fühlt es sich nicht gut an, doch es wird immer das Umfeld sein, aus dem dieser Mensch am meisten für seine dringend anstehenden Schritte lernen kann. Jeder lebt freiwillig in seinem System. Niemand zwingt ihn dazu, die Dinge so zu belassen, wie sie sind. Natürlich können wir die Umstände oft nicht verändern, doch unsere Haltung dazu in jedem Fall. Und so musste ich als Heilerin lernen zu akzeptieren, dass jeder seinen freien Willen hat, gegen den die Engel nichts auszurichten vermögen – und ich selbst natürlich auch nicht. Bei allen Leiden ist es ganz wichtig, dass der Patient die tiefe Bereitschaft in sich verspürt, Heilung in sich zu erfahren. Sobald er diese Bereitschaft zur Heilung hat, können sich Wege dorthin auftun.

Mit Mitte zwanzig, als ich dann in der Praxis am Bodensee meine ersten Schritte als professionelle Heilerin unternahm und sich meine Methoden rasant weiterentwickelten, erlebte ich tatsächlich einmal einen Fall, der mich enttäuschte und erschütterte. Bei einer Patientin, ich erinnere mich noch sehr genau an sie, bemerkte ich, dass ihr Bauchspeicheldrüsenkrebs mit ihrem Umfeld zusammenhing.

Ich sprach die Frau darauf an, und sie sagte sofort: »Ja, das hat natürlich mit meiner Familie zu tun. Mit meinem Mann. Ich hasse ihn wegen seiner Dominanz, aber ich habe nicht die Kraft, mich von ihm zu trennen.«

Nach ihren vehementen Worten fragte ich sie, warum sie ihren Mann hasse und ob er ihr etwas angetan habe. Sie verneinte: »Er geht mir einfach nur auf die Nerven, ich ertrage seine Dominanz nicht!«

Mir schien ein ungelöster Vaterkonflikt dahinterzustecken. Möglicherweise war der Vater in ihrer Kindheit nicht so für sie da gewesen, wie sie es sich gewünscht und gebraucht hätte, oder es war zu Übergriffen gekommen. Und nun projizierte sie diese frühen Erfahrungen auf ihren Mann, dem sie nicht wirklich etwas vorzuwerfen hatte. Sie sagte, er sorge gut für die Kinder, aber sie könne einfach nichts mit ihm anfangen und fände ihn furchtbar.

Ich versuchte, meine Gedanken dazu vorsichtig anzusprechen. Doch sie wollte nichts davon wissen, dass es für ihre Heilung wesentlich sei, etwas an ihrer Haltung dem Mann und vielleicht auch dem Vater gegenüber zu verändern.

»Ist Ihnen klar, dass Sie sterben könnten, wenn Sie Ihre Verbitterung nicht lösen?«, fragte ich.

Und sie antwortete tatsächlich: »Ja, ich nehme das mit ins Grab. Ich sehe das als Chance, von ihm wegzukommen.«

An dieser Stelle war ich wirklich schockiert. Können Menschen so verbittert sein, dass sie den Tod in Kauf nehmen? Dass sie ihren Kindern antun, die Mutter zu verlieren? Dass sie sich so an ihrem Mann rächen wollen, der ihnen nicht einmal etwas angetan hat?

Ich gab dieser Frau schließlich die Engelbotschaft, um die sie mich gebeten hatte. Es war eine Botschaft voller Hilfestellungen und konstruktiver Anregungen. Doch sie sagte am Ende unserer Besprechung: »Ich wollte nur wissen, was der Engel sagt. Aber ich werde nichts davon beherzigen.«

Mir waren die Hände gebunden. Ich ließ die Frau ziehen, und tatsächlich starb sie kurze Zeit später.

Dieser Vorfall beschäftigte mich sehr. Zeitweilig begann ich, mit meinem Beruf zu hadern: Welchen Sinn hat es, mit Menschen zu arbeiten, die zu mir kommen, sich aber gar nicht helfen lassen wollen? Welchen Sinn hat es überhaupt, Menschen mit meinen Heilkräften zu begleiten, wenn es letztlich nur an ihrer inneren Einstellung liegt, ob ich etwas bewirken kann? Welchen Sinn hat es, Menschen eine kostbare Engelbotschaft zu geben, wenn sie zwar neugierig zuhören, dann aber drauf pfeifen?

Schließlich wandte ich mich an die Engel, und sie sagten mir, ich dürfe meine Klienten nicht beurteilen. Selbst wenn der Mensch die Botschaft, die sie für ihn haben, mit in den Tod nimmt, könne ich nicht wissen, was sie dennoch bewirken würde. Vielleicht unterstützt sie ihn im Jenseits dabei, um Vergebung zu bitten und seine Seele zu erlösen. Oder es dauert noch viel länger. Ich könne es nicht wissen, niemand könne es wissen – und es war nicht meine Angelegenheit.

Letztlich schenkte mir diese Frau ein wertvolles Begreifen: Niemals bin ich es, die jemanden heilt. Ich kann nichts weiter tun, als den Menschen in bedingungsloser Liebe und frei von jeglicher Bewertung einen Impuls zu geben – im absoluten Vertrauen darauf, dass sie ihn irgendwann so nutzen werden, wie es ihrem freien Willen entspricht.

Es vergingen einige Monate, in denen ich im Schlaf die Seele dieser Frau wahrnehmen konnte, die sich im Jenseits befand. Sie erholte sich noch von der Erkrankung. Danach beobachtete sie emotionslos über die nächsten Jahre ihre zurückgebliebene Familie. Sie sah zu, wie ihr Mann und ihre Kinder mit diesem großen Verlust fertigzuwerden versuchten. Irgendwann folgte ich dem Impuls und sprach noch einmal mit ihr. Ich erinnerte sie an die Engelbotschaft – und plötzlich begann sie zu weinen. Sie konnte ihr Herz öffnen und ihre Gefühle zulassen. Ihre Emotionen kamen in Fluss, und so konnte ihr Heilprozess beginnen. Er blieb nicht auf sie selbst beschränkt, sondern unterstützte auch ihre Familie darin, endlich Frieden zu finden. Ihren neuen Seelenplan für ein kommendes Leben kann sie nun mit weniger Verbitterung und mehr Liebe gestalten.

Als junge Heilerin verstand ich, dass ich nicht die Verantwortung für das Leben anderer trage. Diese Verantwortung tragen sie selbst, ich kann sie nur daran erinnern und dabei unterstützen. Mir schien es so, als wäre die Erfahrung mit dieser Patientin eine weitere Prüfung auf meinem Lebensweg gewesen. Vorher hatte ich nur herumprobiert, experimentiert und Erfahrungen gesammelt. Doch nun ging es allmählich daran, eine wirkliche Berufung aus dem entstehen zu lassen, was mir in dieses Leben mitgegeben worden war. Wollte ich wirklich Heilerin sein, oder wollte ich es nicht?

Ich wollte es. Mit einer erneuten klaren Entscheidung für das Licht und für den Weg der Heilung konnte ich von nun an meine Berufung vollkommen ausleben. Auch in der Auseinandersetzung mit all den schweren Schicksalen. Ich wusste: Diesen Weg konnte ich nur weitergehen, wenn ich nichts bewerte, sondern beobachte und zu verstehen versuche. In engelsgleicher Leichtigkeit.

Niemals dürfen wir uns die Verantwortung für andere aufhalsen lassen. Egal, wie nah oder fern uns andere stehen mögen, wir sollten sie uns niemals auf den Buckel setzen. Denn irgendwann würde der brechen. Jeder Mensch hat seine eigenen Beine, um seinen Lebensweg zu gehen. Wer die Verantwortung für andere übernimmt, überlastet nicht nur sich selbst, sondern behindert diese anderen in ihrer eigenen Entwicklung und schirmt sie von ihrer eigenen Größe ab. Ich lernte, das geistige Heilen tatsächlich als Hilfe zur Selbsthilfe zu verstehen. Denn genau so ist es gemeint.

Was, bitte, ist eine Aura?

Ich musste noch so viel lernen! Intuitiv hatte ich schon vieles richtig gemacht und sinnvoll erfasst. Seit ich in der Praxis arbeitete, hielt ich mich zunächst an das, was dort gang und gäbe war. Ich beobachtete intensiv, was meine Heilpraktikerkolleginnen und -kollegen taten, und lernte schnell. Ich begann, die Heilpraktikerschule zu besuchen, doch das Medizinische und Fachliche gab mir nicht viel Neues. Meine Fähigkeiten holten mich immer wieder ein, ja sie überholten mich, sodass ich schnell nur noch damit arbeitete.

Doch anfangs wusste ich noch nicht einmal, was eine Aura ist. Dazu erinnere ich mich an die wichtige Begegnung mit einer Patientin, die regelrecht in die Praxis hineingerauscht kam. Damals war es noch meine Aufgabe, die Menschen an der Rezeption zu begrüßen, sie anzumelden und ins Wartezimmer zu begleiten. Diese Frau allerdings ließ sich nicht ins Wartezimmer schicken. Sie fing an, mich auszufragen, und da sie mir mit ihrem breiten Lächeln zunächst sehr sympathisch war, unterhielten wir uns länger. Dennoch hielt ich aus einem gewissen Gefühl heraus, vorsichtig sein zu müssen, eine Art Habtachtstellung aufrecht. Sie redete auf mich ein und stellte mir immer mehr persönliche Fragen zu Themen, die sie überhaupt nichts angingen. Ich war damals noch sehr schüchtern und antwortete ihr wie hypnotisiert. Ich fand keinen richtigen Weg, das Gespräch zu beenden. Wie das Kaninchen vor der Schlange stand ich vor ihr. Ich wunderte mich, dass sie die ganze Zeit lächelte, obwohl mir mein Gefühl sagte: »Pass bloß auf!« Ich schaute sie an, und plötzlich öffnete sich in meinem Blickfeld das Energiefeld um sie herum. Was ich da sah, war wie ein verschmiertes Rot und fühlte sich unangenehm und unehrlich an. Ich wusste überhaupt nicht, was ich da sah, und war überwältigt.

Im nächsten Moment kam ein Mann zur Tür herein, sie drehte sich zu ihm um, lächelte noch breiter und fiel ihm um den Hals. Sie begrüßte ihn überschwänglich, während ich beobachtete, dass sich das Energiefeld um sie herum dunkel, fast schwarz verfärbte. Das passte alles überhaupt nicht zusammen! Es fühlte sich kalt und emotionslos an, und gleichzeitig gab sie sich so freundlich und zuckersüß. Ich war irritiert.

Am Abend fragte ich eine Heilpraktikerin der Praxis, wer diese Frau und wer dieser Mann gewesen seien. Sie erzählte mir, dass es ihr Ehemann in Scheidung war. Und als ich ihr berichtete, was ich wahrgenommen hatte, rief sie überrascht: »Du hast ihre Aura gesehen!«

Ich wusste nicht, wovon sie redete. Was ist eine Aura? Sie erklärte mir, dass alle Menschen ein Energiefeld um sich herum haben und dass man aus diesem Energiefeld sehr viel ablesen könne. Mir wurde mit einem Schlag klar, dass es etwas Gutes ist, wenn man solche Dinge sieht. Dann kann man viel über einen Menschen erfahren, kann ihn besser einschätzen, sich, wenn nötig, vor ihm in Acht nehmen, man kann ihm aber auch helfen.

Die Kollegin bestärkte mich, indem sie mir erklärte, dass sie in Seminaren und Ausbildungsgruppen jahrelang üben würden, die Aura eines Menschen zu lesen. Und ich könne es einfach so. Das sei etwas sehr Wertvolles.

Sie wollte gleich ausprobieren, was ich in ihrer Aura sehen würde. Sie setzte sich an eine weiße Wand, damit mich im Hintergrund nichts ablenken könne. Und dann bat sie mich nachzuschauen. In meiner jugendlichen Neugierde betrachtete ich ihr Energiefeld, es war sehr hell, kristallklar, aber über ihr sah ich das Symbol eines Totenkopfs. All das sagte ich ihr. Schließlich hatte ich noch keine Erfahrung, mit solchen Wahrnehmungen umzugehen. In unserer Situation war schließlich sie die Erfahrene.

Allerdings war sie geschockt von meiner Aussage und wollte kein Wort weiter mit mir sprechen. Sie packte ihre Tasche und eilte nach Hause in den Feierabend. Ich wiederum war von ihrer Reaktion überfordert, denn sie hatte mich gefragt, was ich wahrnehme. Also hatte ich es ihr gesagt. In meiner Not besprach ich mich mit dem Heilpraktiker, dem die Praxis gehörte und zu dem ich ein Vertrauensverhältnis hatte. Er erklärte mir, dass die Kollegin über ihre ganze Kindheit und Jugend hinweg eine strenge Religion mit dem Bild eines strafenden Gottes erlebt habe. Sie war mit der Angst vor dem Tod und der Hölle großgezogen worden. Das hatte sie im Zusammenhang mit Symbolen wie einem Totenkopf sehr ängstlich werden lassen. Ich begriff, dass dieses Symbol nichts weiter als ihre Angst vor der geistigen Welt symbolisierte. Sie würde es nutzen können, ihre Angst vor einem strafenden Gott zu hinterfragen und zu transformieren. Dann könnte sie mehr aus ihrem Herzen heraus leben und ihrem Seelenplan folgen. Dies konnte ich ihr am nächsten Tag in einem liebevollen Zwiegespräch erläutern, und sie fand wieder ihren Frieden.

Aus mir selbst schöpfen

Am Bodensee eilte mir schnell der Ruf voraus, dass es da in der Naturheilpraxis eine hellsichtige Russin gibt. In der Region tummelten sich Leute mit allen möglichen spirituellen und philosophischen Ausrichtungen, vor allem auch anthroposophisch Geschulte. Die Praxis selbst hatte sehr viele anthroposophische Patienten, und so ergab es sich, dass wir viel miteinander im Austausch waren. Was mich allerdings dabei erstaunte, war die Tatsache, dass sich mir einige belesene Anthroposophen von sich aus sehr direkt als Lehrer anboten. Bis zu diesem Zeitpunkt hatte ich keinerlei Erfahrung damit, dass ein Mensch der spirituelle Lehrer eines anderen sein könne. Ich bin in einem kommunistischen Regime groß geworden, wo alle gezwungen waren, in die gleiche Richtung zu marschieren, und eine individuelle Meinung und Kreativität nicht gefragt war. Jetzt war ich im Westen, glaubte, dort meine Freiheit in kultureller, bildungspolitischer und auch spiritueller beziehungsweise religiöser Hinsicht genießen zu können – und dann kamen gleich mehrfach Männer und auch Frauen auf mich zu, die mich in ihre Richtung ziehen wollten.

Einer dieser Männer forderte mich auf, ihm von meiner Psyche und von meinen Fähigkeiten zu erzählen, damit er sie bewerten und einordnen könne und dann wisse, wie er mit mir arbeiten müsse, damit ich mich gut weiterentwickle. Ich kam aus dem Staunen nicht mehr heraus. Als jemand, der immer direkt von den Engeln und von der geistigen Welt gelernt hatte, kam mir diese übergriffige Art wirklich erstaunlich vor. Von ihr ging keinerlei Verlockung aus, einen solchen Menschen als Lehrer zu akzeptieren. Ich blieb liebend gern dabei, meine Selbstkompetenz weiter zu stärken und meine eigene liebevolle Autorität zu sein.

Ähnlich war es auch bei einer Frau, die mich ebenfalls bat, ihr viel über mich zu erzählen, damit sie mich bewerten könne. Und dann trug sie mir auf, dass ich das Werk von Rudolf Steiner lesen, seinen Schulungsweg befolgen und nach seinen Richtlinien leben müsse. »Und dann können wir dich weiter unterstützen.« Darum hatte ich aber überhaupt nicht gebeten. Ich wollte nicht von einem vorgegebenen System ins nächste rutschen. Warum wollten mir diese Leute sagen, nach welchen Richtlinien ich zu leben und zu denken hätte? Und was verstanden diese Menschen unter Unterstützung, wenn es ihnen gar nicht um die Bedürfnisse meines Wesens ging, sondern nur darum, mich in ihr System einzupassen? Ich bin von der anthroposophischen Lehre Rudolf Steiners im Kern sehr begeistert, ja sogar fasziniert. Auch meine Tochter besucht eine Waldorfschule. Doch die Zeit ist weitergegangen und vor allem das Bewusstsein weiter erwacht. Eine neue Zeit braucht auch neue Denkimpulse.

Ich bin sehr dankbar dafür, dass ich auch damals schon die Klarheit hatte, dass Freiheit ein hohes Gut ist und ich meine Freiheit auf keinen Fall hergeben würde. Es ersparte mir lange beschwerliche Umwege. Ich möchte nämlich nicht bewertet, sondern verstanden werden. Immer neu gilt: Ich wurde als Original geboren, und ich möchte nicht als Kopie enden, ganz gleich, ob es eine kommunistische, katholische, anthroposophische oder sonst wie geartete Kopie ist. Für mich waren solche Begegnungen immer eine Bestätigung dafür, dass ich nur meine eigene spirituelle Lehrerin für mich selbst sein kann und zugleich meine fleißigste Schülerin. Ein wahrer Schüler Gottes lernt niemals aus.

Ich durfte am Bodensee viele spiritistische Ausrichtungen beobachten und wieder einmal durch das Beobachten lernen. Was machen die, was machen andere, wie sehen sie die Welt? Ich konnte meine Schlüsse aus alldem ziehen, mich inspirieren lassen und meine Antworten weiterhin in mir selbst und mit Unterstützung der lichtvollen geistigen Welt finden. Alles, was ich bis zu diesem Zeitpunkt mit Mitte zwanzig erlebt hatte, hätte ich in keinem Buch der Welt finden können. Es hatte nur in meinem Leben stattgefunden – in dem Buch, das der größte und höchste Lehrer für mich geschrieben hatte.

Wir alle suchen unentwegt nach Orientierung. Das erinnert mich an eine Begegnung in der Praxis. Die Räume waren schon leer, ich räumte noch auf und wollte dann nach Hause gehen. Doch ich spürte in einer Ecke des Wartezimmers jemanden sitzen. Eigentlich waren alle Patienten schon draußen. Ich schaute also in diese Ecke und sah die Seele eines verstorbenen Mannes. Er saß dort ganz gemütlich, ein korpulenter Herr, ganz harmlos und freundlich. Ich fragte ihn, was er hier wolle.

Er schaute mich an und sagte: »Ich suche nach Orientierung. Nach dem Weg. Im Jenseits gibt es keine Straßenschilder, und das ist schon ein bisschen irritierend. Ich sehe überall nur Nebel, und einen inneren Ruf spüre ich auch nicht. Ich weiß nicht, wohin.«

Ich sagte ihm: »Schau nach oben ins Licht und folge deinen Engeln.«

Wir Menschen denken einfach horizontal und schauen selten in die Vertikale. Er hob seinen Kopf, sah das Licht und verschwand nach oben. Die Praxis war mit einem Mal ganz frei und lichtvoll; und so ging ich in meinen Feierabend, dankbar für diese schöne Begegnung. Sie hatte mir noch einmal so deutlich gezeigt, wie sehr wir alle Suchende sind. Und wie sehr es uns allen hilft, uns zum Licht hin zu orientieren, zum Frieden und zur Liebe. Manchmal kommen wir selbst nicht darauf, und dann ist es gut, wenn wir jemanden um Unterstützung bitten können.

Ich verlor immer mehr die Angst vor meinen Fähigkeiten. Ich wusste immer klarer, wie wichtig sie für andere auf dieser

Erde sein können. Es war so wertvoll, nicht nur Patienten mit ihren unterschiedlichsten Beschwerden, sondern auch Verstorbene und Trauernde unterstützen zu können. Das Leben hatte mich aufs Wundervollste geführt, und es würde mich weiterhin führen.

Alles ergab plötzlich einen Sinn. Alles, was ich erlebt und durchgestanden hatte, wollte mich darauf vorbereiten, eine gute Heilerin und spirituelle Lehrerin zu werden – für all diejenigen, die sich mit ihren Fragen an mich wandten. Ich wollte nie die Aura sehen, ich wollte den Menschen keine Botschaften geben und sie auch nicht energetisch behandeln. Alles entwickelte sich ganz organisch aus sich selbst heraus. Ich war nur dem klar vernehmbaren Ruf gefolgt, mit Menschen arbeiten zu wollen.

Ursachenforschung

Zu lernen hatte ich unentwegt, und jede Herausforderung brachte mich weiter auf meinem Weg voran. So war es auch, als ich meine erste Singlewohnung am Bodensee bezog – und nach kurzer Zeit Herzprobleme bekam. Ich wachte nachts mehrfach mit einem Druck und Schmerzen in der Brust auf, konnte kaum wieder einschlafen und wusste mit diesen Symptomen überhaupt nichts anzufangen.

Als ich meinem Chef in der Praxis davon erzählte, tippte er auf eine Belastung durch Erdstrahlen, eventuell auch durch Elektrosmog. Ich erfuhr, dass es zum Beispiel unterirdisch verlaufende Wasseradern gebe und das Wasser intensiv Energie speichern würde, die dann ebenfalls unterirdisch transportiert werde. Wenn der Körper nun auf einer solchen Wasserader oder sogar einer Kreuzung von Wasseradern liege, könne ihn das sehr belasten. Er könne durch die von der Ader mitgeführte Energie geschwächt werden, außerdem werde seine eigene Energie von der Wasserader mit wegtransportiert. Der Heilpraktiker empfahl mir, meine Hellsichtigkeit zu nutzen, um dem Phänomen in meiner Wohnung auf den Grund zu gehen.

Also setzte ich mich zu Hause hin, bat die geistige Welt um Unterstützung und schaute in Richtung Erde, ob ich dort etwas wahrnehmen könne. Und tatsächlich sah ich eine machtvolle Energie in Form von dunklen Balken unter meinem Schlafzimmer. Ich zeichnete auf, was ich sah: In der Tat kreuzten sich zwei Wasseradern genau dort, wo nachts mein Brustbereich lag.

Zur Sicherheit wurde mir ein Geomant empfohlen. Der kam zu mir nach Hause, erfasste mit einer Wünschelrute die Wasseradern und machte ebenfalls eine Zeichnung. Ohne dass ich ihm irgendetwas erzählt hätte, war seine Zeichnung exakt so wie meine. Ich musste nun einfach nur mein Bett um ein oder zwei Meter verschieben, um aus der Gefahrenzone herauszukommen. So stand das Bett zwar etwas ungünstig im Zimmer, aber ich konnte störungsfrei schlafen, und auch meinem Herzen ging es wieder gut. Mein Wissen als Heilerin war um eine Facette reicher geworden. Schließlich ist es auch wichtig, bestimmte Ursachen von Beschwerden und Erkrankungen zu erkennen.

Wenige Jahre später kam mir das Wissen um die Erdstrahlen übrigens noch einmal zugute. Meine Tochter lag als Baby mit bei uns im Bett. Und die ganze Nacht über »kreiste« sie. Sie drehte sich immer wieder anders, egal, wie ich sie hinlegte, wenig später lag sie ganz anders. Bei allem, was zu tun war, hatten wir es noch nicht geschafft, unser neues Zuhause auf Erdstrahlen hin zu prüfen. Ich bestellte den gleichen Geomanten wie damals – und tatsächlich fand er unter unserem Bett eine Wasseradernkreuzung. Das Baby hatte intuitiv versucht, dieser Störquelle auszuweichen, indem es seine Lage immer wieder veränderte. Zum Glück konnten wir das Zimmer nun ein wenig umräumen, sodass unsere Tochter Ruhe fand.

Schutz aus der geistigen Welt

Es tat sich viel in jenen Jahren. Seit ich ernsthaft damit begonnen hatte, meine heilerischen Fähigkeiten tiefer zu erforschen und anzuwenden, mit Patienten zu arbeiten und meine eigene Heilmethode zu entwickeln, stabilisierte sich zunehmend mein ganzes System. Ich kannte bald keinerlei Stoffwechselerkrankungen oder Immunschwächen mehr. Körperlich, mental und energetisch stärkten mich all die heilerischen Arbeitsweisen. Ich fand nach und nach die Antworten auf all meine Fragen, und ich wusste mir zu helfen, was immer in meinem Leben auftauchte.

Das war zu jener Zeit auch ganz besonders viel Schönes. Ich lernte mithilfe der geistigen Welt meinen Partner kennen und erlebte eine wundervolle Liebe, die uns bis heute verbindet. Mit sechsundzwanzig war ich schwanger und erwartete eine Tochter. Ich fühlte mich sehr gut. Bis vier Wochen vor der Entbindung konnte ich in der Praxis arbeiten. Allerdings gab ich nur noch Botschaften und Beratungen, machte aber kein Handauflegen mehr, da ich mich dabei zu nah an den Erkrankten fühlte.

Ich war ungefähr im siebten Schwangerschaftsmonat, hatte ein ordentliches Bäuchlein – und dann begann ein von außen an mich herangetragener unangenehmer psychischer Stress. Es gab Unstimmigkeiten innerhalb meiner Ursprungsfamilie. Unsere Herkunftsfamilie ist oftmals unsere Achillesferse, unsere schwächste Stelle, die uns immer wieder verwundbar macht. Gerade sensible Menschen, wie ich einer bin, sind sehr auf Harmonie, Frieden und Verständnis ausgerichtet. Aber natürlich dürfen auch wir diese Harmonie nicht um jeden Preis erkaufen. Die aktuellen Kämpfe mussten einfach ausgetragen werden. Leider aber reagierte mein Körper darauf: Ich verlor meine Erdung und bekam starke Senkungsbeschwerden, verbunden mit Frühwehen. Meine Energie im Unterleib reichte einfach nicht mehr aus. Die Frauenärztin wollte mich sofort ins Krankenhaus einweisen.

Doch das war für mich keine Option – ich hatte meine ganze Kindheit immer wieder in Krankenhäusern verbracht, dort wollte ich auf keinen Fall hin, solange es eine andere Möglichkeit gäbe.

Schließlich erinnerte ich mich daran, dass ich wenige Jahre zuvor schon einmal eine Schwangere mit Senkungsbeschwerden behandelt hatte. Es war jene Frau, in deren Aura ich zuerst eine weiße und später eine rote Rose erblickt hatte. Nun musste ich bei mir selbst schnell reagieren. Ich behandelte mich energetisch und bat die Engel um Hilfe. Da die Ursache meiner Beschwerden letztlich in den familiären Konflikten und dem daraus entstehenden Stress lag, bat ich die geistige Welt um ein Symbol, das mich hier schützen könne. Sie gaben mir das kraftvolle Symbol des Lichtkreuzes (wie du selbst damit arbeiten kannst, werde ich dir noch genauer erläutern).

Es heißt ja, am Kreuze scheiden sich die Geister. Daher ist es auch ein sehr kraftvolles Abgrenzungssymbol. Ganz bewusst entschied ich mich für mein Kind, für meine neue Familie, für mein Glück und gegen Neider, Chaoten und belastende Menschen. Wie mich die Engel angewiesen hatten, erschuf ich zwischen meinen Händen das golden leuchtende Lichtkreuz und schickte es in meinen Unterleib. Mehrere Tage lang wiederholte ich diese Praxis immer wieder, während ich einfach dalag und mich schonte. Ich konnte die Senkungsbeschwerden auf diese Weise vollständig beheben und bald wieder zur Arbeit gehen. Doch auch in dieser Zeit habe ich mir täglich ein Lichtkreuz in den Unterleib geschickt und dort ein kuscheliges Nest visualisiert, in dem mein Baby geborgen lag.

Während der problematischen Phase erhielt ich noch ein weiteres Symbol: Nach einem besonders aggressiven Telefonat bat ich um ein weiteres Symbol und erhielt aus der geistigen Welt das Heilsymbol der Lemniskate, der liegenden Acht. Es ist das Zeichen der Unendlichkeit, das uns heilen kann, ein Symbol des unendlichen Lichts und des ewigen Lebens. Auch dieses Symbol schickte ich mir in den Bauch und vermochte so, die Aufregung zu beruhigen. Dann konnte ich mental klären, was mich so gestresst hatte. Die Probleme lösten sich auf; und als es so weit war, erlebte ich eine wundervolle und spontane Hausgeburt. Ich wusste: Von nun an konnte mich nichts mehr negativ beeinflussen.

Die Rigi

Mit meinem Partner fuhr ich bereits vor der Geburt unserer Tochter des Öfteren für ein paar Tage auf die Rigi, einen Berg in der Schweiz. Wir konnten dort fasten, wandern und meditieren. An diesem Ort konnte ich jedes Mal intensiv zur Ruhe kommen, in meinem Inneren aufräumen und regelrecht zuschauen, wie sich all das Gewesene in mir neu sortiert und einordnet. Der Aufenthalt an diesem besonderen Platz war dabei immer auch ein ordentlicher Schub für meine Fähigkeiten. Ich fand dort jedes Mal viele Antworten auf meine Fragen und habe so einige innere Prozesse durchgemacht – auch unterstützt durch das Fasten.

Beim ersten Mal hatte ich nichts erwartet. Es ging mir einfach darum, ein bisschen zur Ruhe zu kommen. Wir sind jeden Tag gewandert und genossen die Wildheit und Schönheit der Natur und die Einsamkeit in den Bergen. Es gab damals kaum Touristen und keine Hotels an diesem Platz. Manchmal war mehrere Tage lang nur Nebel, und dann konnte man nicht anders, als ganz und gar bei sich selbst anzukommen. Nach mehreren Tagen sah man dann vielleicht mal einen Bauern oder einige Kühe, und das war schon ein bewusstseinserweiterndes, freudiges Erlebnis.

In dieser absoluten Stille und Einsamkeit inmitten der weitgehend unberührten Natur fühlte ich mich eines Tages bei einer Wanderung beobachtet. Wir hatten schon seit Tagen keine anderen Menschen gesehen – und plötzlich hörte ich ein ganzes Orchester, das eine Mozartkomposition spielte. Ich fragte meinen Partner, ob er das auch hören würde und ob hier in der Nähe irgendein Ort sei. Doch er hörte nichts und wusste auch, dass hier weit und breit keine Ortschaft war. Aber er nahm meine Wahrnehmung ernst, er wusste um meine Andersartigkeit wohl schon mehr als ich.

Er lud mich ein, mich hinzusetzen, dem Orchester weiter zuzuhören und ihm zu beschreiben, was ich wahrnahm. Noch immer war es neu für mich, auf diese Weise ernst genommen zu werden, doch ihm konnte ich vertrauen. Ich erzählte ihm von der himmlischen Melodie, die ich hörte, und dass sie in meinen Ohren so präsent war, als ob gleich hinter der nächsten Wegbiegung ein ganzes Orchester spiele.

Mit seinem eher wissenschaftlich geschulten Verstand meinte mein Partner: »Frag doch nach: ›Was ist das für eine Melodie? Wo kommt sie her?‹ Setz dich doch damit auseinander.«

Ich ging darauf ein und erfuhr, dass es der Klang des Lebens sei, was ich hier hörte. Ein göttlicher Urton in einer wundervoll vielschichtigen Ausprägung. Unbeschreiblich schön und eben göttlich. Buddhisten im Himalaja hören ein Mantra oder die Ursilbe »Om«, die Christen hören »Amen« oder »Halleluja«. Und die Erde hier in dieser Schwingung des Berges klang wie eine Melodie von Mozart. Ich verstand, dass Mozart offenbar ganz direkt die Klänge des Universums hören und in seine Musik übersetzen konnte.

Ich ließ mich tiefer auf die Klänge ein und fühlte mich mit dem gesamten Kosmos in einer unbeschreiblichen Einheit. Es war eine paradiesische Stimmung. Zum allerersten Mal in meinem Leben und in diesen jungen Jahren hatte ich das Gefühl von absoluter Verbundenheit mit dem Kosmos. Es tat mir unendlich gut, darüber reden zu können und es weiter zu erforschen. Alles, was ich sagte, machte meinen Partner noch neugieriger. Es war nicht unbedingt seine Welt, von der ich ihm berichtete. Doch er war sehr offen und hat eine gewisse Sensibilität für diese Dinge.

Ich war so unendlich glücklich. Ich fühlte mich beflügelt und begeistert. Ich wusste mit so großer Sicherheit wie nie zuvor, dass ich nicht falsch und seltsam war, sondern ganz und gar richtig und am richtigen Ort. Es war eine solche Befreiung!

Als wir am nächsten Tag wieder auf einer Wanderung waren, fühlte ich mich erneut beobachtet. Diesmal ging ich dem nach, unterstützt von meinem Partner, der mich in dieser Zeit immer neu darin bestärkte, meine Fähigkeiten und Wahrnehmungen tiefer zu untersuchen. Mit einer freundlichen Aufmerksamkeit beobachtete ich jetzt also alles um mich herum. Mein Blick fiel auf das Grün der Wiesen, und ich betrachtete die Bewegungen der Grashalme, die Düfte der Landschaft, ich spürte die Sonne auf meiner Haut und hatte das Bedürfnis, mich hinzusetzen und die Erde unter mir zu fühlen. Ich setzte mich an einen Hang und schaute in die Landschaft, lauschte und spürte, was es hier wahrzunehmen gab und von woher ich beobachtet wurde. Während ich auf die Grashalme schaute, war es mit einem Mal, als ginge ein Vorhang auf. Es eröffnete sich mir mitten in dieser Welt eine weitere Welt, die beseelte Welt der Natur. Ich sah auch um die Grashalme herum Energiefelder. Jeder Grashalm hatte seine Aura. Ich sah, dass die Schwingung, diese ätherische Kraft, auch im Pflanzenreich, im Tierreich, überall vorhanden ist. Nicht nur wir Menschen haben eine Aura.

Mein Blick fokussierte sich immer mehr auf die Grashalme und ihre Ausstrahlung. Und plötzlich erblickte ich lauter Zwerge. Ihre Schwingung kam spiralförmig aus der Erde hervor, und ich verstand, warum man ihnen in den Märchen immer rote Mützchen malte. Sie spiegelten wunderbar diese spiralförmige nach oben gerichtete Energie wider. Manche der Zwerge arbeiteten energetisch am Pflanzenreich. Andere lagen einfach in der Sonne. In meiner Direktheit fragte ich sie: »Warum arbeitet ihr nicht?«

Sie zuckten zusammen, erschrocken darüber, dass sie jemand gesehen und angesprochen hatte. Es war sehr lustig. Ich fühlte mich wie Alice im Wunderland. So plötzlich eingetaucht in eine vollkommen andere Sphäre, in eine Welt, in der tatsächlich alles beseelt ist. Jede Blume, jeder Baum, jeder Grashalm, alles ist voller Leben, voller Farbe und voller Liebe.

Natürlich musste auch ich all das erst einmal »verdauen«. Es war ein neuer Kulturschock – oder besser: ein Naturschock.

Wir wanderten weiter, und wieder beschlich mich das Gefühl, beobachtet zu werden. Es war, als würde jemand hinter uns laufen. Doch wir waren schon den ganzen Tag vollkommen allein unterwegs gewesen. Ich spürte nach hinten und bemerkte schließlich ein Wurzelwesen, etwa einen Meter hoch und so braun wie die Rinde eines Baums. Tatsächlich lief es hinter uns her.

Da ich nun schon wusste, dass ich mit diesen Wesen kommunizieren konnte, fragte ich das Wurzelmännchen, was seine Aufgabe sei und was es uns sagen möchte. Als Antwort zeigte es hinauf in den Wald. Ich schaute dorthin und erblickte eine weibliche Lichtgestalt, die mit einem leuchtenden Gefäß in der Hand zwischen den Bäumen entlangschwebte. Ich verstand es nicht.

Am nächsten Tag wiederholte sich alles genau wie zuvor. Das Wurzelwesen verwies mich auf den Wald, und dort schwebte dieses Lichtwesen. Diesmal fragte ich es ebenfalls nach seiner Aufgabe und erfuhr, dass es die Rigi-Wächterin war, der Berggeist, der sich mir in dieser Erscheinung zeigte. In seinem Energiefeld war dieses Geistwesen natürlich so groß wie der ganze Berg. Doch damit wir sie verstehen können, zeigen sich uns die Wesenheiten der Natur so, wie es für uns am einfachsten ist, in komprimierter Form. Die weibliche und sanfte Energie dieses Bergs wurde also in dieser weiblichen Lichtgestalt wahrnehmbar. Das leuchtende Gefäß in ihrer Hand symbolisierte ihre Aufgabe, die darin bestand, das Wissen der Natur zu sammeln und den Berg und all seine Bewohner zu behüten.

Ich fühlte mich seelisch sehr zu Hause an diesem Berg und mit diesen Wesen. So kamen wir auch am dritten Tag wieder an den gleichen Platz, und diesmal zeigte die Rigi-Wächterin auf das Wurzelwesen und sagte: »Folge ihm.«

Ich ging in die Richtung, die mir das Wurzelwesen anzeigte, und kam auf eine Lichtung. Ich setzte mich und schaute nach oben, so wie es mir das Wesen angezeigt hatte. Ich sah von diesem Hang in die Landschaft hinaus in den blauen Himmel, und es eröffnete sich mir eine neue Vision. Es war, als ob der Himmel aufgehe und ich in die Wolken hineinlaufe. Das Innere der Wolken sah aus wie eine weiße Bibliothek. War das die Akasha-Chronik? Ein Raum voll von göttlichem Bewusstsein, vom gesamten Wissen des Universums. Ich erhielt von der Rigi-Wächterin als Botschaft eine Prophezeiung: »Du wirst Bücher schreiben, um den Menschen das himmlische Wissen zu bringen.«

Im ersten Moment dachte ich, dass ich nur ein Buch aus einem der Regale nehmen müsse, es öffnen und einfach abschreiben könne. Ich griff also eines der Bücher und schlug es auf. Doch ich erblickte nur weiße Seiten, auf denen mit einer ebenso weißen Schrift etwas geschrieben stand, was aber natürlich nicht zu lesen war. Dennoch spürte ich, wie die Energien aus diesen Seiten in mein Herzchakra einflossen, jenes feinenergetische Zentrum, das sich auf Höhe der Brust befindet. Und da begriff ich, dass mir das Leben alles Wissen gegeben hatte und weiterhin geben würde, dass ich also alles in mir trage. Ich musste es durchleben, es in meinem Geist klären und dann aufs Papier bringen. Einfach nur abschreiben ginge nicht. Auch das Schreiben würde eine Arbeit sein, die vor mir liegt und die aus der Reife nach und nach entstehen würde. Ich hatte damals noch keine Vorstellung, wie sich diese Botschaft erfüllen sollte, reagierte anfangs mit ängstlicher Zurückhaltung, war dann aber bereit. So klar war diese Prophezeiung! Und in mir war schon immer diese vielleicht naiv wirkende, aber im Grunde sehr kraftvolle Art zu denken: Wenn die geistige Welt das so meint, soll es sich eben so erfüllen. Dann dürfen die Engel daran arbeiten, und ich bin bereit, entsprechende Chancen anzunehmen.

Es berührt mich sehr, jetzt hier beim Schreiben meines mittlerweile vierzehnten Buchs an diese frühe Erfahrung zu denken. Ich verband damals mit dieser Vision noch kein konkretes Ziel. Und doch hat sie mich sehr motiviert, meinen Zugang zum Leben und all die Welten, die ich wahrnehmen darf, tiefer zu erforschen. Auch mein Partner war mir hier immer eine große Stütze. Wie oft sagte er in der damaligen Zeit zu mir: »Schau doch noch genauer in diese Welten und ins Jenseits hinein. Beschreib doch genauer die Seelen im Jenseits. Beschreib noch genauer das, was du in der Aura siehst.« Heute steht all das, was ich daraufhin entdeckte, in meinen Büchern.

Auf der Rigi spürte ich ein weiteres Mal ganz stark, dass alles einen Sinn hatte. Alles war so wunderbar geführt – dass ich die

Seelen Verstorbener wahrnehmen und Auren sehen konnte, dass ich immer mehr Wissen über Gesundheit und Heilung ansammelte, dass ich mich immer neu für den Weg des Lichts und der Liebe entschieden hatte. Alles passte so wunderbar zusammen. Und nun hatte sich mir noch die beseelte Welt der Natur und der Naturwesen geöffnet! Ich fühlte mich so stark wie nie zuvor mit der Erde und dem Himmel verbunden.

Ich weiß es einfach – doch woher?

Angeregt durch die Vision auf der Rigi und durch meinen Partner mit seinen vielen gezielten Fragen wurde es mir nun wichtig, mein Wissen konsequent zu sammeln und intensiv zu klären. Für mich war beispielsweise all das, was ich im Bereich der verstorbenen Seelen wahrnahm, vollkommen selbstverständlich. Und auch das Aurasehen wurde mir immer selbstverständlicher. Doch mein Partner machte mir klar, dass all das ungewöhnlich und für Außenstehende unbegreiflich war. Überhaupt fand ich so vieles logisch und einleuchtend, aber ich hätte nicht sagen können, warum. Ich hatte es nie hinterfragt. Nun begann ich nachzuforschen, woher dieses stets präsente Wissen eigentlich kam. Schnell war klar: Es kam nicht aus dem Verstand, nicht aus angelerntem oder angelesenem Wissen. Und es war auch nichts, was ich irgendwann schon mal gehört hatte. Die Antwort kam irgendwie aus mir selbst heraus, und ich ließ mich immer mehr darauf ein, nach ihrer Quelle zu suchen.

Es gibt viele lichtvolle kosmische Dimensionen, man kann auch sagen: verschiedene Himmel mit unterschiedlichem Wissen, zu denen ich einen zunehmend intensiveren Zugang fand. Irgendwie konnte ich das Wissen mühelos von dort »herunterziehen«. Wenn mich zum Beispiel jemand etwas fragte, so spürte ich dem nach, und plötzlich entstand ein Bild dazu. Ich sah Licht, meine Aufmerksamkeit wurde in die Aura meines Gegenübers gezogen, und dann erkannte ich einen Engel an seiner Seite. Wenn ich ihn fragte, was seine Aufgabe sei, antwortete er, indem er seine Flügel sanft um die Schultern seines Schützlings legte. So wurde mir klar, dass es der Schutzengel des entsprechenden Menschen war. Bei jeder neuen Frage machte der Schutzengel eine andere Bewegung. Ich spürte, was diese Bewegungen bedeuteten, und hatte so stets die Antwort, die ich dann in Worten äußern konnte.

So also kam ich zu meinen Antworten auf die Fragen der Menschen! Ohne dass ich sie kannte, hatte ich immer subtil gelesen, was ihr Schutzengel auf diese Fragen gesagt hatte. Ich hatte das wahrgenommen und als Antwort äußern können.

Es war unfassbar schön! Immer klarer stellte sich heraus, was für wunderbare Gaben mir geschenkt worden waren und wie viel Gutes und Lichtvolles ich damit in die Welt bringen konnte. Jetzt hatte ich viel zu üben.

In der Praxis hatte sich bald herumgesprochen, dass ich nun auch noch eine besondere Art der Kommunikation mit der geistigen Welt entdeckt hatte, und ich wollte mein Instrument wirklich gut spielen können, um vielen Menschen damit dienlich zu sein. Ich übte mit der Familie meines Partners, die jetzt auch meine Familie war. Und es war zugleich auch ein Üben mit den Engeln, denn ich wollte wirklich in der Lage sein, das richtig wiederzugeben, was sie für ihren Menschen als Antwort bereithielten. Was bedeutete es, wenn sich ein Engel in einer bestimmten Farbe zeigte? Was bedeuteten bestimmte Gesten? Was bedeuteten Symbole? Schon immer hatte ich all das irgendwie intuitiv deuten können, doch nun kamen mehr Bewusstheit, mehr Struktur und mehr nützliche Klarheit hinein. Ich wuchs langsam in ein Selbstverständnis hinein, dass dies meine Berufung in diesem Leben war: den Menschen ihre Fragen so zu beantworten, wie es ihre Schutzengel und die anderen geistigen Unterstützer tun würden.

Die intensiven Gespräche mit meinem Partner in jener Zeit waren es denn auch, die ganz maßgeblich meinen neuen Weg ebneten. So geschah es, dass ich im ersten Jahr am Bodensee einmal aus einem Urlaub zurück in die Praxis kam, fest davon ausgehend, weiter an der Rezeption zu tun zu haben. Doch meine Kolleginnen und Kollegen hatten festgestellt, dass sich die Klientel schon seit einiger Zeit verändert hatte. Es kamen immer mehr Menschen mit emotionalen Fragen. Und die schickten sie nun zu mir, ohne das zuvor mit mir abgesprochen zu haben.

Ich staunte nicht schlecht, als mich der erste Patient bei mir an der Rezeption um ein Gespräch bat. Ich dachte zuerst, er wolle einen Termin bei einem Kollegen machen. Doch er beharrte darauf: »Nein, ich will zu Ihnen. Es hieß, Sie sollen mit mir ein Engelgespräch machen.«

Lange zögerte ich nicht. Ich ergriff die Chance und meinte in meinem jugendlichen Leichtsinn: »Okay. Setzen wir uns hin. Was haben Sie denn auf dem Herzen? … Okay, dann müssen wir erst mal zur Ruhe kommen, um wirklich stimmige Antworten zu erhalten. Lassen Sie uns gemeinsam beten … Lassen Sie mich nachsehen, was mir gezeigt wird. Dann berichte ich Ihnen davon, und Sie schauen, was Sie damit anfangen können.«

Schon im ersten Jahr in der Naturheilpraxis hatte ich damit meine Beratungsgespräche und war auch bald ausgebucht. Mir wurde schnell klar, dass ich die körperliche Gesundheit und die medizinischen Fragen mit dem Emotionalen und Psychologisch-Spirituellen verbinden musste. Dabei konnte mir das in der Heilpraktikerschule vermittelte Wissen nicht wirklich weiterhelfen. Hier musste ich wieder einmal selbst aktiv werden. Und ich tat es mit großer Freude. Ich beriet immer mehr Patienten in dieser Praxis, und immer mehr Leute aus der ganzen Gegend kamen extra zu uns, um eine Engelbotschaft von mir zu erhalten.

In dieser Praxis behandelten wir Kollegen uns oft gegenseitig. Dabei bemerkte ich, dass ich zunehmend ein Pochen in den Händen spürte. Es drängte mich richtiggehend körperlich dazu, meine Hände heilend einzusetzen. Die Energie wollte hinaus. Und so luden mich einige Kollegen und Kolleginnen ein, sie energetisch zu behandeln. Intuitiv fing ich an, meine Hände bei ihnen aufzulegen, dabei zu beten und ihnen kosmische Energie zu schicken. Die anderen Heilpraktiker wussten schnell einzuschätzen, wie wertvoll das war, was ich anzubieten hatte, und schickten mir bald auch Patienten mit Schlafstörungen, psychosomatischen Beschwerden oder in Trauer, damit ich ihnen die Hände auflegen könne.

Cosmogetic Healing

In dieser Zeit legte ich bereits den Grundstein für das Cosmogetic Healing, meine Heilmethode, die ich seither allen Interessierten zur Verfügung stelle. Ich bildete den Begriff »Cosmogetic« aus den beiden Wörtern »Kosmos« und »Energetik«. Denn es ist die kosmische Energie, mit der wir heilen. Und nur sie ist es, die uns heilen lässt. Cosmogetic Healing ist in erster Linie ein Weg der Selbsthilfe und der Selbstheilung, wie ihn jeder Mensch erlernen und beschreiten kann. Cosmogetic Healing basiert auf dem Wissen der kosmischen Kräfte und ihrem bewussten Einsatz. Diese Heilmethode versteht sich als eine wertvolle begleitende und vorbeugende Gesundheitsmaßnahme und ersetzt selbstverständlich nicht die ärztliche Konsultation.

Mir selbst haben die Methoden schon so oft geholfen! Und natürlich konnte ich sie in den letzten sechzehn Jahren an Tausenden von Menschen erfolgreich anwenden – ob sie als Patienten in die Naturheilpraxis kamen, als Klienten für eine Beratung oder ob sie meine Seminare, Abendveranstaltungen oder Ausbildungsgruppen besuchten; ob sie damit ihr seelisches Heilsein, aktuelle Beschwerden der unterschiedlichsten Art oder auch chronische Erkrankungen harmonisieren wollten.

Ein Teil dieser Heilmethode ist die zusätzliche Unterstützung mit Heilsymbolen, die auch hier schon einmal angesprochen wurden. Drei sind dabei wesentlich: das Lichtkreuz zum Lösen von Konflikten und zum Schutz, die Lemniskate zur Heilung und der Lichtkreis zur Segnung und auch für den Schutz. Es ist sehr leicht, mit diesen Symbolen zu arbeiten. Letztlich geht es dabei um ein Gebet, um eine Visualisierung und um ein gewisses Gespür für das, was daraufhin passiert.

Arbeit mit Lichtsymbolen

Wann immer du einen Konflikt hast, sei es in einer Beziehung, einem Projekt, mit dir selbst oder der Welt, aber auch wegen einer körperlichen Beschwerde, dann setz dich hin und komm erst einmal bei dir selbst an. Leg dann die Hände vor deiner Brust zusammen und sprich folgende Worte: »Liebe lichtvolle geistige Welt, ich bitte um die erlösende Kraft des Lichtkreuzes für mich. Ich danke dafür.« Öffne deine Hände dann ganz langsam und visualisiere ein golden leuchtendes Kreuz zwischen deinen Handflächen: ein Kreuz mit vier gleich langen Schenkeln. Beweg die Hände weich hin und her, und sieh zu, wie sich das Lichtkreuz weiter und weiter mit goldener Energie auflädt.

Das lichtvolle Symbol stellst du nun vor deinem geistigen Auge dorthin, wo es gebraucht wird: zwischen dich und die problematische Sache oder die Person, mit der du einen Konflikt hast. Du kannst es in deinen Körper geben oder in ein Projekt. Mach das möglichst dreimal am Tag drei Tage hintereinander. Spür dabei jedes Mal in dich hinein, wie du die Sache jetzt empfindest.

Auf die gleiche Weise kannst du auch einen Lichtkreis nutzen, um den Segen der geistigen Welt für eine bestimmte Angelegenheit zu erbitten: Wenn du den lichtvollen Kreis zwischen deinen Händen erschaffen hast, gibst du ihn in deiner Vorstellung vollständig um das herum, was gesegnet werden soll. Das kann deine Familie sein, deine Arbeitsstelle, deine Praxis oder Firma, ein Hausbauprojekt oder was auch immer. Ebenso kannst du die lichtvolle Lemniskate nutzen, wenn es um Hei-

lung geht. (Speziell für die Heilung werde ich dir weiter hinten im Buch noch eine sehr ausführliche Praxis an die Hand geben.)
Du kannst bei diesen Übungen nichts falsch machen, wenn du mit liebevollem Herzen dabei bist, aufmerksam mit den inneren Augen siehst und erspürst, was sich tut. Deine Intuition und deine Engel werden dich leiten.

Cosmogetic Healing arbeitet mit einer liebevollen Lebensphilosophie und mit kosmischer Energie. Energie ist die höchste Form der Intelligenz – sie weiß schon, was jeweils zu tun ist.

Es wurde so viel ausgelöst durch die Heilarbeit! Bei mir und bei anderen. Und mit alledem musste ich lernen umzugehen. Ich erinnere mich beispielsweise daran, wie ich mit Anfang zwanzig von einer Bekannten ins Krankenhaus gerufen wurde. Ihre Tochter lag dort nach einem Autounfall im Koma, eine junge Frau in meinem Alter. Es sah nicht gut aus. Die Mutter setzte große Hoffnungen in mich, und so begann ich mit der Behandlung. Ich strich der jungen Frau zunächst die Aura aus und legte ihr intuitiv die Hände auf. Ich schaute dabei zu ihrer Seele, erspürte sie und sprach mit ihr. Dreimal behandelte ich sie auf diese Weise, und beim dritten Mal merkte ich plötzlich, dass Bewegung in ihre Hände kam. Sie fingen an zu zucken, und es schien mir so, als ob die Frau etwas sagen wollte. Ihre Seele, die vorher einfach neben dem Körper irgendwo im Raum herumschwebte, bewegte sich nun wieder in den Körper hinein.

Ich teilte der Mutter meine Beobachtungen mit und sagte ihr, dass die Tochter präsent sei, dass sie uns wahrnimmt und ihre Energie allmählich in den Körper zurückkommt. Es war ein Wunder. Die Mutter starrte auf ihre Tochter und sah mit eigenen Augen, dass es stimmte, was ich ihr gesagt hatte. Eine Hand der Tochter zuckte.

In diesem Moment bekam die Mutter Panik. Statt sich zu freuen und den weiteren Weg ihrer Tochter zu unterstützen, bekam sie richtiggehend Angst vor mir. Sie komplimentierte mich hinaus und lud mich nie wieder ein, mit ihrer Tochter zu arbeiten.

Ich begriff, dass ich hier nichts mehr machen konnte. Ich hatte getan, was mir möglich war und worum ich gebeten wurde. Jetzt weiter darauf zu drängen, dass ich die Tochter behandeln dürfe, wäre eine Grenzüberschreitung gewesen. Wenn ich nicht beauftragt werde, kann ich nicht für andere aktiv werden. Würde ich es doch tun, dann aus einem Helfersyndrom heraus. Doch das habe ich zum Glück nicht. Und das bewahrt mich auch davor, innerlich auszubluten, so wie es sehr vielen Menschen passiert, die heilerisch tätig sind. Sie sind zu sehr in die Angelegenheiten ihrer Patienten oder Klienten involviert, haben keinen gesunden Abstand und wollen um jeden Preis helfen. Das aber geht immer auf Kosten der eigenen Energie. Ein wahrer Heiler steht voller Kraft in seinem Leben, und seine Arbeit lässt ihn aufblühen, nicht ausbluten. Das aber funktioniert nur, wenn er die persönlichen Grenzen der anderen respektiert, an die Stärke jedes Einzelnen glaubt und sich Mitgefühl und Hilfsbereitschaft bewahrt. Dann wird man in diesem Beruf nur aufblühen, anstatt unter die Räder zu kommen.

Ich kann nur allen therapeutisch Tätigen sagen: Wir sollten uns nicht so wichtig nehmen, dass wir meinen, wir müssten das Leid der Welt auf unseren Schultern tragen. Die Welt dreht sich mit uns genauso gut wie ohne uns.

Es ist so viel leichter und auch wirksamer, andere zu segnen – was ich dann in diesem Fall auch getan habe – und die göttliche Kraft wirken zu lassen, als sich selbst in alles einzumischen. Natürlich freute ich mich, dass für die junge Frau weiterhin alles gut ging. Bald konnte sie aufwachen, ganz gesund werden und ein paar Jahre später auch ein Kind bekommen.

Ich selbst verstand anhand solcher Erfahrungen, dass es tatsächlich möglich sein kann, dass Menschen Angst vor Heilung und vor dem Positiven haben. Wenn sie nicht genug Vertrauen spüren, dann macht ihnen alles Angst, was sie nicht verstehen und was sich ihrer Kontrolle entzieht. Mich erinnert das an diese Bibelstelle, als der Engel sich den Hirten zeigt, um die Geburt Jesu zu verkünden. Sein erster Satz lautet: »Fürchtet euch nicht.« Da erscheint ein Engel in seinem wundervollen Licht – und das Erste, was er zu den Menschen sagt, ist: »Fürchtet euch nicht.« Ist das nicht seltsam? Doch die geistige Welt weiß ganz genau, dass uns alles ängstigt, was wir nicht begreifen.

Dieser Mutter war es seinerzeit nicht einmal möglich, sich bei mir zu bedanken. Damals nicht und auch seither nicht. Zum Glück nehme ich so etwas nicht persönlich, sondern lerne daran und verstehe immer besser, wie die Menschen »ticken«. Immer wieder hat sich für mich bestätigt, dass eine große Portion Gleichmut unglaublich wichtig ist, wenn man mit Menschen arbeitet, sonst bewertet man ständig, wie sie sich verhalten und wie sie reagieren, und verliert damit Energie, anstatt zu helfen.

Aus meiner Biografie ergab es sich, dass ich all mein Wissen und meine ganze spirituelle Philosophie aus mir selbst heraus entwickelt habe. Wie oft stand ich mit meinen Erfahrungen allein da und habe mir selbst einen Reim auf etwas machen müssen! Im Rückblick bin ich dafür dankbar. Ich hatte nie einen Lehrer, außer bei den paar Abendkursen zum geistigen Heilen habe ich bei niemandem gelernt – nur beim Leben und der geistigen Welt selbst. Ich habe mir nichts aus Büchern angelesen, denn immer wenn ich ein Buch zu lesen beginne, sehe ich, aus welcher kosmischen Quelle der Autor es erfahren hat, und kenne damit bereits die Hauptaussage des Inhalts. Was ich um mich herum und in mir selbst erlebte, war für mich stets sehr viel faszinierender und lehrreicher als alles, was ich in Büchern erfahren könnte. Alles, was ich in meinen Seminaren, Ausbildungen und meinen Büchern und Artikeln weitergebe, kommt aus mir selbst. So bin ich durch und durch Autodidaktin, intensiv geführt vom Wissen aus der Quelle selbst.

Gleichmut

Die ersten Jahre in der Naturheilpraxis waren pure Jahre der Selbstentwicklung, -findung und -heilung. Alles, was ich bei mir selbst heilte, all die Antworten, die ich für mich fand, waren ganz automatisch das, womit ich auch anderen zu helfen vermochte. Unsere Ängste machen uns doch alle irgendwie ähnlich. Und sie sind immer die Wurzel sämtlicher Probleme. Genauso wie alle Lösungen immer in der Liebe zu finden sind.

Regelmäßig fuhr ich auf die Rigi, um eine Zeit des Rückzugs zu genießen, denn eine so schnelle Entwicklung, wie ich sie damals durchlebte, will auch verdaut werden. Zum einen wurde mir nach und nach mein ganzes Potenzial bewusst, und es wurde auch bereits intensiv von meinem Umfeld abgefragt. Gleichzeitig hatte ich sehr viel Schmerz und Leid zu verarbeiten, die

die Patienten in die Praxis brachten. Außerdem habe ich in jenen Jahren auch mein Leben neu zu betrachten begonnen und angefangen, meinen Lebensweg zu verstehen und schmerzvolle Erlebnisse aus der Vergangenheit bewusst zu verarbeiten.

Zu allem hinzu kam stets aufs Neue das Thema, wie die Menschen auf die Behandlungen und die Angebote in unserer Praxis reagierten. Immer wieder gab es Einzelne, die ein Lösungsangebot nicht annahmen oder sogar tatsächlich lieber mit ins Grab nahmen, als es umzusetzen. Mit Mitte zwanzig war ich damals noch nicht sicher, ob ich das alles verkraften würde und ob das tatsächlich der Weg sein konnte, den ich gehen wollte: immer wieder diesen Schmerz der anderen und immer wieder die eigene Hilflosigkeit zu erfahren. Es ging mir sehr an die Nieren.

Und so betete ich in einer Meditation bei einem weiteren Aufenthalt auf der Rigi: »Liebe Engel, bitte helft mir, das Leben zu verstehen. Bitte helft mir, das Leben so zu verstehen, dass ich es in Freude und mit Leichtigkeit leben kann.«

Eines Nachts erreichte mich die Antwort auf dieses Gebet. Es war eine Vision, die ich in einem Traum erhielt. Nach wie vor verarbeitete ich vieles in nächtlichen Träumen. Bis zu meinem dreißigsten Lebensjahr hatte ich nach wie vor jede Nacht etwa fünfzehn Träume. Und bis zu diesem Zeitpunkt waren es immer noch vorrangig Albträume. Erst danach hatten sich mein Weltbild, mein Selbstbild und meine innere Sicherheit so weit stabilisiert, dass die Träume heller und insgesamt weniger wurden. Mit Mitte zwanzig war es noch so, dass ich nur zum Vollmond ohne Träume schlafen konnte. Eine absolute Erholung! In all den anderen Nächten hat immer etwas intensiv an mir gearbeitet. Ich nahm das auch an und hatte immer

Stift und Papier am Bett, um mir Notizen zu machen und auch tagsüber an den Themen dranbleiben zu können.

Auf der Rigi in der Ruhe der Natur erlebte ich nun einen für mich weltbewegenden Traum. Ich schlief und spürte plötzlich, wie meine Seele aus dem Körper hinausging, sich auf eine Astralreise begab und zu fliegen begann. Schnell erlebte ich mich in einer ganz anderen Welt und sah mich als meine Seele hinter einem Engel hergehen, der mich ganz und gar in sein Licht einhüllte. Ich fühlte mich geschützt und geborgen. Dann schaute ich mich um und bemerkte zu meinem Schrecken, dass wir uns in einem Kriegsgeschehen befanden. Menschen kämpften und lagen verletzt da, das Szenario einer tobenden Schlacht. Mit meinem menschlichen Verstand schrie ich auf und fragte den Engel: »Wie kannst du mich hierherbringen?« Doch er reagierte nicht auf meine Empörung. Er ging weiter, und ich blieb geschützt in seinem Licht. Ringsumher sah ich Menschen sterben, und immer wieder schrie ich: »Das darf nicht sein! Warum tust du nichts? Hilf ihnen doch!«

Der Engel reagierte nicht auf mein erbostes Schreien, er ging weiter und nahm mich mit sich. Voller Empörung lief ich hinter ihm her und sah all das Schreckliche um uns herum. Dann bemerkte ich einen Sterbenden, der wiederum den Engel bemerkt hatte. Er erkannte das Licht, das von dem Engel ausging, öffnete sich ihm und streckte dem Engel die Hände entgegen. Er bat ihn um Hilfe – und es wurde ihm geholfen. Der Engel, ohne jede emotionale Regung, ohne Euphorie genauso wie ohne Trauer, ganz ohne Bewertung, im absoluten Gleichmut, berührte den sterbenden Mann mit seinen Lichtflügeln und geleitete ihn ins Licht. Von einem Moment auf den anderen wurde die Energie dieses Mannes friedvoll.

Dieser Augenblick der Erkenntnis fühlte sich für mich an wie ein Donnerschlag. Ich hatte darum gebeten, die Welt zu verstehen, und jetzt begriff ich die Botschaft: »Du verstehst das Leben, wenn du es nicht bewertest. Bewerte nichts und niemanden.« Und ich verstand, was der Engel tat. Er drängte seine Hilfe niemandem auf, und er war auch nicht traurig, wenn sie nicht angenommen wurde. Er war in bedingungsloser Liebe, in wahrer Engelsgeduld und in absoluter Akzeptanz des freien Willens in jedem einzelnen Menschen. Dieser Gleichmut hatte dabei nichts mit Gleichgültigkeit zu tun. Er liebte die Menschen, wie eine Mutter oder ein Vater ihre Kinder lieben. Er liebte sie mit allen Vorteilen und Nachteilen, mit allen Stärken und Schwächen. Er liebte sie bedingungslos. Er nahm sie so an, wie sie waren. Er mischte sich nicht ein und pochte nicht darauf, besser zu wissen, was gut für sie sei. Wenn sie sich ihm öffneten und unterstützt werden wollten, dann tat er es sofort, ohne zu zögern. Aber er bevormundete niemanden, und er manipulierte auch niemanden mit Überfürsorglichkeit und eigener Sorge. Er liebte und war da.

Ich begriff in dieser Nacht, dass ich mir mit meinem unentwegten Beurteilen und Bewerten selbst im Weg stand. Ich war geschockt und gleichzeitig erfreut über die Erkenntnis, dass nur ich selbst mir im Weg stehen kann. Als ich das erkannt hatte, zog es meine Seele in Lichtgeschwindigkeit zurück in meinen Körper, und schweißgebadet wachte ich auf. In mir war ein Bewusstsein aufgegangen, das sich nie wieder schließen sollte. Seither spüre ich einen Gleichmut im Umgang mit den Patienten und eine Offenheit dafür, sie so sein zu lassen, wie sie sind. Es ist ihr Leben, es ist ihr Weg, und es ist ihre Entscheidung, ob sie sich als Opfer oder als Gestalter sehen wollen, ob sie eine Botschaft oder auch Heilung annehmen wollen oder nicht. An die Stelle des Bewertens ist ein absoluter Glaube an die Seelenstärke eines jeden Menschen und an seinen freien Willen getreten, dass er zum richtigen Zeitpunkt das Richtige tun wird.

In mir kam etwas zur Ruhe in jener Nacht. Ich hörte auf, mir bohrende Fragen zu stellen, bei deren Antworten stets gleich hundert neue Fragen aufgetaucht waren. Ich kam ganz zurück zum Beobachten. Zum bloßen Beobachten und zum Dasein, wenn ich gebraucht wurde. Ich konnte jeden Menschen plötzlich einfach als einen Menschen betrachten, als einen einzigartigen Ausdruck des Lebens. Und ich konnte das Leben nicht mehr als gut oder schlecht betrachten, sondern einfach als das, was es ist. Wie schon zitiert wurde: »Es ist, was es ist, sagt die Liebe«, schrieb Erich Fried.

Wenn ich seither bemerke, dass mich etwas erschüttert, dann schaue ich ganz genau hin und frage mich: »Inwiefern bewerte ich es?« Sobald es mir gelingt, aus der Bewertung herauszukommen, einen Schritt zurückzutreten und jede Form von Besserwisserei und »gut Gemeintem« loszulassen, bin ich frei. Und dann erfahre ich, dass es tatsächlich wahr ist: Es sind weniger die tatsächlichen Umstände, die uns das Leben erschweren, als vielmehr unsere eigenen bewertenden Gedanken darüber, unser eigenes Urteil.

Es war so wertvoll und schenkte mir so viel Freiheit, endlich wirklich zu erkennen, dass nichts und niemand an uns anhaftet, weder unsere Eltern noch unsere Vergangenheit oder irgendetwas anderes. Und genauso kann uns niemand erlösen. Wir selbst sind diejenigen, die an etwas festhalten und die sich daraus auch erlösen können. Wir sind es, die an unserer Vergangenheit und an unseren Problemen festhalten. Und wir sind es, die loslassen und alles dem Fluss des Lebens übergeben können.

Ich begriff, dass mir niemand etwas schuldet. Das war zwar ein Schock, aber im gleichen Moment auch eine Erlösung, weil ich verstand: Auch ich schulde niemandem etwas. Es führte zu einem Befreiungsschlag, der mir seither die nötige Verbundenheit zu den Patienten in der Praxis und später auch Seminarteilnehmern ermöglicht, gleichzeitig aber auch den richtigen Abstand. Und so wurde die Arbeit mit den Menschen auch in ihren schwierigsten Nöten für mich zu etwas Freiem und Schönem. Erneut hatte ich ein großes Ja zu meiner Berufung und zum Licht in mir entdeckt und der geistigen Welt verkündet.

Das Dunkel wirkte weiter

»Ich habe bisher kaum mal schlecht geträumt. Ich habe immer gut geschlafen. Doch seit ich mit dir zusammen bin, du begonnen hast, mir tiefer aus deinem Leben zu erzählen, und wir deine Erfahrungen untersuchen, träume ich sehr häufig von hässlichen Dingen und Fratzen, die mich angreifen. Auch körperlich spüre ich Übergriffe. Sie wollen mir Angst machen. Doch ich kann darüber nur lachen.«

Mein Partner wirkte tatsächlich nicht besorgt, sondern eher verblüfft. Wir waren auf der Rigi in unserem Zimmer, draußen war dichter Nebel, und plötzlich begann das Licht zu flackern. Wir waren ganz sicher, nicht allein im Raum zu sein. Etwas Ungeheuerliches ging hier vor. Kurze Zeit später bekam mein Partner, völlig aus dem Nichts, einen heftigen Schlag in die Nierengegend. Ich sah die Überraschung in seinem Gesicht, und er sagte: »Wenn ich nicht genug Rationalität und Vertrauen in meinen geistigen Schutz hätte, wäre ich jetzt vielleicht vor Panik aus dem Fenster gesprungen.«

Ich entgegnete: »Jetzt weißt du, wie es mir in den letzten vierundzwanzig Jahren gegangen ist.«

Ich sprach schnell das Schutzgebet: »Wenn du in reiner Liebe bist, darfst du bleiben, wenn du nicht in reiner Liebe bist, musst du dorthin zurückkehren, wo du herkamst. Oder nach oben schauen in das Licht und den Engeln folgen.«

Sofort kehrte Ruhe ein, die aufgewühlte beängstigende Stimmung legte sich. An Schlaf allerdings war weiterhin nicht zu denken. Wir unterhielten uns darüber, was das alles zu bedeuten hatte. Lange brauchten wir nicht zu grübeln. Beide erkannten wir recht schnell, was hier vor sich ging.

Mein Partner sagte: »Offenbar will mir jemand Angst machen. Und wenn ich tatsächlich mit Angst reagiere, dann hätte ich auch Angst vor dir und würde dich verlassen. Denn du bringst schließlich diese Dinge in mein Leben. Es wird ihnen aber nicht gelingen, mich in die Angst zu jagen und von dir zu trennen!«

Tatsächlich war mit meinem Partner, seiner Liebe und seinem Umfeld eine Stabilität in mein Leben gekommen, die ich nie zuvor auch nur ansatzweise erfahren hatte. Wir wussten beide, dass mir diese Stabilität und unsere Verbindung den Boden bereiten würden, von dem aus ich meine Arbeit in dieser Welt sehr kraftvoll tun kann. Und offensichtlich gab es Kräfte, die das verhindern wollten.

Ein Wunder war es nicht. Meine ganze Kindheit und Jugend hindurch hatte ich den Kampf zwischen Dunkel und Hell, zwischen Schatten und Licht mitverfolgt. In meiner Familie hatte ich väterlicherseits so viel schwarze Magie miterlebt, und auch die mütterliche Seite hatte dieses Thema immer wieder angstvoll auf den Tisch gebracht. Ich selbst war von Kindesbeinen an immer neu geprüft worden, und immer wieder war ich auch den dunklen Kräften ausgesetzt gewesen. Vielleicht wollten sie mich tatsächlich von meinem Weg abbringen und verhindern, dass ich meinem Seelenplan folge und sich mein lichtvolles Wirken verbreitet.

Mir wurde jetzt erst klar, dass vieles, was ich als Kind und Jugendliche an Schlimmem, an Bosheit und an Mobbing erlebt hatte, stets ein Werk der dunklen Mächte gewesen sein könnte.

Instrumente in Form von Menschen, die sich für diese Zwecke einspannen lassen, findet die dunkle Welt immer. Leute, die sich in Angst und Bitterkeit befinden, die einfach nicht stabil genug sind, um sich gegen dunkle Versuchungen zu wehren. Ich habe sie so oft erlebt! Dabei hatte sich stets eine seltsame Atmosphäre um die Betroffenen herum aufgebaut, und sie besaßen nicht die innere Kraft, bei ihrem eigenen, naturgemäß lichtvollen Wesen zu bleiben. Meine außergewöhnlich starke Anbindung an die lichtvolle geistige Welt und die Engel allerdings hatte mir immer neu helfen können. Und sie hatte mich jetzt in ein Leben geführt, in dem ich wirklich Wurzeln ausbilden und auf einem nährenden Boden meine Kraft entfalten konnte.

Sollte dieser Boden nun zerstört werden? Tatsächlich hatten meine Albträume und verschiedene dunkle Visionen noch deutlich zugenommen, seit ich am Bodensee begonnen hatte, meine Berufung zu entdecken und auszugestalten. Oft war ich irritiert und hatte Angst. Doch Angst ist bekanntlich der beste Nährboden für dunkle Kräfte. Als ich dann mit meinem Partner zusammenkam, erlebte ich durch ihn und seine Familie so viel Verständnis, Achtsamkeit, Liebe, Fürsorge und geerdete Lebensfreude, wie ich sie nie zuvor erfahren hatte. Er gab mir damals tatsächlich den Glauben an die Menschheit zurück. Und mein Partner wusste wahrscheinlich noch viel früher als ich, dass meine Aufgabe in der Welt etwas Außergewöhnliches war. Er würde keinesfalls zulassen, dass ich an dieser Aufgabe gehindert würde. Uns beiden war klar, dass wir in einer Zeit des erwachenden Bewusstseins lebten und dass es unsere Aufgabe war, zu diesem Erwachen beizutragen. Es war an der Zeit, immer mehr Menschen dabei zu unterstützen, zu ihrer Eigenständigkeit und Eigenverantwortlichkeit zu erwachen, ihre

Ängste hinter sich zu lassen und sich den lichtvollen geistigen Kräften anzuvertrauen.

Ein Erwachen des Bewusstseins fordert von uns liebevolle Werte. Es fordert von uns, nicht mehr nur an das eigene Stück vom großen Kuchen zu denken, sondern an alle Menschen und Wesen, die mit uns leben. Liebevolle Werte wiederum führen zu liebevollen Gedanken, Gefühlen und Handlungen. Sie fördern den Visionär in uns. Sie fördern, dass uns lichtvolle Lösungen für anstehende Probleme einfallen. Mit ihnen kann sich der tiefere Sinn des Lebens, die Allliebe, in uns selbst erfüllen. Wir alle haben die Aufgabe, die Welt mit unserer Liebe im Kleinen wie auch im Großen zu beseelen. In unseren Familien, in der Pädagogik, in unseren Kaufentscheidungen und in allem anderen, was unser Leben berührt.

Für meinen Partner war es unverhandelbar. Er würde sich keine Angst einjagen lassen, und er würde mir unterstützend beistehen. Die Erfahrung in jener Nacht forderte seinen Mut und seine Intelligenz noch mehr dazu heraus, mich auf meinem Weg zu begleiten und mir zu helfen. Bis heute. Diese Nacht gab ihm ein so tiefes Verständnis für all das, was meine Lebensrealität seit der Kindheit ausmachte, wie ich es ihm nie durch Erzählungen hätte geben können.

Ein sanfter und freundlicher Mensch wie ich wird schnell unterschätzt. Doch dieser Mann hat mich nie unterschätzt, sondern von Anfang an gewusst, dass ich mit besonderen Gaben und einer besonderen Aufgabe hierhergekommen bin. Und darin hat er mich von Anfang an gefördert. Die düsteren Träume und die aggressiven Fratzen sind ihm in seinen Träumen noch ein paarmal begegnet. Doch da er sich davon nie beeindrucken ließ, prallten diese Kräfte an ihm ab und ließen es irgendwann sein, ihn zu belästigen. Letztlich haben mich und auch meinen Partner alle Erfahrungen dieser Art nur weiter gestärkt. Ganz in dem Sinne, in dem Mephistopheles auf Fausts Frage, wer er denn sei, antwortet: »Ein Teil von jener Kraft, die stets das Böse will und stets das Gute schafft.«

Es ist nicht alles Gold, was glänzt

Während ich meinen Beruf immer vielschichtiger und kraftvoller auszuüben begann, entwickelte ich auch ein Interesse daran, wie andere Heiler arbeiten. So besuchte ich zum Beispiel einmal »Heilertage« in der Schweiz. Ich wollte erspüren, wo es mich hinzog und welche Kolleginnen und Kollegen vielleicht ähnlich oder ganz anders arbeiteten als ich. Ich schaute mir all die Anbieter an, absichtslos beobachtete ich einfach, was mir so alles begegnete. Dabei lernte ich einen russischen Teilnehmer kennen, einen Arzt, der mich wiederum mit einer kasachischen Heilerin bekannt machte. Nun bin ich ja in Kasachstan geboren, diesem asiatischen muslimischen Land. Also spürte ich eine gewisse Resonanz zu dieser Frau und wollte sie gern kennenlernen.

Eigentlich wollte ich nur einmal Hallo sagen, aber sie nahm mich gleich beim Arm und wollte mir aus den Linien meiner Hand etwas über mich erzählen. Ich hatte ihr allerdings weder eine Frage gestellt noch um eine Weissagung gebeten. Für mich ist ganz klar, dass ich nicht in die Aura eines Menschen schaue oder seinen Engel befrage, wenn der Betreffende mich nicht ausdrücklich darum bittet. Es ist genauso, wie dass man nicht im Tagebuch eines anderen liest.

Doch diese Frau hatte offenbar eine andere Auffassung davon. Sie hatte sofort nach meiner Hand gegriffen, und nun legte sie ihre Finger auf den Pulsbereich meines Handgelenks, dorthin, wo man die Seele besonders gut wahrnehmen kann. Während sie sich auf mich konzentrierte, sah ich, wie eine dunkle energetische Gestalt, wie ein Teufel, aus ihr heraustrat und durch die Berührung in mich hineingehen wollte. Fasziniert sah ich zu, viel mehr trotzig als ängstlich, denn in dieser Zeit war ich vor allem als Forscherin unterwegs.

Ich fragte in mein Herz hinein, was ich tun solle. Der Impuls war, mein Schutzgebet zu sprechen: »Wenn du in reiner Liebe bist, darfst du in mich hineinschauen und etwas über mich erfahren. Wenn du nicht in reiner Liebe bist, darfst du das nicht.«

Ich sprach diese Worte innerlich mit großer Deutlichkeit aus und, wusch, wich diese Wesenheit plötzlich zurück und ging wieder ganz in die Frau hinein. Ihr verschlug es regelrecht die Sprache, sie fing an zu schwitzen und wusste nicht, was sie sagen sollte. Sie versuchte noch einmal, sich auf mich zu konzentrieren und etwas über mich in Erfahrung zu bringen. Doch auch diesmal funktionierte es nicht in ihrem Sinne. Ich blieb ganz ruhig, denn ich wusste, dass jedes Geistwesen dem Willen eines Menschen folgen muss. Ein klar geäußerter Wille, wie in diesem Schutzgebet, darf von keinem Geistwesen überschritten werden.

Ich sprach mein Gebet noch einmal, als sie wieder versuchte, in mir zu lesen. Und plötzlich schmiss sie meine Hand regelrecht von sich. Dann jagte sie mich richtiggehend weg, und ich hatte den Eindruck, als ob unsere Begegnung sie Kraft gekostet hätte. Wenn ihr Vorhaben gelungen wäre, hätte sie Kraft gewonnen, sie hätte sich Energie von mir angeeignet. Doch das hatte ich nicht zugelassen.

Ich war fasziniert von dieser Erfahrung. So funktionierte das also, wenn man sich wissentlich oder unbewusst mit dunklen Kräften einließ. Und wieder einmal war ich dankbar dafür, wie stark meine mentale Kraft doch schon geworden war. So faszinierend und freundlich manche Anbieter auf dem großen Markt von Esoterik und Spiritualität auch scheinen mögen, es ist auch dort nicht alles Gold, was glänzt. Das Entscheidende ist, mit welcher Quelle von Energie und Kraft die Menschen arbeiten. Es ist entscheidend, wes Geistes Kind sie sind.

Ein Energievampir als »Heiler«

In jenen Jahren hatte ich immer neu mit dunklen Kräften zu tun, es war eine Schulung der besonderen Art. Beispielsweise hatten wir in unserer Naturheilpraxis eine langjährige Patientin, und ohne es zu merken, war sie eines Tages einem Schwarzmagier hörig geworden. Sie fühlte sich einsam, und plötzlich wurde dieser Mann für sie zum Partner- und Familienersatz. Sie unterstützte ihn, so gut sie konnte, doch es fühlte sich nicht frei an.

Dieser Mann war ein indischer Arzt und Heiler, und die Patientin wollte ihn nun unbedingt für eine begrenzte Zeit bei uns in der Praxis unterbringen. Ich warnte meine Kollegen, da ich bemerkt hatte, dass er mir nicht in die Augen schauen konnte und immer etwas Ausweichendes an sich hatte. Doch die Kollegen waren neugierig und wollten ihm die Chance einer Probebehandlung geben. Mir wäre es auf jeden Fall zu heiß gewesen, mich von einem Menschen behandeln zu lassen, bei dem ich keine absolute Stimmigkeit fühlte. Aber ein Kollege war da nicht so zimperlich und stellte sich zur Verfügung.

Der indische Mann hatte sich uns als ein ayurvedischer Arzt vorgestellt, doch er wollte diese Probebehandlung mit bestimmten Bewegungen und mit Handauflegen machen. Mein Kollege nahm also auf der Liege Platz, ich saß in einer Ecke des Raums und beobachtete. Der Heiler fing an, laut vor sich hin zu murmeln, als würde er Gebete sprechen. Ich hatte das Empfinden, dass eine seltsame Atmosphäre entstand. Der Heiler begann zu singen, seine Hände bei dem Kollegen aufzulegen und immer wieder schnell um ihn herumzulaufen. Wie mir der Kollege später erzählte, fühlte auch er sich jetzt nicht mehr so wohl und begann, ein Abgrenzungsgebet zu sprechen.

Ich beobachtete derweil, wie aus den Händen dieses vermeintlichen Heilers eine Energie ausströmte, die das gesamte Energiefeld des »Patienten« richtiggehend lahmlegte. Es war, als würde seine Aura zu einem gläsernen Grab werden. Der Mann schien gefangen in dieser Todesenergie. Doch er merkte es und stellte sich ganz ins Licht. Also fing auch ich an, zu beten und dem Kollegen den Segen der lichtvollen geistigen Welt zu schicken. So begann sich dieses »Grab« wieder aufzulösen.

Davon wiederum war der »Heiler« irritiert. Er sammelte sich neu, sang noch lauter und begann wieder, um die Liege herumzurennen. Er tat es entgegen dem Uhrzeigersinn, und das bedeutet energieabbauend. Er wurde immer energischer in seinen Bewegungen, und plötzlich sprang tatsächlich so etwas wie ein kleiner Kobold aus ihm heraus und rannte immer schneller links herum um den Kollegen.

Ich schickte noch mehr Segensenergie und sprach das Schutzgebet für den Kollegen. Ich sagte in Richtung dieser Energie: »Wenn du in reiner Liebe bist, darfst du behandeln. Wenn du nicht in reiner Liebe bist, musst du dorthin zurückkehren, wo du herkamst.« Kaum hatte ich die Worte zu Ende gesprochen, sprang der Kobold zurück in den Brustraum dieses Heilers. Der schien für Momente zu taumeln, dann nahm er seine Tasche, packte die Patientin, die ihn zu uns gebracht hatte, und verließ eilig die Praxis.

Die Patientin drängte auch nach diesem wirklich eigenartigen Erlebnis darauf, dass wir den Mann einstellen. Wir erklärten ihr, dass wir es nicht tun würden, und versuchten auch, ihr unsere Gründe dafür darzulegen. Doch sie wollte nichts davon hören.

Nach etwa einem halben Jahr erschien sie wieder in unserer Praxis. Sie fühlte sich energetisch leer und ausgelaugt. Die üblichen Diagnosegeräte versagten, und in ihrer Aura war diese unschöne Energie, wie der Heiler sie bei dem Kollegen hatte aufbauen wollen, nun auch vorhanden. Ich sah sie wie in einem Kokon, wo sie von dem Heiler, der mittlerweile wieder in seiner Heimat weilte, energetisch ausgesaugt wurde. Wir konnten ihr so weit helfen, dass wir sie zu befreien und zu stabilisieren vermochten. Traurigerweise kam sie aber wieder mit dem Mann in Verbindung, und wir erfuhren etwa ein dreiviertel Jahr später, dass sie an einem Herzinfarkt gestorben war.

Die Beziehung zu diesem Mann hatte sie möglicherweise nachhaltig ausgelaugt und ihr Herz geschädigt. Ich schickte ihr gute Gedanken und Segenswünsche ins Jenseits. Sicherlich konnte dort mittlerweile in ihr die Erkenntnis fruchten, dass sie sich nichts Gutes getan hatte, als sie sich diesem Mann mit seinen dunklen Kräften verschrieb. Doch jeder Mensch kann nachträglich allem einen lichtvollen Sinn geben. Wann das passiert, kann nur er allein bestimmen.

Ich weiß aus diesen und vielen weiteren Erfahrungen: Je mehr Liebe wir zu uns selbst spüren, umso sicherer sind wir vor dunklen Energien. Deshalb ist die spirituelle Entwicklung und die Verfeinerung unserer Wahrnehmungsfähigkeiten und eine Beziehung zu unseren eigenen Gefühlen so wichtig. Sie verhindern, dass wir uns manipulieren lassen. Und wenn wir Liebe zu uns selbst spüren, dann ziehen wir auch umso mehr liebevolle Menschen an. Und vor allem erkennen wir die Schwingungen der Liebe, weil sie uns eigen sind.

Der Guru mit den unreinen Absichten

Immer wieder wurde ich mit dunklen Energien konfrontiert, oftmals begegneten sie mir bei den Patienten. Und jedes Mal zeigten sie mir erneut, wie ich meine Kräfte auf keinen Fall einsetzen wollte. Da war zum Beispiel einmal eine ältere Dame, eine sehr gepflegte und hübsche Frau in ihren Siebzigern. Sie wirkte ängstlich und nervös, ihr Körper zappelte unentwegt, sodass sie nachts kaum noch schlafen konnte. Ihre Nerven waren offensichtlich überreizt.

In der Naturheilpraxis wurden alle nur denkbaren Ursachen überprüft: Schwermetallvergiftungen, Allergien, Lebensmittelunverträglichkeiten und so weiter. All das konnte nicht ausgeschlossen werden, doch so richtig zeigte sich kein Lösungsansatz für diese Frau. Ein Kollege meinte dann, ob ich sie nicht ein wenig energetisch behandeln könne, um zumindest etwas mehr Ruhe in ihr Nervenkostüm zu bringen. Natürlich war ich gern bereit, das zu probieren.

Doch bevor sie sich auf die Liege legte, packte sie ein Foto aus ihrer Handtasche. Es zeigte ein Bild ihres Gurus mit verschiedenen Symbolen und Zeichen, und sie stellte es auf einer Seite der Behandlungsliege auf. Ich entdeckte, dass die Frau auf der Brust ein Halskettchen mit einem Medaillon trug, auf dem derselbe Guru abgebildet war. Sogar ihre Uhr zeigte sein Antlitz. Als sie sich hinlegte, bemerkte ich, dass sie auch an ihren Füßen seine Symbole und Zeichen trug. Ich war erstaunt, wollte mir aber noch kein Urteil bilden.

Ich fing also an, die Frau zu behandeln. Und dabei wollte ich meinen Wahrnehmungen kaum trauen. Hellsichtig konnte ich sehen, dass die kosmische Energie, die ich ihr schickte, an ihrer Aura abprallte und direkt in das Foto ihres Gurus hineinfloss. Das war reinster Vampirismus. Diese Frau glaubte offenbar mehr an diesen Mann als an sich selbst – und er nutzte es aus. Er ernährte sich energetisch durch diese Schülerin (und vielleicht noch andere). Ich kannte diesen Mann nicht, doch was ich wahrnahm, reichte aus, um seine unreine Absicht zu erkennen. Wahrscheinlich fehlte ihm der direkte Zugang zur kosmischen Energie, und so saugte er seine Anhängerinnen und Anhänger aus, um sich mit Energie zu versorgen. Bei dieser Frau hatte das offenbar bereits zu einer starken Überforderung ihrer Nerven geführt. Unter diesen Umständen konnte ich die Behandlung natürlich nicht fortsetzen. Denn ich wollte ja sie behandeln und nicht Energie für ihren Guru bereitstellen.

Ich fragte die Frau: »Ist Ihnen klar, dass Ihre Energie und all Ihre Lebenskraft in das Foto Ihres Gurus hineinfließen und er Sie aussaugt wie ein schwarzes Loch?«

Die Frau schien nicht erstaunt. Sie antwortete: »Dieser Mensch macht so viel, dann braucht er offenbar auch viel Energie.«

»Sie sind zu mir gekommen, weil es Ihnen nicht gut geht. Warum haben Sie denn überall seine Fotos und Symbole?«

»Damit er mich beschützt.«

»Was, glauben Sie, kann Sie wirklich beschützen: Ihre Liebe, die göttliche Kraft oder dieser Guru?«

Kein langes Nachdenken, und sie sagte: »Der Guru.«

»Und wovor soll er Sie in diesem Raum schützen? Vor mir?«

Auf diese Frage antwortete sie nicht. Ich spürte bei ihr keinerlei Vertrauen, weder in sich selbst noch in die Welt oder in mich. So musste ich die Behandlung leider abbrechen.

Ich versuchte, ihr zu erklären, was ich dachte: »Ihre Lebenskraft fließt zu diesem Mann, und das überfordert Ihre Nerven. Sie müssen sich entscheiden, wen Sie mit Ihrer Energie füttern, ihn oder sich selbst. Solange Sie all Ihre Lebenskraft in diese Richtung abgeben und an diesen Menschen mehr glauben als an sich selbst, kann Ihnen niemand helfen, weder medizinisch und naturkundlich noch mit dem geistigen Heilen. Seit wann haben Sie denn die Beschwerden?«

Sie erzählte mir, dass sie erstmals aufgetaucht waren, nachdem sie von einer Reise in den Aschram dieses Meisters zurückgekehrt war. Doch sie konnte offensichtlich eins und eins nicht zusammenzählen. Sie packte ihre Utensilien zusammen und verließ die Praxis. Wir sahen sie nie wieder.

Sehr oft sind mir Menschen begegnet, die einfach nicht geheilt werden wollten. Bei dieser Frau wurde mir noch einmal besonders deutlich vor Augen geführt, welche Verantwortung wir als Heiler und als spirituelle Lehrer im weitesten Sinne haben. Die Menschen übergeben anderen nur zu gern die volle Verantwortung für ihr Leben. Ich wusste ganz sicher, dass ich eine solche Verantwortung niemals annehmen würde. Jeder Mensch kann nur für sich selbst verantwortlich sein. Und wenn Erwachsene sich wie Kinder in einer gewissen Hörigkeit einem Lehrer andienen, ist es dessen Aufgabe, sie in die Eigenverantwortung zurückzuführen.

So viele Menschen suchen ein Idealbild im Außen, einen Übervater oder eine Übermutter, eine religiöse oder spirituelle Autorität, auf die sie alles projizieren können. Mir passierte es später oft, dass mich Menschen fragten: »Jana, sag, was soll ich tun?«, »Soll ich ihn heiraten?«, »Soll ich kündigen?«, »Soll ich das Haus verkaufen?« und so fort. Es kann so leicht passieren, hier aus der eigenen Erfahrung und bestimmten Wahrnehmungen heraus einen Rat zu geben. Doch eine solche Heilerin, eine solche Lehrerin möchte ich niemals sein. Ich gebe den Menschen in derartigen Situationen sanft den Ball zurück, indem ich sie zum Beispiel frage: »Wie fühlst du dich denn dabei, wenn du an die Heirat denkst?« Oder: »Wie fühlst du dich dabei, wenn du an die Kündigung denkst? Was geht dabei in dir vor? Was sagt deine Intuition?« So bringe ich sie freundlich in die Eigenverantwortung zurück.

Schüler, die von mir abhängig wären, würden mir damit zeigen, dass etwas schiefgegangen ist. Ich möchte Menschen anziehen, die die Freiheit und ihre eigene Stärke nicht scheuen. Denn alles andere führt zur Bildung einer Sekte, und das lehne ich strikt ab.

Es war gut, bereits in frühen Jahren immer mal wieder mit dieser Thematik konfrontiert zu sein, so wie bei jener Dame und ihrem Guru. Doch nicht nur auf dieser Ebene ist es wichtig, genau zu prüfen, auf welche Energien man sich einlässt und was man an sich heranlässt …

Unwissenheit schützt vor Folgen nicht

Er war noch keine vierzig und bereits arbeitsunfähig, es wurde schon darüber entschieden, ob er Frührentner werden sollte. Er wusste, dass er nicht mehr in der Lage war zu arbeiten, doch etwas in ihm wollte noch nicht aufgeben. Deswegen war er zu uns in die Praxis gekommen, und er sagte: »Ich weiß nicht, was los ist. Eigentlich arbeite ich sehr gern.«

Er war Handwerker, und es tat ihm gut, auf der Baustelle im Team aktiv zu sein, es erdete ihn und machte ihn zufrieden. Er war ein kerniger und recht kräftiger Mann, doch seit Monaten war er nicht mehr richtig auf die Beine gekommen. Morgens fühlte er sich so depressiv und schwer, dass er es nicht mehr aus dem Bett herausschaffte und den ganzen Tag hinter zugezogenen Vorhängen in der Dunkelheit herumlag. Er kam beim besten Willen nicht mehr in Gang und konnte sich nicht erklären, woran das lag.

Ich fragte ihn, seit wann er sich so fühle und ob zu dieser Zeit etwas Außergewöhnliches vorgefallen sei. Während er darüber nachdachte, schaute ich mir seine Aura an. Plötzlich entdeckte ich an seiner rechten Schulter so etwas wie einen Hurrikan, eine dunkle aufgewirbelte Wolke, die von der Schulter ins Genick und in den Kopf hinaufzog und sein Gemüt offenbar depressiv und schwer machte. Da der Mann ein Hemd anhatte, fragte ich ihn, ob er etwas an der rechten Schulter habe.

Seine Antwort: »Na und ob, mein Lieblingstattoo.«

Während er sein Hemd auszog, philosophierten wir ein wenig über Tattoos. Ich sagte, dass viele Menschen ganz gut damit klarkämen und dass sie ja auch ganz zeitgemäß und »cool« seien. Für sensible Menschen allerdings sind sie nicht so gut geeignet, denn sie verhindern, dass die Haut in diesen Arealen Sonnenlicht und kosmische Energie aufnehmen kann. Sie können den Energiefluss im Körper behindern und färben außerdem nachweislich die Lymphknoten dunkel ein. Das kann sehr belastend sein, nur wenn ein Mensch sehr gut geerdet ist, kann er das kompensieren.

Mittlerweile hatte der Mann sein Hemd ausgezogen, und ich sah, dass sein ganzer Oberkörper voller Tattoos war. Die meisten belasteten ihn anscheinend nicht, doch auf der rechten Schulter grinste eine Teufelsfratze. Ich sah sofort, dass dieses Symbol dunkle Energien angezogen hatte, die den Mann seither quälten.

»Wieso lassen Sie sich eine Teufelsfratze tätowieren?«

»Da ich mir so viele Tattoos stechen ließ, hat mir der Tätowierer eine geschenkt. Er hat das Bild ausgewählt.«

Ich dachte mir im Stillen: »Wenn man solche Freunde hat, braucht man keine Feinde mehr.«

Der Mann war ins Grübeln gekommen: »Tatsächlich hat mit diesem Tattoo meine Depression angefangen, seitdem komme ich nicht mehr auf die Beine.«

Unzweifelhaft war dieses Bild auf seiner Haut wie ein schwarzes Loch, das beständig seine Lebenskraft an sich riss. Die Lösung war hier, das Tattoo weglasern zu lassen.

»Oh, das wird aber Geld kosten«, meinte der Mann.

»Ja, Arbeitsunfähigkeit kostet auch Geld.«

»Und es wird wehtun.«

»Die Depression tut Ihnen nicht weh?«

Der Mann ließ das Tattoo tatsächlich entfernen – und einige Wochen später schon ging er wieder zur Arbeit. Seine Mutter erzählte es uns, als sie vor lauter Freude extra in die Praxis kam.

Es ist so logisch: Was wir an uns heranlassen, was wir an und in unseren Körper und in unser Leben lassen, beeinflusst uns natürlich. Alles hat seine Energie und seine Kraft. Es kommt ganz maßgeblich darauf an, womit wir uns umgeben. Unwissenheit schützt vor Folgen nicht. Darum ist es so wichtig, bei allen Entscheidungen in sich hineinzuspüren. Es ist so wichtig, für sich selbst die maßgebliche Autorität zu sein.

Hellsichtigkeit als TV-Format

Das Ringen zwischen Hell und Dunkel wird wohl immer zu meinem Leben gehören. Selbst in der Zeit, in der ich an meiner Biografie arbeitete, tauchte es auf. Ich war nämlich für zwei Wochen in Moskau, um bei einer Fernsehshow mitzuwirken, zu der man mich eingeladen hatte. Sie hieß »Kampf der Medialitäten«, und es ging darum, dass medial begabte Menschen in den Wettstreit darum treten, wessen Fähigkeiten am besten ausgeprägt sind. Ich hatte mir erhofft, über ein solches Format mit etwa zehn Millionen Zuschauern meine Botschaften auch in Russland verbreiten zu können und so noch mehr Menschen zu erreichen. Doch schon in der ersten Staffel erkannte ich, dass dies wohl nur eine weitere Prüfung meiner Klarheit sein sollte, unbedingt und unter allen Umständen auf der Seite des Lichts zu wirken. Denn das war in der Art, wie dieses Sendeformat gestaltet war, nicht möglich.

Auf einer großen Wiese erlebte ich eine Art »Gothic-Show«. Etwa zweihundert schwarz gekleidete Menschen warteten auf ihren Auftritt, im Minutentakt brach irgendwo ein heftiger Streit aus, und viele vollführten schwarzmagische Rituale – es ging bis dahin, dass beinah ein Uhu geopfert worden wäre, wenn das Kamerateam das nicht im letzten Moment verhindert hätte. Ich wurde unter anderem gebeten, mich mit einem dieser dunklen Kandidaten zu unterhalten. Ich als diejenige, die für das Licht steht, sollte mit ihm vor der Kamera Kontakt aufnehmen. Ich wusste allerdings, dass ein Mensch, der wirklich etwas Dunkles praktiziert, mit mir nicht reden wird. Und so war es dann auch.

Ich ging auf einen jungen Mann zu, der für die Sendung vielversprechend war – dramatisch, faszinierend, sehr auffällig –, und begrüßte ihn freundlich. Ich gab ihm die Hand, und im Moment der ersten Berührung zuckte er erschrocken zurück, als hätte er einen Stromschlag bekommen. Ich lud ihn ein, mir ein bisschen was von sich zu erzählen, weil ich ihn gern kennenlernen wollte. Doch ihm verschlug es die Sprache. Er bekam kein Wort heraus und schaute immer nur zu Boden. Er mied den direkten Kontakt mit mir wie der Teufel das Weihwasser. Mir war schnell klar, dass hier nichts entstehen kann, und so sagte ich zu ihm: »Ich störe dich wohl bei deinem Ritual.« Er nickte kurz, und ich wünschte ihm viel Erfolg. Sehr enttäuschend für die Kamera.

Für das Team der Show ging es darum, Lautes und Wildes zu zeigen, möglichst bizarr und aufregend. Die Sendung war äußerst erfolgreich, und ich musste feststellen, wie sehr die Menschen noch immer von der dunklen Seite fasziniert sind, weil sie sich dort eine Macht erhoffen, die sie für sich und ihre

Zwecke einsetzen können. Macht suchen letztlich immer nur die Leute, die in ihrer Kindheit nicht gehört und nicht ausreichend gesehen wurden und keine emotionale Stärke ausbilden konnten. Es sind Menschen, die keine innere Philosophie entwickelt haben, denn die ist es, die uns stark macht.

Für dieses Sendeformat war ich zu ruhig und zu unspektakulär. Ich mache und ich brauche keine Action. Für das, was sie gern von mir gesehen hätten, hätte ich aus meiner liebevollen Resonanz herausgehen müssen, und das konnte und wollte ich nicht. Sie hätten mich, wohl weil ich inmitten dieser vielen dunklen Menschen etwas ganz anderes ausstrahlte, dennoch gern weiter in dieser Show behalten. Doch ich merkte, dass es nicht mein Platz ist. Die Absichten der Produzenten und des Teams passten nicht zu den meinen.

Im Nachhinein sehe ich den Zusammenhang und erkenne, dass es erneut eine Bestärkung meiner grundlegenden Lebensabsicht war, wie ich sie schon als Kind im Vorschulalter im Traum in diesem Wald erfahren hatte: Bleib immer im Licht und in der Liebe, denn diese Resonanz ist es, die dich ein Leben lang weiterbringt, ganz anders als die kurzlebige Befriedigung von egozentrischen Bedürfnissen und Hascherei nach Aufmerksamkeit.

Viele Menschen kennen leider nichts Reineres und Besseres als die dunklen Kräfte. Wer die Liebe nicht kennt, sondern eher Neid, Missgunst und Macht, kann leicht zum Spielball dunkler geistiger Kräfte werden. Bei vielen passiert das unbewusst, sie sind so absorbiert von diesen Kräften, dass sie keinerlei Selbstreflexion mehr betreiben. Andere lassen sich bewusst darauf ein. Anfangs scheint das lohnend, sie haben vielleicht ungeahnten Erfolg, viel Geld und eine gewisse Macht. Doch auf

Dauer zahlen sie natürlich einen Preis. Sie zahlen in der Währung Seelenkraft und Lebensqualität. Ein Pakt mit dem Teufel ist nie umsonst. Und die Begriffe »Teufel« oder »das Böse« bezeichnen natürlich nichts anderes als die niedrige Energie falscher und unreiner Absichten.

Solche Menschen mögen also kurzfristige Macht erhalten, doch sie zahlen mit ihrer Gesundheit und mit dem Fehlen von Stabilität und wahrer Freude. Ich habe noch nie einen dunklen Menschen erlebt, der gesund geblieben wäre oder eine stabile Partnerschaft und Familie hätte aufbauen können. Denn Liebe vermag in einem solchen Resonanzfeld einfach nicht zu gedeihen. Langfristig kann ich auch bei niemandem von ihnen eine berufliche Stabilität finden. Es geht diesen Leuten eher darum, andere in Angst und Schrecken zu versetzen und dadurch ihre Energie zu bekommen. Denn sie haben einfach keinen eigenen Zugang zu der unerschöpflichen Quelle von Energie, die uns allen immer zur Verfügung steht, wenn wir in der Liebe sind. So erzeugen sie Angst, die andere manipulierbar macht, und verschaffen sich damit Vorteile, auch finanzieller Art. Doch so etwas funktioniert immer nur kurzzeitig, und die Kurve geht, über das gesamte Leben hinweg betrachtet, nach unten.

Die Menschen hingegen, die sich liebevoll verhalten und auch in anderen das Liebevolle fördern, entwickeln sich ganz anders. Ihre Kurve geht aus meiner Beobachtung nie schlagartig nach oben, aber sie steigt stetig und stabil. Ihr privater und beruflicher Erfolg wächst parallel mit ihrer Persönlichkeit und führt auch zunehmend zur Erfüllung ihrer Wünsche. Bei denjenigen, die mit unreiner Absicht arbeiten und nur an ihr Ego denken, geht es durchaus manchmal steil bergauf, aber ebenso schnell noch tiefer hinab. Sie sind ständig »himmelhoch jauchzend« oder »zu Tode betrübt«.

Es ist sehr wichtig, sich dies vor Augen zu führen. Denn es betrifft nicht nur die Menschen, die ganz bewusst – weiß oder schwarz – magisch arbeiten. Es betrifft uns alle. Wir alle müssen entscheiden, auf welcher Seite wir stehen. Denn was ist Magie? Letztlich sind es nur Gedanken, die wir in die eine oder in die andere Richtung schicken. Mit unseren Gedanken erzeugen wir Gutes und Liebevolles oder Dunkles und Bösartiges. Es ist einfach so: Wenn man selbst ein neidischer Mensch ist und anderen ihr Glück nicht gönnt, dann fühlt man sich immer benachteiligt und ist im Mangel. Aus dieser Resonanz heraus kann man nichts Erfüllendes anziehen. Es ist nicht möglich, auf diese Weise erfolgreich und erfüllt zu sein. Der Schlüssel meines Erfolgs ist es, großzügig zu sein und mich am Glück und am Erfolg anderer von Herzen zu freuen. So stehe ich dem Leben offen gegenüber und sehe all die Chancen, die auf mich zukommen. Ich kann sie ergreifen, weil mein Fokus auf mir selbst liegt und nicht auf dem, was mit anderen ist und was bei ihnen vielleicht besser oder schöner ist als bei mir. Auf diese Weise bin ich immer in der Eigenverantwortung. Ich weiß: Dies ist mein Weg. Du hast einen anderen, und ich freue mich, dich auf deinem Weg zu wissen. Ich bin meinem Weg und du bist deinem gewachsen. Mit einer solchen inneren Ausrichtung kann ich in Ruhe leben und arbeiten.

Es geht immer um eine bewusste Lebensphilosophie, ganz gleich, wie die biografischen Umstände sein mögen, welche Veranlagungen und Neigungen, welchen Familienstand oder Beruf man hat. Die Reinheit unserer Absicht ist sehr wichtig; denn ist sie gegeben, dann erhalten wir all die liebevolle Unterstützung der geistigen Welt. Reinheit der Absicht bedeutet für mich, dass meine Ziele und meine Handlungen nicht nur für mich, sondern auch für andere Menschen und die Welt nützlich und wertvoll sind. Es heißt, dass man natürlich an sich selbst denkt, aber eben auch an andere. Wenn dein Erfolg nur dir selbst nützt, dann ist die geistige Welt daran einfach nicht interessiert. Ihr geht es um die Harmonie im Ganzen. Wenn dein Erfolg auch anderen nützt, dann arbeiten die Engel gern mit an diesem Fluss, sodass sich die Schicksalsfäden auf die beste Weise weben können. So kann das, was du zu deinem und zum Wohle aller anstrebst, auf die allerbeste Weise ins Leben kommen.

Raus auf die Bühne! *

»Halt doch einmal Vorträge über deine Arbeit«, sagten meine Kollegen. Und ich war geschockt. Was, ich? Mittlerweile hatte ich einige Jahre therapeutischer Berufserfahrung, ich hatte einiges über die Zusammenhänge zwischen Körper, Seele und Geist verstanden, und ich fühlte mich sehr wohl in meiner Arbeit mit dem energetischen Handauflegen, den Beratungsgesprächen und den Engelbotschaften. Jeden Tag lernte ich weiter dazu, denn kein Gespräch, kein Patient, kein Fall glich dem anderen. Doch damit vor ein Publikum treten? Öffentlich darüber sprechen? Das konnte ich mir überhaupt nicht vorstellen. Noch immer fühlte ich mich viel zu zurückhaltend und schüchtern. Und es war auch überhaupt nicht mein Ziel. In dieser Zeit organisierte ich viel eher die Vorträge meiner Kollegen in der Praxis und half ihnen, wo immer es mir möglich war. Doch wie so oft in meinem Leben entwickelten sich die Dinge anders, als ich es mir hätte vorstellen können.

Die geistige Welt auf den Wänden einer Schule

Freunde nahmen mich eines Tages mit zu einem Weihnachtsbasar an einer Waldorfschule in Überlingen. Wieder einmal betrat ich völlig neues Terrain. Die ganze Region um den Bodensee war voller Schätze, von denen ich immer noch neue entdeckte: Kraftorte in der Natur ebenso wie Menschen und Institutionen der unterschiedlichsten therapeutischen, philosophischen und spirituellen Richtungen. Alles war so voller Reichtum und Fülle. Und nun also die Waldorfschule.

Ich hatte keine Ahnung, was mich erwarten würde, und war schon vom Gebäude fasziniert. Alles war nach anthroposophischen Grundsätzen ausgerichtet. Keine Wand war einfach nur quadratisch, praktisch, gut, sondern ganz der Natur nachempfunden, wo es keine schnurgeraden Wände oder Wege gibt, sondern alles im Fluss ist. Ebenso floss hier also die Architektur und damit auch die Energie. Diese Schule war von einer wunderbaren Energie geprägt, ich spürte gleich, dass sich die Kinder hier bestimmt sehr gut konzentrieren konnten. Die Wände waren auch nicht einfach nur weiß, sondern sehr schön bemalt: mit Engelmotiven. Ausgerechnet. Es war eine so ätherische, feingeistige Malerei, dass sie mich regelrecht erschütterte. Hier hatte jemand so gemalt, wie ich die geistige Welt tatsächlich sehe: die Intensität der Farben, die anmutige Form der Engel, ihre Bewegungen. Ich war überwältigt. Die ganze Energie in diesem Schulgebäude überforderte mich. So viele Engel! Und dann diese Wände, als ob sich alles bewegte. Ich verlor zeitweise richtiggehend die Orientierung. Doch mein Interesse war geweckt. Was war das für eine Art von Pädagogik, die hier ihren Ausdruck fand?

Einige Monate später saß ich morgens beim Frühstück, und auf dem Tisch hatte ich zufälligerweise ein Infoblatt dieser Schule und schaute mehr nebenbei, was dort für Veranstaltungen angeboten werden. Ich las den Namen der Frau, die diese Veranstaltungen organisierte, und mit einem Mal war in meinem Herzen die klare Botschaft: »Du wirst Vorträge halten.«

Ich ging in die Praxis und betrat den Behandlungsraum, in dem meine erste heutige Patientin schon wartete. Es war die Organisatorin von anthroposophischen Veranstaltungen, deren Namen ich noch beim Frühstück gelesen hatte. Als wir uns nach der Sitzung verabschiedeten, hörte ich mich plötzlich fragen: »Wollen Sie Vorträge mit mir veranstalten?«

Und obwohl sie eine eher kritische und vorsichtige Person war, antwortete sie ebenso spontan: »Ja, das machen wir.«

Einige Monate später stand mein erster Vortragstermin an. Im Buch meines Seelenplans wurde ein weiteres Kapitel aufgeschlagen. Und wie es so typisch ist, ging ganz leicht eine Tür nach der anderen auf, sobald ich bereit war und es sich stimmig anfühlte. Alles, was sich ungezwungen fügt und uns leicht von der Hand geht, deutet darauf hin, dass es unserem Seelenplan entspricht. Es ist nicht in seinem Sinne, verbissen etwas zu verfolgen, sondern die Chancen anzunehmen, die sich zeigen.

Alles gestaltete sich sehr freundlich. Ich fragte schließlich, wo wir die Eintrittsgelder mit gutem Gewissen hingeben könnten. Und dann kam ein Vorschlag, der sofort ein wunderschönes weiteres Kapitel in meinem Leben einläuten sollte: Die Waldorfschule am Bodensee hatte eine Patenschule in Jaroslawl, Russland, und die würde sich bestimmt über Unterstützung freuen, hieß es. Ich nahm den Vorschlag dankbar an und freute mich sehr, dass es so etwas Künstlerisches und Philosophisches wie eine Waldorfschule auch in meiner alten Heimat geben sollte. Ich konnte noch nicht ahnen, was sich hieraus alles entwickeln würde. Doch dazu später.

Auch hier eilte mir mein Ruf voraus, es kamen mehr als zweihundert Menschen zu meinem allerersten Vortrag. Ich war ganz auf die geistige Welt und die Engel eingestimmt und fühlte mich sehr unterstützt. Ich sprach über die geistigen Welten, ganz spontan und direkt, so wie es mir auf der Bühne einfiel. Ich wusste, dass ich den Vortrag selbst nicht vorzubereiten brauchte. Die richtigen Worte fielen mir zur richtigen Zeit ein. Ich genoss es, in so viele interessierte Gesichter zu sehen und dabei die Erfahrung zu machen: Du kannst das! Du kannst die Menschen inspirieren und begeistern, du kannst sie auf ihrem Weg unterstützen. Natürlich wusste ich, dass ich an der Sprache, an meiner Ausdrucksweise und an der Struktur eines Vortrags noch arbeiten konnte. Doch das würde sich ganz leicht und mit Freude ergeben.

Inhaltlich bereite ich mich auf meine Vorträge bis heute kaum vor. Gern frage ich die Veranstalter, welches Thema sie sich wünschen, und komme dieser Bitte nach. Ich rede über das, was die Menschen interessiert, und nicht darüber, was ich ihnen sagen will. Meine Vorbereitung ist meditativ: Ich meditiere vor einem Vortrag und beobachte, welcher Erzengel zu dem Thema und zu diesem Vortrag dazukommen will. Ihn frage ich dann: Welche wesentliche Botschaft hast du? Welche Werte willst du vermitteln und in den Menschen stärken? Außerdem bitte ich ihn um ein Stichwort für die Einleitung, eins für Teil eins, eins für Teil zwei und eins für Teil drei. Dann noch ein Stichwort für das Fazit. Mit diesen fünf Schlüsselbegriffen habe ich alles, was ich brauche, und bitte die Engel, mich so lange zu führen, wie der Vortrag eben dauern soll, ob es fünfzehn, sechzig oder neunzig Minuten sind. Es funktioniert auf die Minute.

Ich verlasse mich ganz auf meine lichtvolle geistige Führung. Direkt vor dem Vortrag brauche ich einen Rückzugsraum, in dem ich mich allein in ein Gebet begeben kann und um einen

Segen für den Abend bitte. Ich bitte darum, dass ich die Worte finden möge, die den Menschen wirklich helfen. Während des Vortrags beobachte ich immer wieder den Erzengel, um mich zu vergewissern, worum es als Nächstes gehen soll.

Kurz bevor ich auf die Bühne gehe, lasse ich sogar die fünf Stichwörter los. Ich spüre nur noch die Liebe in meinem Herzen, die Liebe zu mir selbst. Dann bin ich ruhig, klar und präsent und kann geschehen lassen, was für diese Veranstaltung wichtig ist. Meine Zusammenarbeit mit der geistigen Welt ist wohl auch das Geheimnis hinter der Menge an Arbeit, die ich bewältige. Doch ich brauche einfach keine wochenlangen Vorbereitungen, ich stimme mich ein und gebe mich dann dem Fluss der lichtvollen Energie hin.

Ich bin sehr dankbar dafür, dass man mir in dieser Waldorfschule und an vielen weiteren Orten, an denen ich Vorträge halten durfte, vertraut hat. Anfangs wollte man manchmal mein Vortragsmanuskript sehen, damit ich inhaltlich im anthroposophischen Rahmen bliebe. Doch ich hatte natürlich kein Manuskript. Und ich konnte nur versichern, dass schon alles gut gehen würde. Das reichte den Veranstaltern, und dafür danke ich ihnen.

Lichtvolle Vorträge

Meine Art, an Vorträge heranzugehen, hat sich in den letzten fünfzehn Jahren kaum verändert. Natürlich habe ich an Wissen, Können und Erfahrung hinzugewonnen. Am Anfang habe ich nur vom Herzen her gesprochen – die Frauen waren meist begeistert, und die Männer meinten, sie hätten nicht alles verstanden. Mittlerweile hat sich mein Wissen klarer strukturiert, sodass nicht mehr nur Emotion, sondern auch Ratio in die Vorträge hineingekommen ist.

Anfangs hieß es manchmal: »Süß ist sie ja, aber worüber redet sie?« Oder: »Eine geborene Rednerin ist sie nicht, aber sie ist nett.« Mein Ego musste das verkraften. Und ich konnte daraus lernen und auch der rationalen Seite, die ich durchaus habe, ihren Platz geben. Ich bin sehr dankbar dafür, heute beide Seiten verbinden zu dürfen.

Es ist wichtig, dass ein geistiger Heiler nicht nur sein Handwerk versteht und nicht nur mit einer weisen Botschaft Trost und Hoffnung schenkt, sondern dass er auch Wissen vermitteln kann. Ich verstehe uns spirituelle Lehrer auch als liebevolle Lebensphilosophen, die den Menschen einen guten Lebensstil und die Wege der Selbsterkenntnis und der Selbstklärung nahebringen sollten. Die Leute wollen heute nicht einfach nur an die Heilkräfte von irgendjemandem glauben, sie wollen wissen, warum Heilung auf geistigem Wege möglich ist. Und sie wollen wissen, wie sie selbst ihre eigenen Heilkräfte aktivieren können und welche Tücken und Chancen es auf diesem Weg gibt.

Ich wusste, dass genau hier mein Weg war: immer mehr Menschen mit meinen Botschaften aus der lichtvollen geistigen Welt zu inspirieren und ihnen zu zeigen, wie sie Himmel und Erde verbinden können. Ich wusste, dass es für mich dort entlanggehen würde. Und ich wusste auch, dass ich es schaffen würde, denn ich war so wundervoll geführt. Leicht war es dennoch nicht. Vom Typus her suchte ich nie das Rampenlicht, und es hat mich aus mir heraus niemals auf eine Bühne gezogen. In den ersten Jahren musste ich zeitweise schon mit großer Aufregung vor öffentlichen Auftritten kämpfen.

Zwei Dinge haben es mir leichter gemacht. Zum einen hat es sehr viel Druck herausgenommen, als ich mir schon beim ersten Vortrag bewusst gemacht habe: Ich bin nicht dafür da, jemanden zu überzeugen. Ich bin einfach dafür da, meine eigenen Erfahrungen mit den geistigen Welten im menschlichen Leben weiterzugeben und die Menschen, die bereit dafür sind, damit zu inspirieren. Und wer nicht bereit ist, der hat es einmal gehört und zieht dann eben auf seinem Weg weiter. Es geht nicht um Überzeugungsarbeit. Ich möchte den Menschen mitteilen, wie die geistige Welt wirkt und wie sehr sie selbst, ihre Familien, ihre Arbeitsstellen und ihre Projekte davon profitieren können. Und damit ist auch klar: Es geht bei diesen Auftritten nicht um mich, sondern um die Botschaft. Ich bin ganz darauf fokussiert.

Um meine Nerven zu beruhigen, habe ich außerdem um ein Ritual gebeten. Ich führe es seither immer vor und nach Vorträgen und anderen öffentlichen Auftritten aus. Es ist ganz einfach und kann von jedem Menschen genutzt werden, der sich für seine sanfte Kraft öffnet.

Ritual vor Auftritten oder anderen Herausforderungen

Leg einfach deine Hand aufs Herz, schließ die Augen, und sprich innig und mit Gespür das folgende Gebet: »Ich bin Liebe, ich bin Licht, Frieden erfüllt mich.«

Sobald ich die Worte dieses Rituals gesprochen habe, bin ich in einer ruhigen und friedvollen Stimmung und kann hinaus auf die Bühne gehen. Niemals gehe ich aufgeregt und zerstreut dorthin. Es ist mir wichtig, dass mein Herz und mein Kopf frei sind, ihre Arbeit zu tun. Wenn ich einen Vortrag abgeschlossen habe, ist es mir wichtig, die aufgewühlten Gefühle keinesfalls weiter mit mir herumzutragen. Auch dann spreche ich dieses kleine Gebet: »Ich bin Liebe, ich bin Licht, Frieden erfüllt mich.« Weder Euphorie noch Grübeln oder Selbstzweifel nehme ich mit in die Nacht.

Weil es mir so gut gelingt, mit meinen Stimmungen und Emotionen umzugehen, glauben die Leute manchmal, ich wäre emotionslos. Doch das stimmt natürlich überhaupt nicht. Und es geht auch auf dem spirituellen Weg und überhaupt im Leben nicht darum, ohne Gefühle und Emotionen zu sein. Das könnten wir gar nicht. Es würde unser Leben auch sehr viel ärmer machen. Es geht darum, die eigenen Emotionen zu gestalten. Denn wer seine Gefühle gestaltet, gestaltet sein Leben. Wer seine Gefühle hingegen erleidet und erduldet, der erleidet und erduldet auch sein Leben.

Vor allem meine ersten Vorträge zeigten mir, dass ich meine Emotionen dadurch gestalten kann, dass ich die Liebe ganz bewusst über die Angst stelle. Mir war schon so oft klar geworden, dass überall dort Liebe wachsen möchte, wo Angst ist. Die Angst ist ein Zeichen dafür, dass die Liebe nur darauf wartet, bemerkt und erweckt zu werden. Und dann ist die Angst auch nichts Schlimmes mehr.

Natürlich, es kann negative Folgen haben, wenn wir aus der Angst heraus Entscheidungen treffen. Doch Angst zu haben ist kein Problem. Ich habe mir vor meinen ersten Vorträgen immer neu bewusst gemacht: »Okay, da ist auch Angst. Ich weiß, dass dahinter die Liebe wartet, also bleibe ich positiv und lösungsorientiert. Ich atme tief durch und vertraue darauf, dass sich das Richtige zeigen wird und ich den besten Weg finde.«

Auf diese Weise konnte ich darüber hinaus lernen, mit meiner wachsenden Präsenz in der Öffentlichkeit umzugehen.

Auch in diesen Bereich meines Wirkens kam nämlich sehr viel schneller Schwung, als ich es erwartet hatte. Und das war für mich schon gewöhnungsbedürftig. Plötzlich erkannten mich Leute auf der Straße, ich war nicht mehr anonym, wurde beobachtet und stand sehr häufig im Mittelpunkt, ohne das zu wollen. Natürlich habe ich mich mehr als einmal gefragt: »Willst du das wirklich? Ist das tatsächlich der richtige Weg?« Ich hatte nie das Bedürfnis, vor einem Publikum zu stehen – und jetzt wurde ich immer häufiger zu Vorträgen eingeladen. Es war außerdem eine Zeit, in der mich oft Momente der Schwermut ergriffen. Denn in jenen Jahren war ich auch intensiv dabei, mithilfe meiner neu gewonnenen Methoden des geistigen Heilens meine Kindheit und all die Erfahrungen meiner Vergangenheit aufzuarbeiten. Das war nicht immer einfach, und manchmal spürte ich eine gewisse Schwermut. Die war nicht problematisch, sondern in ihrem kurzzeitigen Auftreten ganz gesund: eine Trauer über das, was schmerzhaft war, die schließlich die Heilung beschleunigte. Außerdem habe ich beobachtet, dass unser Unterbewusstsein immer erst einmal mit Angst reagiert, wenn sich etwas Neues im Leben abzeichnet. Ich war dabei, in gewisser Weise zu einer Person des öffentlichen Lebens zu werden – und das erschreckte mein Unterbewusstsein zunächst sehr. Also holte es all die Informationen und Erfahrungen früherer Zeiten hervor, mit denen es mich vielleicht von meinem Weg würde abhalten können. Mir war klar, dass ihm das nicht gelingen würde, dennoch musste ich mich mit einigen Ängsten und früh eingepflanzten Selbstzweifeln auseinandersetzen.

Auch dieser Prozess und dieses Empfinden waren vollkommen in Ordnung, doch sie passten nicht so recht dazu, sich vor mehrere Hundert Menschen auf eine Bühne zu stellen und zu ihnen zu sprechen. So suchte ich in dieser Zeit sehr oft den Rückzug in der Natur, ging allein durch die wunderschönen Landschaften um den Bodensee herum spazieren und versuchte, so gut und liebevoll wie möglich für mich selbst da zu sein, um all die Herausforderungen meistern zu können. Ich lauschte den Botschaften, die die Engel für mich hatten, und wusste, dass sie mir nichts auferlegen würden, was sie mir nicht zutrauten und was ich nicht schaffen würde.

Fast täglich lehnte ich mich an einen Baum und übergab ihm all meine aufgewühlten Gedanken zur Transformation. Bäume wurden in dieser Zeit für mich zu unfassbar wertvollen Lehrern der Achtsamkeit und der Präsenz in der Gegenwart. Ein Baum bewertet nichts mit seinem Baumgeist. Wenn es stürmt, dann stürmt es. Wenn es warm ist, dann ist es warm. Wenn es Winter ist, dann ist es Winter. Der Baumgeist würde nicht sagen: »Es ist mir viel zu kalt heute. Wenn doch endlich Sommer wäre!« Nur wir Menschen machen uns das Leben mit unseren ständigen Bewertungen schwer.

Die Bäume lehrten mich, auch in dieser stürmischen Zeit, als immer mehr Menschen und Veranstalter nach mir zu rufen begannen, das anzunehmen, was ist. So lehnte ich manchmal an einem Baum und beobachtete, wie stark mein Verstand arbeitete. Doch in der Schwingung des Baumes spürte ich, dass das Leben nur im Jetzt stattfindet, in diesem Moment, nirgendwo und zu keiner Zeit sonst. So haben mir die Bäume immer wieder geholfen, zu »entschleunigen«, durchzuatmen und ins Jetzt zu kommen.

Wie oft lehnte ich an einem Baum, fand zurück in die Achtsamkeit und konnte mein Herz neu in Dankbarkeit für all das öffnen, was das Leben mir schenkte! Ich war zutiefst dankbar dafür, immer mehr Menschen mit den lichtvollen Botschaften der geistigen Welt erreichen zu können. Und so war ich auch nur zu gern bereit, mich selbst dabei weiter zu verbessern und mir die Punkte anzuschauen, an denen ich noch reifen konnte. Das minimierte meine Angst vor Fehlern – denn letztlich sind es alles Lebenserfahrungen, die uns umso wertvoller und hilfreicher auch für andere machen. Selbst wenn ein Vorhaben keinerlei äußeren Erfolg zu bringen scheint, so werden wir doch daran lernen. Und darum geht es.

Bei den Bäumen draußen in der Natur lernte ich auch, ganz bewusst tief zu atmen und dadurch das ganze Adrenalin, die Aufregung und die zeitweisen Unsicherheiten zu bewältigen. Mit einem tiefen Atem können wir unser Herz spüren, wir sind ganz bei uns und in der Lage, unsere Emotionen und unser Leben zu gestalten. Heute ist ein tiefer Atemrhythmus auch die Basis all meiner Seminare. Denn erst wenn ein Mensch tief atmet, ist er auch in der Lage, himmlische Botschaften von Fantasien und Luftschlössern zu unterscheiden. Atmet ein Mensch tief in den Bauch hinein, ist er im Urvertrauen, und dann kann er sich nichts vormachen, er kann stimmig handeln. Er kann dann auch unterscheiden, ob ihn ein Gefühl der Schwermut oder der Angst davon abhalten will, einen Fehler zu machen. Oder ob er auf dem richtigen Weg ist, für den ihn diese Emotionen nur prüfen wollen. Ganz bewusst nutze ich daher auch den tiefen Atem in den Bauch hinein, wenn Entscheidungen anstehen. Körper, Geist und Seele kommen darüber in Einklang, und dann bin ich auch offen für Inspiration und Botschaften der geistigen Welt. Dann spüre ich, ob die Zeit reif ist und was zu tun ist.

Es gab mir sehr viel Entscheidungssicherheit, auf diese Weise vorzugehen. Mithilfe meines tiefen Atems, meiner Inspiration und der Engel treffe ich keine halbherzigen Entscheidungen mehr. Und ich entscheide auch nichts unter Druck, nur weil andere eine Antwort von mir wollen. Ich entscheide aus einer tiefen Achtsamkeit heraus, aus dem Bauch heraus, klar und nachvollziehbar. Die Intuition ist unsere beste Beraterin, ob es um private Belange, Berufliches oder öffentliches Wirken geht.

Erste Seminare

In der Naturheilpraxis veränderte sich mit den Jahren auffällig meine Klientel. Ich war mit meinen Einzelberatungen und Behandlungen schon lange über Monate im Voraus ausgebucht, und die Menschen kamen dabei mit immer mehr praktischen Fragen auf mich zu: »Wie kann ich meine Intuition entwickeln?« Oder: »Was kann ich für meine Heilung selbst tun?« Sie wollten aktiv werden, und natürlich konnte ich ihnen solche Informationen kaum in Einzelgesprächen vermitteln.

Als mich wieder einmal eine Frau bat, ihr zu zeigen, wie sie ihre Intuition schulen könne, hatte ich spontan die Idee, darüber einen Workshop anzubieten. Der Kurs war schnell ausgebucht und die Basis des Intuitionstrainings, das ich bis heute anbiete.

Bald fragten mich Patienten, ob sie sich selbst auch die Hände auflegen und heilende Symbole nutzen könnten – und so entstand das Heilerseminar. Es war für mich wundervoll zu beobachten, wie offen die Menschen dafür waren, sich selbst mithilfe von Energien, Symbolen und Engelkräften zu unterstützen. Es funktionierte sehr gut, die meisten konnten große Erfolge für sich erzielen. Ich bot auch das Heilerseminar immer wieder an, und mittlerweile ist daraus die Ausbildung zum cosmogetischen Heiler entstanden.

Genauso kamen Menschen auf mich zu und fragten: »Stimmt es, dass die Welt, dass die Natur beseelt ist? Gibt es wirklich diese Fabelwesen? Kann ich mit ihnen kommunizieren? Können sie mir helfen, und kann ich etwas für sie tun?«

Ich antwortete: »Dann lassen Sie uns doch mal im Park oder am See meditieren und das alles selbst erfahren.«

So entstand das Naturwesen-Seminar, das ich mittlerweile in einer wunderschönen Landschaft über dem Vierwaldstättersee in der Schweiz anbiete.

Jedes meiner Seminare wurde aus dem Wunsch und den Fragen der Menschen heraus geboren, die mir zutrauten, dass ich sie lehren könne. Ich hatte nicht vor, Seminare zu geben, doch ich griff diese Fragen auf und nahm sie ernst. Auch die Kurse entwickelte ich frei und intuitiv. Vorher war ich meist in den Wald zum Laufen und zum Meditieren gegangen. Dann sah ich vor mir den Ablauf der Seminare, mit welchem Thema ich die Menschen begrüßen würde, welche Übungen dazu passten und welche Fragen die Menschen in ihrem Herzen trugen. Mit diesem roten Faden ging ich dann in den Workshop.

Der erste fand bei uns zu Hause statt, und das Wohnzimmer war brechend voll. Wieder einmal musste ich mich ganz schnell auf neue Erfahrungen in einer beachtlichen Größenordnung einstellen. Ich gewann auch hier unglaublich schnell Berufserfahrung und wertvolle Erkenntnisse. Ich staunte, wie leicht es den Leuten fiel, sich für ihre Intuition, für die Meditation, für die Natur zu öffnen, und wie sehr es sie stärkte. Und ich wünschte mir so sehr, dass solche Dinge zur Allgemeinbildung in unserer Gesellschaft gehören würden: der Umgang mit der Gesundheit, mit den Gefühlen, mit anstehenden Entscheidungen, Kompetenz in Beziehungen und beim Umgang mit Kindern. All das müssen wir uns im Erwachsenenleben, teilweise mühsam und über Umwege, selbst aneignen, und ich war froh, dass ich die Menschen hierbei tatsächlich sehr wirkungsvoll unterstützen konnte.

Die Inhalte der Kurse waren mir natürlich überwiegend schon lange vertraut. Intensiv zu lernen hatte ich hingegen auf einer anderen Ebene: Dreißig Menschen entlang eines roten Fadens durch ein ganzes Wochenende mit einem Themenschwerpunkt, persönlichen Prozessen und praktischen Übungen zu führen war eine Herausforderung. Ich hatte zum Glück immer sehr liebevolle Teilnehmer in meinen Seminaren, ich zog aufmerksame, höfliche und achtsame Leute an. Doch in manchen Gruppen gab es immer wieder einmal einen, der den Ablauf in irgendeiner Weise störte – und damit aber auch zu einem Entwicklungsbeschleuniger für mich wurde. Jemanden, der ständig dazwischenredete, keinen Respekt vor mir und den anderen zeigte oder seine eigenen Muster oder Schwächen in mich hineininterpretierte. Oft gab es jemanden, dessen Unterbewusstsein einfach nicht die Ruhe finden konnte, die Transformation und Heilung zuzulassen, die ihm das Seminar gern ermöglicht hätte. Ich hatte mich auch diesen vereinzelten schwierigen Menschen zu stellen und sie so zu führen, dass sie vielleicht selbst doch noch mehr vom Seminar haben könnten, dass sie vor allem aber nicht die anderen störten. All das hat mich für das größere Publikum, das noch auf mich warten sollte, vorbereitet und gestärkt. So bin ich auch diesen Störenfrieden sehr dankbar, dass sie ihre Rolle auf meinem Weg so gut gespielt haben.

Ich erinnere mich zum Beispiel an eines meiner ersten Seminare, bei dem eine etwa sechzigjährige Teilnehmerin von Anfang an sehr dominant auftrat. Schon beim Hereinkommen behauptete sie mit großer Vehemenz und körperlichem Einsatz den Sitzplatz direkt neben mir. Dass sie dafür andere Leute beiseiteschubsen musste, störte sie offenbar nicht. Als ich dann zur Einstimmung in das Thema des Wochenendes einen kleinen Vortrag hielt, sprach sie mehrfach dazwischen. Sie stellte aber nicht etwa sachliche Fragen, sondern platzte mit unangebrachten persönlichen Kommentaren heraus. Einmal rief sie zum Beispiel: »O mein Gott, du erinnerst mich an meine Mutter, die mich nicht geliebt hat. Du bist so dominant! Ich ertrage das nicht.«

Ich staunte nicht schlecht. Ich war siebenundzwanzig, und eine Sechzigjährige verglich mich mit ihrer Mutter!

Ich beschloss, schnell auf die Frau einzugehen, um zu verhindern, dass sie sich erst daran gewöhnte, hier zu stören. Ich sagte: »Wenn du mich nicht ertragen kannst, dann ist das das falsche Seminar für dich.«

»Nein, nein, nein.«

»Und wenn du kein Vertrauen spürst und dich nicht wohlfühlst, dann ist das hier einfach nicht dein Platz, nicht dein Thema, nicht deine Energie.«

»Nein, nein, nein.«

»Wenn du bleiben willst, nimm dich bitte zurück und folge einfach dem Seminar!«

Jede Viertelstunde kam es zu irgendeinem Ausbruch dieser Frau, irgendeines ihrer inneren Dramen platzte nach draußen. Es begann, an meinen Nerven zu zerren, und die Gruppe wurde allmählich unruhig.

In einer Pause nahm ich die Frau beiseite und sagte zu ihr: »Wenn du dich nicht wohlfühlst und gleichzeitig aber auch nicht gehen möchtest, ist das deine Sache. Ich kann jedoch nicht zulassen, dass du das ganze Seminar und die anderen Teilnehmer störst. Wenn du keinen Respekt vor mir und meiner Arbeit hast, ist das deine Entscheidung. Aber wenn du keinen Respekt vor der Gruppe hast und sie in ihrem Prozess störst, kann ich das nicht tolerieren.«

Sie entgegnete: »Meine Mutter hat mich nie gesehen. Ich brauche Aufmerksamkeit.«

»Das hier ist ein Seminar. Es geht hier nicht um eine psychologische oder psychiatrische Betreuung. Du bist eingeladen, das Seminar so wie die anderen auch mitzumachen. Und wenn du das nicht möchtest, bitte ich dich jetzt zu gehen.«

Sie fing an, laut zu jammern: »Aus jedem Kurs fliege ich raus! Sogar die Tanzschule klagt mich jetzt raus. Du bist doch ein spiritueller Mensch! Du kannst mich doch nicht wegschicken!«

Ich musste energischer werden: »Ich empfehle dir, dich von Fachleuten beraten und behandeln zu lassen. Dafür ist in einem Seminar kein Platz. Ich veranstalte dieses Seminar, damit die Menschen etwas lernen und sich innerlich weiterentwickeln können. Bei dir sehe ich dazu im Moment keine Bereitschaft, und deswegen ist das hier nicht dein Ort. Ich muss dich leider auffordern, das Seminar zu verlassen, da es dich nicht weiterbringen kann.«

Menschen wie diese Frau forderten mich schon in jungen Jahren heraus, Führungskompetenz zu entwickeln und immer neu unter Beweis zu stellen. Viele Leute haben viele Fragen. Nicht wenige kommen mit ganz speziellen und teilweise großen Bedürfnissen in ein Seminar. Und immer ist es meine Aufgabe zu schauen, wie ich Einzelne mit all ihren Wünschen, Unsicherheiten und Themen in den Gruppenprozess integrieren kann, wobei sie dann heilsame Erfahrungen machen können. Ich muss aber auch schauen, wo eine Grenze ins Pathologische überschritten ist und der Betreffende nicht in mein Seminar, sondern in psychologische oder psychotherapeutische Betreuung gehört.

Mittlerweile gebe ich Seminare für bis zu neunzig Menschen. Das sind große Gruppen für eine solche Prozessarbeit, und ich trage dabei natürlich eine ebenso große Verantwortung. Und bis heute ist fast immer eine Person dabei, die mich … sagen wir es mal so: auf ihre eigene kreative Weise bittet, meine Führungskompetenz zu beweisen. Bevor ich zu so einer Entscheidung wie bei dieser Dame komme, sie tatsächlich aufzufordern, das Seminar zu verlassen, prüfe ich in Kommunikation mit ihrem Schutzengel, ob dies wirklich der beste Weg ist. Ich gehe nicht leichtfertig mit Menschen um, die den Weg in meine Gruppen finden. Doch ich gehe auch nicht leichtfertig mit den mehr als 99 Prozent Teilnehmern um, die wirklich da sind, um etwas zu lernen und auf ihrem Seelenweg voranzukommen.

Es gibt heute so viele, die davon träumen, mit großen Seminargruppen zu arbeiten. Und es braucht ein unglaubliches Mitgefühl für Menschen, Verständnis, aber auch Entscheidungskraft und die Fähigkeit, die Ohnmacht und das Festgefahrensein einiger Teilnehmer zu akzeptieren und damit umzugehen. Es gibt manchmal Leute, deren mit frühen Erfahrungen gespeistes Unterbewusstsein einfach kein Vertrauen zulässt. Mit denen ist dann in einer Gruppe kaum zu arbeiten.

Wenn ich heute Menschen ausbilde, sage ich ihnen immer wieder: »Ihr solltet nicht nur über eure Fähigkeiten sehr gut Bescheid wissen. Ihr solltet nicht nur sehr gut darüber Bescheid wissen, was funktioniert. Sondern ihr solltet genauso gut auch eure Grenzen kennen und wissen, ab welchem Punkt ihr eure Fachkompetenz überschreiten würdet.« Es gibt einfach Teilnehmer, die sich zu einem Seminar anmelden, aber in einer psychiatrischen Behandlung besser aufgehoben wären. Nicht für jeden ist es angeraten, sich mit feinstofflichen Energien und feingeistigen Themen zu beschäftigen. Und vor allem in kritischen Fällen muss ein Seminaranbieter das erkennen.

Ich weiß heute mehr denn je, dass man den Beruf eines geistigen Heilers und spirituellen Lehrers nur ausüben kann, wenn man voller Liebe und Mitgefühl ist. Wer hingegen von seinem Publikum geliebt werden möchte, der ist verloren. Nur zu schnell kann er sich dazu verleiten lassen, seine Macht zu missbrauchen, seine Fähigkeiten zu überschätzen oder sich auch von Klienten auf der Nase herumtanzen und steuern zu lassen. Man muss damit umgehen können, dass man auf ein Podest gestellt wird, und ebenso, dass man in Grund und Boden kritisiert und verleumdet wird. Ich war mir zum Glück sehr früh darüber bewusst, dass beides nichts mit mir zu tun hat, sondern mit dem jeweiligen Bewusstseinsstand desjenigen, der sich so verhält. Für meine Stabilität ist es unumgänglich, niemals zu vergessen, dass es in meiner Arbeit nicht um mich geht, sondern um die Heilung der Menschen, um den Seelenweg der Einzelnen und der Menschheit, um die Botschaften, die die lichtvolle geistige Welt für uns auf der Erde hat.

Ab jetzt nur noch für Gruppen

Es kam eine Zeit der Unzufriedenheit. Die Entwicklungen hatten mich überrollt. Meine Einzelberatungen waren für mehr als ein Jahr im Voraus ausgebucht. Ich stand unter einem ungeheuren Druck, über Monate hinweg zu wissen, dass diese Termine feststanden. Keine Lücke. Keine unerwartete Pause möglich. Auch die Klienten wurden immer unzufriedener. Wer wartet schon gern ein Jahr oder sogar anderthalb Jahre auf ein Beratungsgespräch? Die Leute kamen ja mit aktuellen Problemen, ihre Fragen drängten. Doch ich musste sie auf gefühlte Ewigkeiten vertrösten.

Es war Zeit, etwas grundsätzlich zu verändern. Ich beschloss, ab sofort keine Termine mehr für Einzelberatungen und Behandlungen zu vergeben und mich ausschließlich auf die Arbeit mit Gruppen zu fokussieren. Ich arbeitete die Termine, die bereits vergeben waren, ab und verabschiedete mich dann ganz aus der Einzelarbeit mit den Klienten.

Ich konnte in Gruppen nun mehr Interessierten gleichzeitig jeweils eine individuelle Engelbotschaft geben und somit vor allem die Wartezeiten für einen Termin deutlich verkürzen. Ich konnte viel mehr Menschen erreichen und mit meinen Fähigkeiten helfen. Außerdem gewann ich Zeit und Raum für ganz neue Erfahrungen. Sich stetig weiterzuentwickeln, das macht das Leben aus. Gerade als Selbstständige müssen wir uns vorwärtsbewegen. Kein Jahr sollte dem anderen gleichen. Die Kreativität will frei fließen und Neues ausprobieren. Wenn wir dabei unseren Werten treu bleiben, können wir über die Jahre sehr viel erreichen. Konsequent und fleißig und zugleich in der Fürsorge für uns selbst und die Menschen, die uns nahestehen.

Diese ersten Jahre, in denen ich nur noch mit Gruppen arbeitete, machten mir richtig Freude. Ich entdeckte, dass es wirklich meine Leidenschaft ist, auch große Gemeinschaften zu führen und zu erleben. Denn je mehr Teilnehmer in einem Raum waren, umso fokussierter waren die einzelnen. Je kleiner die Gruppe ist, umso größer ist die Gefahr, dass eine Kaffeekränzchenatmosphäre entsteht: Man sitzt im Kreis, und jeder redet über seine Probleme, doch man kommt gar nicht bis zu den Lösungen. Wenn zehn Mitglieder einer Gruppe über Probleme reden und ich allein über Lösungen, dann ist das oft nicht sehr fruchtbar. In großen Gruppen aber entsteht kaum Geplauder. Dort bleiben die Leute ganz bei sich und beim Thema. Und je neugieriger und offener sie lernen, umso besser gelingt das Seminar. Es wird leicht, und alle haben Freude miteinander und mit dem Prozess, der sich entwickelt.

Ich wusste immer, dass mir die Engel genau so viele Menschen schicken würden, wie ich verkrafte und wie es auch zu mir passte. Deswegen hatte ich nie Angst vor großen Gruppen. Mir wäre es niemals eingefallen, auch bei meinen allerersten Schritten in diesem Bereich nicht, darum zu bitten, dass ich nur zehn Teilnehmer bekäme und nicht hundert. Es bringt nichts, wenn wir uns kleinmachen. Damit blockieren wir uns nur selbst und das, was durch uns in die Welt kommen will. Es wäre ähnlich unsinnig wie falscher Ehrgeiz und zu schnelles, krampfhaftes Wachsenwollen. Wir selbst können nur wenig von dem wissen, was für uns wirklich gut ist. Deswegen ist es ja auch so wichtig, stets in einem liebevollen Kontakt mit der geistigen Welt zu sein.

Bis heute segne ich jedes Seminar mit einem Gebet. Und ich beginne jeden Tag mit diesem Gebet: »Liebe lichtvolle, geistige Welt, ich bitte um Segen für die Welt, für alle Menschen. Ich bitte um Segen und Heilung für meine Berufung und für die Menschen, die zu mir kommen. Mögen die Menschen den Weg zu mir finden, denen mein Wirken guttut. So möge sich alles so entwickeln, wie es sinnvoll und lichtvoll für meine Entwicklung ist sowie für alle Beteiligten. Und dafür danke ich.«

Mit diesem Segen kann ich offen für alles sein, was mir begegnet. Ich muss nichts an mich heranziehen und auch nichts festhalten. Alles entfaltet sich zur richtigen Zeit auf die richtige Weise.

Mein Weg als Autorin

Ich hatte die Naturheilpraxis verlassen, auch damit sie weiterhin eine medizinisch ausgerichtete Naturheilpraxis bleiben konnte. Ich fokussierte mich auf die Seminare, die damals noch in unserem Wohnhaus stattfanden. Dabei fiel mir auf, dass viele der Teilnehmenden wie die Weltmeister mitschrieben, was ich sagte. So verpassten sie es aber, dem Gesagten wirklich nachzuspüren und die Energien im Raum und in ihrem eigenen Inneren tatsächlich wahrzunehmen. Also verlangsamte ich die Kurse und gab allen gemeinsam die Zeit, zumindest die Gebete, Übungen und bestimmte Meditationen aufzuschreiben. Das schließlich sollten sie ja auch zu Hause nutzen können.

Mit der Zeit entstanden auf diese Weise für die einzelnen Themen entsprechende Textsammlungen und Manuskripte. Aus den Fragen der Leute speisten sich zudem immer mehr meine Vortragsinhalte. Und so hatte ich bald eine große Menge an Material gesammelt, ohne dass ich es je darauf angelegt hatte. Die Fragen der Teilnehmer waren mir sehr wertvoll, denn so war ich immer am Puls der Zeit und mit dem befasst, was die Menschen wirklich bewegte.

Eines Tages bekam ich dann in meiner Morgenmeditation von den Engeln die Botschaft: »Du wirst Bücher schreiben.« Das war mir nicht neu, diese Information war ja schon vorher im Zusammenhang mit meinem Blick in die Akasha-Chronik durchgekommen. Doch jetzt wusste ich, dass es in greifbarer Nähe sein musste. Und wieder einmal spürte ich in mir die Bereitschaft, meinem Seelenplan zu folgen, auch wenn ich gleichzeitig keine Ahnung hatte, wie ich zu einem eigenen Buch kommen sollte. Ich hatte bis dahin noch nicht einmal einen Artikel verfasst, ich hatte nichts mit Verlagen zu tun und konnte mir gar nicht vorstellen, hundert oder zweihundert Seiten entlang eines roten Fadens zu schreiben. Doch immerhin: Texte zu schreiben war mir immer noch deutlich lieber als jede Form von Mathematik.

Irgendwann hatte ich einen Vortrag auf einem Kongress gehalten, durch den ein anderer Kongressveranstalter auf mich aufmerksam geworden war, und dieser Mann hatte wiederum sehr gute Kontakte in verschiedene Verlagshäuser und war selbst Autor im spirituellen Bereich. Für mich war das ein Zeichen. Als wir uns auf dem Kongress ein wenig unterhalten hatten, fragte ich ihn ganz direkt, ob er sich vorstellen könne, mit mir ein Buch zu veröffentlichen. Er war sofort Feuer und Flamme, und ich erzählte ihm ein wenig von den Themen, die ich mir vorstellen konnte. Schnell begannen wir mit der Arbeit, und ich lernte, wie eine Autorin zu denken, ein Buch zu konzipieren, die Kapitel zu füllen und dafür auch meine Arbeitszeit sinnvoll einzuteilen und so weiter.

Meine ersten Bücher schrieb ich tatsächlich mit der Unterstützung dieses Mannes als Co-Autor, bis dann die Botschaft kam, dass ich ab jetzt allein weiterschreiben würde. Es war an der Zeit, die mir so wichtigen Inhalte nicht mehr durch ein fremdes Gehirn hindurchfiltern zu lassen, sondern meine Aussagen selbst hundertprozentig rein zu notieren.

Ich ging – und gehe bis heute – an meine Bücher ähnlich heran wie an Vorträge oder Seminare: nämlich meditierend. Ich spüre den Themen und den dazugehörenden Botschaften aus der geistigen Welt intensiv nach und lasse ihnen den Raum, sich zu entwickeln. Immer habe ich gleich mehrere Bücher in mir. Sie reifen dort. Und erst wenn ich eines Tages das Inhaltsverzeichnis fertig vor meinem inneren Auge sehe, weiß ich, dass dieses Buch jetzt bereit ist, geschrieben zu werden. Manche Bücher habe ich zehn Jahre lang in mir getragen, bis es so weit war. Oft fragte ich auch die Lektoren in meinen jeweiligen Verlagen, welche Themen sie gerade beschäftigten und welche Themen sie in mir sehen. Oft passten ihre Antworten auf das Erstaunlichste zu dem, was in mir gerade reif geworden war. Das bestätigte mir umso mehr, dass dieses bestimmte Buch jetzt richtig sei.

Ein Buch zu schreiben ist harte Arbeit. Es erfordert viel Konsequenz, Seite um Seite, Kapitel um Kapitel auf stimmige Weise zu füllen. Ich habe dabei das Glück und die Freude, dass mich mein Partner mit seiner Rationalität und seiner Struktur, mit seiner Intelligenz sehr unterstützt. Ich selbst bin ja mehr im Emotionalen und in Bildern zu Hause. Das ergänzt sich wunderbar. Wenn er meine Texte mit seinem männlichen Gehirn für nachvollziehbar, stimmig, vertrauenswürdig und umsetzbar hält, dann weiß ich, dass sie auch für die Leser wertvoll sein werden. Über einige Stellen verhandeln wir, und ich kann darauf vertrauen, dass er mich auf die Kapitel aufmerksam macht, in denen ich die Inhalte noch nicht zur Reife gebracht habe. Dann kristallisiere ich die Essenz noch mehr heraus.

In vierzehn Jahren sind mittlerweile vierzehn Bücher entstanden, und die Ideen gehen mir weiterhin nicht aus. Es hat mich viel Fleiß, Konsequenz und Disziplin gekostet, doch diese Qualitäten brachte ich zum Glück schon mit. Niemand musste mich in meiner Familie oder in der Schule auf Disziplin hinweisen. Kombiniert mit meiner himmlischen Führung war es mir daher möglich, auch in einer gewissen Leichtigkeit Bücher zu verfassen, die bis heute von sehr vielen Menschen geschätzt und geliebt werden.

Mit meiner zunehmenden Autorentätigkeit war noch etwas verbunden, womit ich nun überhaupt nicht gerechnet hatte. Nicht nur wurde ich durch die Bücher noch mehr Teil des öffentlichen Lebens und daher mit Lob ebenso wie mit Kritik überschüttet. Ich wurde auch Gegenstand der Verlagspolitik. Natürlich war es für mich wichtig, gerade als Quereinsteigerin viel von den Verlagen, dem Wissen, der Fachkompetenz und der Erfahrung der einzelnen dort aktiven Abteilungen zu lernen und von ihnen unterstützt zu werden. Aber ich musste dabei auch lernen, nicht alles mit mir machen zu lassen. Mich nicht zu einem beliebig formbaren Produkt machen zu lassen, das genau auf den Markt zugeschnitten wird. Wieder einmal waren es wichtige Lehrzeiten für mich.

So wurde ich beispielsweise einmal von einem Mann, der als eine Art Agent auftrat, auf meine erste Besprechung in einem Verlag vorbereitet. Er sagte mir, dass ich mich als eine junge Autorin beim Gespräch zurücknehmen solle: »Der Verlag wird festlegen, was Sie schreiben sollten und wie er Sie präsentieren wird. Unterschreiben Sie einfach den vorgelegten Vertrag, und seien Sie froh über diese Chance!«

Wenn ich so etwas höre, reagiere ich naturgemäß mit Trotz. Ich hatte schon jede Menge berufliche Erfahrung, ich wusste um meine außergewöhnlichen Fähigkeiten und Kenntnisse, ich kannte meine Stärken, meine Schwächen, und vor allem kannte ich meine Zielgruppe. Schließlich gab ich bereits sehr erfolgreich Seminare und hielt Vorträge. Ich empfand mich als Original und hatte kein Interesse daran, mich zu einer Kopie machen zu lassen. Dies schien allerdings auf mich zuzukommen.

Ich blickte zu meinen Engeln, und sie zeigten mir an, dass dieses Meeting stimmig und wertvoll sein würde. Sie kreisten mich ein, ich sah sie weiß und rosé leuchten und spürte überall Liebe und die Botschaft: »Bleib genau so, wie du bist. Verstell dich nicht und lass dich nicht verbiegen. Steh zu dir und sei zugleich offen für die Fachkompetenz der anderen.«

In dieser Haltung ging ich zum Meeting. An einem großen Tisch saßen wir zusammen, und die Verlagsleute redeten über mich. Aber sie redeten nicht mit mir. Ich kam mir vor wie in einem falschen Film. In der dritten Person wurde dort über mich gesprochen, während ich im Raum saß und mich niemand anschaute. Ich hörte Dinge wie: »Also, sie möchte über Engel schreiben. In Amerika gibt es doch diese und jene Autorin, die ist sehr erfolgreich. Dann lassen wir Jana Haas doch das Gleiche auf Deutsch machen. Wir geben dem Ganzen die gleiche Aufmachung, und dann wird das sicher erfolgreich.«

Ich hörte aufmerksam zu und dachte: »Wenn du den Drachen besiegen willst, musst du wissen, wie er denkt.« Ich versuchte, die Gedankengänge dieser Menschen zu verstehen, bei denen es vor allem um Verkaufszahlen und um Marketingstrategien ging. Niemand fragte mich danach, was ich der Welt zu geben und was ich in meinem Buch zu sagen hätte.

Dann bemerkte ich, wie mich mein Schutzengel darauf hinwies, dass ich jetzt etwas sagen sollte. Alle hatten ihre Ideen geäußert und waren plötzlich nachdenklich geworden. Ich hatte niemandem ins Wort fallen wollen, doch jetzt war ein guter Zeitpunkt für mich zu sagen: »Es ist schön, dass Sie in diesem Verlag dem Thema ›Engel‹ so viel Raum geben. Und natürlich kann und will ich darüber schreiben. Und ich habe bereits auch eine Idee für ein zweites Buch, und darin geht es um Heilung. Außerdem habe ich auch schon das Thema für ein drittes Buch in mir, und dort geht es um die Familie und ein harmonisches Zusammenleben.«

Sie fingen wieder an, sich darüber zu unterhalten, dass sie mich dann wohl anders positionieren müssten. Nicht als Kopie irgendeiner amerikanischen Engelautorin, sondern sie wollten nun doch lieber meine Einzigartigkeit fördern und herausarbeiten. Wie schön! Ich freute mich, wie gut sich dieses Gespräch plötzlich entwickelte. Niemals habe ich das Ruder abgegeben, doch ich war diplomatisch, taktvoll und aufmerksam geblieben. Ich ließ mich nicht zur Matrosin meines eigenen Schiffes machen, sondern konnte würdevoll und freundlich die Kapitänin bleiben.

Ich kannte das ja schon. Wo ich auch hinkam, immer war ich die Jüngste. In jedem beruflichen Umfeld gab es Menschen, die mich nur zu gern übersehen oder für ihre Zwecke eingespannt hätten. Ich hatte Erfahrung damit, mich auf sanfte Weise durchzusetzen und meine Geschicke subtil selbst zu steuern. Auf diese Weise konnte ich auch sehr offen für die Anregungen des Verlags sein. Denn natürlich lag dort jahrzehntelange Erfahrung im Umgang und im Verkauf mit Büchern. Und ich war dankbar für die Zusammenarbeit, die sich nach diesem Meeting entwickeln sollte.

Während ich das schreibe, fällt mir auf, wie oft ich den Menschen in den Engelbotschaften übermittle, dass sie den Mund aufmachen sollen. Wie oft sagen die Engel zu ihnen: »Sag, was du willst! Sprich aus deinem Herzen heraus, aber sprich! Sprich an, was dir wichtig ist! Sag den anderen, was dich bewegt und was du möchtest!«

Es ist so wichtig, dass wir das lernen. Niemand kann uns unsere Wünsche von den Augen ablesen. Wir müssen uns äußern. Zu sich zu stehen und für sich einzustehen heißt dabei überhaupt nicht, aggressiv und kämpferisch zu werden. Sanft und diplomatisch, mit engelsgleicher Klarheit und Gelassenheit, so gelingen die Gespräche am besten und zum Wohle aller Beteiligten. Wenn wir auch in der Kommunikation tief in den Bauch atmen, Liebe spüren und Klarheit im Kopf empfinden, dann können wir mit anderen gut zusammenkommen, und wir können uns auch gut wieder trennen, wenn die jeweiligen Ziele und Absichten nicht mehr übereinstimmen.

Ich habe in meinem Leben als Autorin mehrfach den Verlag gewechselt. Immer geschah es in Frieden und ohne dass Brücken abgerissen wurden. Und ich bin dankbar für all die unterschiedlichen Kooperationen, in denen meine Bücher bislang entstehen durften. Sie haben mich sehr bereichert und natürlich auch Hunderttausende von Lesern.

Mein Fernsehschock (und seine erfreulichen Auswirkungen)

Das erste Buch war geschrieben. Es war gerade im Druck, also noch nicht mal erschienen, als die damalige Redaktion der Talkshow »Nachtcafé« auf mich aufmerksam wurde. Auch sie hatten mich wohl als Rednerin bei einem Kongress im Internet entdeckt. Nun luden sie mich zu einer Talkrunde mit dem Titel »Engel, Geister & Dämonen – Alles Hokuspokus?« ein. Nach der Sendung vermutete ich, dass das Fragezeichen eigentlich ein Ausrufungszeichen hätte sein sollen. Außerdem lernte ich: Je mehr negative Wörter in einer Titelzeile enthalten sind, umso negativer ist wohl auch die Einstellung derjenigen, die diese Titelzeile produzierten.

In meinem Umfeld rieten mir so gut wie alle davon ab, in diese Sendung zu gehen. »Du bist viel zu nett dafür, die werden dich vor laufender Kamera in der Luft zerreißen«, sagten einige, die sich mit Presse und Fernsehen etwas auskannten und der Ansicht waren, dass der Moderator wissenschaftsgläubig und der Spiritualität gegenüber eher negativ eingestellt ist. Nun war es aber so, dass ich in meinen Meditationen seit einiger Zeit die Botschaft erhielt, dass das Fernsehen auf mich zukommen würde. Das nahm ich ernst.

Ich fragte die Engel ganz direkt, und die Antwort lautete: »Wenn nicht du, wer dann?« Ich ging noch einmal intensiv in mich und prüfte, ob ich mich wirklich bereit fühlte, vor die Kamera und vor ein so großes Publikum zu gehen, wie es eine solche Talkshow haben würde. Ich wusste natürlich, dass es eine riesengroße Chance war, für mich, für mein Buch, für die Botschaft, die ich mit der Welt teilen will. Und zum anderen war es gerade für so einen zurückhaltenden Menschen wie mich eine sehr große Herausforderung. Und auch wenn mir die geistige Welt dazu riet, hieß das noch lange nicht, dass es ein gemütlicher Spaziergang werden würde. Wachsen würde ich daran aber ganz sicher.

Ich sagte zu. Natürlich. Ich nehme Chancen an.

Im Dezember sollte die Show aufgezeichnet werden, und im November hatte ich ein Seminar, bei dem ich der Gruppe davon erzählte. Ich bat die Menschen, mich an dem Drehtag mit guten Gedanken und ihrem Segen zu begleiten. Ich selbst begann, den Raum der Talkshow zu segnen und mich innerlich damit zu verbinden. Die Talkshow wurde dann allerdings auf den Januar verschoben. Als ich dann schließlich zur Sendung fuhr, habe ich im Hotel noch gebetet und um gutes Gelingen gebeten, darum, dass mich die richtigen Worte erreichen, dass ich ausreichend Kraft für alles haben würde. Während ich im Gebet saß, sah ich plötzlich, wie von allen Seiten ganz viel Segen zu mir floss. Es war wundervoll! Ich badete in einem Regen aus lichtvollem Segen. Er kam von den Seminarteilnehmern. Sie hatten mir ihren Segen zwar zum vereinbarten Termin im Dezember geschickt, aber die geistige Welt hatte ihn für mich aufgehoben. Sie ist ja nicht an Raum und Zeit gebunden. Ich hatte durch die Verschiebung des Termins schon vergessen, dass ich die Menschen aus dem Seminar um ihre Unterstützung gebeten hatte. Und so war es umso schöner, ihre liebevolle Energie jetzt zu spüren. Ich fühlte, wie meine eigene Energie noch einmal viel leichter und lichter wurde.

Ich fragte in dieser Meditation, welcher Engel mich begleiten würde. Sofort erblickte ich ganz nah vor mir Erzengel Michael. Ich sah seine Gestalt in einem feurig roten Lichtgewand. Er hatte seinen Schutzschild vor sich, und ich stand hinter ihm, ganz in seiner Obhut. Sein Schwert hatte er mit der Spitze nach unten abgestellt, und er stützte sich darauf. Ich war erstaunt und fragte, warum wir nicht mit gezogenem Schwert in diese Herausforderung ziehen würden. Doch von ihm kam die eindeutige Botschaft: »Wir kämpfen nicht.« Glasklar und mit großer Macht erreichte mich diese Aussage. Wir kämpfen nicht. Ich wusste nun, dass ich diese Talkshow gut meistern würde, wenn ich in keinerlei Resonanz mit etwas Kämpferischem gehen würde. Mir war aber auch in dem Moment bereits klar, dass es knackig werden würde.

Ich erinnerte mich an mein Erlebnis mit sechs Jahren, als ich auf der nächtlichen Astralreise im Wald in meinem Lichtkreis saß und in einer heiligen Schrift las, während um mich herum Schwarzmagier ihren wilden Tanz vorführten. Damals hatte mir meine Urgroßmutter eingeschärft, niemals in Resonanz mit etwas Negativem zu gehen, mich niemals dazu verführen zu lassen. Auch dort hatte ich die Prüfung mit der Klarheit bestanden, auf das Licht fokussiert zu bleiben und nicht zu kämpfen, ein Fels in der Brandung zu sein und sich durch nichts davon ablenken zu lassen.

Ganz auf das Licht von Erzengel Michael konzentriert und jeden Atemzug bewusst wahrnehmend ging ich zum Sender. Ich wurde in der Maske geschminkt, und kurz bevor es losging, rief der Moderator alle Talkshowgäste zusammen, um sie zu begrüßen. Es gab einige Befürworter der Spiritualität und einige Gegner. Wir begrüßten einander, und ich merkte schon da, dass es sich bei dem hauptsächlichen Gegner um einen atheistischen Menschen handelte. Ich war alarmiert, noch mehr bei meinem Atem zu bleiben und mich immer auf die Engel zu fokussieren, um den richtigen Weg nicht zu verkennen.

Plötzlich ging alles ganz schnell, die Kollegen vom Ton verkabelten uns, und schon saßen wir im Studio. Licht an, Kamera an und Sendung ab. Ich saß direkt neben dem Moderator und konnte ihm dadurch im wortwörtlichen Sinne in die Karten schauen. Ich wusste daher immer schon, wen er mit welchem Stichwort als Nächstes fragen würde. Und ich wunderte mich, dass er auffallend häufig die Gegner der spirituellen Lebensweise ansprach. Wir Befürworter kamen einfach kaum zu Wort.

Die Aufnahme dauerte zwei Stunden, und immer wieder kam Unbehagen in mir auf. Ich bin wie gesagt vom Sternzeichen Widder, da kann mir das innere Feuer bei so viel Ungerechtigkeit schon mal nach oben schießen. Doch ich schaute immer wieder zu Erzengel Michael, und jedes Mal bedeutete er mir: Wir kämpfen nicht. Natürlich hatte er recht, wenn ich hier angefangen hätte zu kämpfen, wütend zu werden, die Ungerechtigkeit anzusprechen, ich hätte schon verloren. Ich hätte mich provozieren lassen und wäre dann als zickig und unseriös dargestellt worden. Hier zu kämpfen hätte bedeutet, bereits verloren zu haben.

So atmete ich immer weiter tief und möglichst ruhig durch und konzentrierte mich darauf, weich und präsent zu bleiben. Ich blieb in dem Wissen, dass Gottes Wahrheit so groß ist, dass sie nicht nur bei einem Menschen oder einer Religion oder einer Philosophie zu finden ist, sondern überall in der Welt.

Ich versuchte mich für die Argumente der Gegner, die hier so ausführlich sprechen durften, zu öffnen und zu verstehen, wie sie auf ihre Ansichten kamen. Ich hatte ja fast zwei Stunden Zeit, in denen ich nur herumsaß und zuhörte. Und so fragte ich mich, ob ich in all dem, was gesagt und teilweise sehr aggressiv hervorgebracht wurde, auch ein bisschen Wahrheit entdecken konnte. Ich wollte auch aus den Ansichten der Gegner etwas lernen.

Angegriffen fühlte ich mich nie. Ich hatte in meinem Leben schon sehr intensiv lernen dürfen, die Ansichten anderer nicht persönlich zu nehmen. Von keiner einzigen Aussage dieser Talkgäste hier fühlte ich mich auch nur im Entferntesten erkannt, und damit konnte ich mich auch nicht getroffen fühlen. Sie wussten vermutlich einfach gar nicht aus eigener Erfahrung, wovon sie sprachen, und uns anderen wurde wenig Gelegenheit gegeben, von unseren Erlebnissen und unserer Weltsicht zu berichten.

Ich hörte also aufmerksam zu und tat, was ich in meinem Leben immer tue: Ich beobachtete sehr genau. Doch ungefähr nach einer Stunde und fünfundvierzig Minuten wurde es mir dann doch langweilig. Die Gegner der Spiritualität bestätigten sich gegenseitig ihre ablehnende Haltung und sagten eigentlich immer das Gleiche. Nichts, dem man allzu lange zuhören möchte. Ich war also nach einer Zeit ein wenig abwesend, habe die Engelchen im Raum beobachtet, heimlich zwischendurch auf die Uhr geschaut und einfach abgewartet, wann es vorbei sein würde. Plötzlich aber berührte mich Erzengel Michael an der Schulter. Ich konzentrierte mich wieder auf die Talkshow. Erzengel Michael bedeutete mir, dass ich die letzten Worte in dieser Sendung sagen würde.

Ruck, zuck ging es nun auch in Richtung Schlusswort. Der Moderator schaute mich an und sagte sinngemäß, ob ich nicht glaube, dass, wenn die Psychologen weiterhin die Menschen aufklärten, mir dann die Engelchen davonflögen und ich arbeitslos werden würde?

Ich schaute zu Erzengel Michael und war sofort wieder zentriert. Ruhig Blut! Wir kämpfen nicht. Ich atmete durch und sagte in etwa Folgendes: »Bevor ich auf so eine scheinbar kluge Frage antworte, möchte ich sagen, dass der Mensch von Grund auf wahrheitssuchend ist. Und da die Wahrheit überall zu finden ist und nicht nur bei einem Menschen, nur eben in unterschiedlicher Dosierung, hat jeder seine Berechtigung. Und solange der Mensch wahrheitssuchend bleibt, so lange werden weder ein Atheist noch ich jemals arbeitslos werden.«

Der Moderator war sichtlich überrascht, der atheistische Gast zischte etwas zwischen den Zähnen hindurch, und der Moderator beendete die Sendung mit einem sinnigen Spruch.

Erst als ich wieder zu Hause war, wurde mir bewusst, was ich in dieser Sendung hatte ertragen müssen. Ich war erschüttert und brauchte einige Tage, mich wieder zu erholen. Und dabei war ich unendlich dankbar, dass mir Erzengel Michael mit seiner klaren Botschaft, nicht zu kämpfen, eine so ungeheuer wichtige Unterstützung gewesen ist.

Die Sendung wurde auf anderthalb Stunden gekürzt. Aber mein Schlusswort wurde zum Glück nicht herausgeschnitten.

Mit den Engeln allerdings hatte ich noch ein Wörtchen zu reden. Recht energisch wandte ich mich an sie: »Ihr habt mir gezeigt, dass das der stimmige Weg ist. Was habt ihr euch dabei gedacht, mich Sensibelchen in diese Höhle der Löwen zu schicken?«

Die Engel schauten mich an, und ihr Blick sagte: »Niemand hat gesagt, dass es leicht wird.«

Ich verstand anhand dieser Erfahrung so viel mehr über das Gesetz der Resonanz. Wäre ich in eine negative Resonanz hineingegangen, anstatt zu versuchen, auch die Gegenseite zu verstehen, wäre ich verloren und kein Vorbild gewesen. Wieder war da dieser Satz, dass man den Drachen verstehen muss, wenn man ihn besiegen möchte. Es ist so wichtig, sich in andere, und seien sie noch so gemein, hineinversetzen zu können. Nur wenn wir die Welt auch aus den Augen vermeintlicher Gegner sehen können, sind wir zu Mitgefühl fähig und können Brücken bauen, statt die Gräben zu vertiefen.

Es stellte sich heraus, dass die Sendung zu einem großen Erfolg für mich wurde. Mein Schlusswort, vor allem aber auch meine gesammelte und friedvolle Ausstrahlung, die ich selbst während der verbalen Attacken gegen mich behalten konnte, erreichte unzählige Zuschauer. Auch wenn ich in dieser Sendung fast nichts sagen konnte, so haben mich die Leute, die für meine Botschaft offen sind, doch gehört.

Als mein erstes Buch auf den Markt kam, war die erste Auflage schnell vergriffen. Diese Sendung, so schwierig sie mir auch erschien, hat mich über Nacht als Autorin etabliert. So war sie nicht nur für meinen inneren Weg wertvoll, sondern auch für meinen Weg in der Welt und in der Öffentlichkeit. Obwohl diese Sendung jetzt vierzehn Jahre zurückliegt, kommen immer noch Teilnehmer zu meinen Seminaren, die sagen: »Wir haben dich dort zum ersten Mal gesehen, dann haben wir deine YouTube-Filme verfolgt, deine Bücher gelesen, und jetzt sind wir so weit, uns auch zu einem Seminar anzumelden.«

Wenn wir spirituell leben, sind wir gut an die geistige Welt angebunden und können auf ihre Führung vertrauen. Und dennoch heißt das nicht, dass unser Leben konfliktfrei und der reinste Spaziergang ist. Das Leben ist stets ein Reifungsprozess. Ich bin sehr dankbar dafür, dass ich durch diese Sendung so deutlich erleben konnte, welche Macht wir haben, wenn wir uns nicht auf Aggressionen und Angriffe anderer einlassen. Es gibt nur dann Konflikte, wenn wir es persönlich nehmen, was die anderen in unserer Gegenwart tun. Und natürlich haben andere auch eine andere Meinung als wir – sei es der Partner, der Chef, die Nachbarn oder irgendwelche Talkgäste. Wir werden dann im weitesten Sinne beziehungsfähig, wenn wir andere Meinungen nicht mehr als persönlichen Angriff verstehen, sondern als Bereicherung und Erweiterung unserer Perspektive. Wir können so viel lernen von den anderen. Und wenn sie tatsächlich ungeprüft und ohne eigene Erfahrung Unsinniges erzählen sollten, dann müssen wir uns davon erst recht nicht beeinträchtigt fühlen. Dann können wir dankbar sein, dass uns das Leben reiche Erfahrungen und damit einen Schatz an Wissen und Weisheit geschenkt hat.

Mir fällt hierzu noch eine amüsante Begebenheit ein. Eine Seminarteilnehmerin ärgerte sich in ihrem Alltag maßlos darüber, dass ihr Mann das Buttermesser immer wieder in das Löffelfach legte. Sie waren seit vierzig Jahren verheiratet, und jeden Tag ärgerte sie sich darüber. Im Seminar schließlich verstand sie, dass sie selbst es war, die sich damit das Leben schwermachte. Ihr Mann tat, was er tat, aber sie hatte die Möglichkeit, ohne Ärger darauf zu reagieren. Das würde so viel entspannen. Mittlerweile beginnt ihr Tag mit einem herzhaften Lachen, wenn sie die Besteckschublade öffnet. Sie entdeckt das Buttermesser im Löffelfach und sagt sich: »Wie schön! Es liegt nicht auf dem Boden, es liegt zumindest im Besteckfach.« Sie und ihr Mann können mittlerweile herzlich gemeinsam über diese Geschichte lachen.

Es sind fast nie die tatsächlichen Umstände, die uns zu schaffen machen. Es sind unsere Bewertungen, die uns aus der Balance bringen. Mir hilft es sehr, meine Stabilität zu bewahren, indem ich die Dinge nicht zu ernst nehme. So kann ich einerseits weich und flexibel bleiben und andererseits doch klar bei dem, was mir wichtig ist. Ob es darum geht, dass meine Teenagertochter eine andere Meinung hat als ich, oder ob es um etwas Berufliches oder eben eine Talkshow geht. Ich bin immer darauf fokussiert, was die tatsächliche Sachlage ist. Nicht bewerten. Beobachten. Auf diese Weise kann ich sehr sanft und zugleich erfolgreich sein. Sich mit den Ellenbogen den Weg freizustoßen, das ist für mich keine Stärke. Ich sehe Stärke in Achtsamkeit und Sanftheit, in Nächstenliebe, Mitgefühl und klarer innerer Fokussierung.

Mit einer Grippe zum Kongress

Ich war etwa siebenundzwanzig, und mein Leben schien immer noch an Geschwindigkeit zuzunehmen. Meine Seminare, der Fernsehauftritt, mein Buch, dem bald weitere folgten, all das machte mich einem immer größer werdenden Publikum bekannt.

Irgendwann sah ich in meiner Morgenmeditation, wie ich nicht mehr vor ein paar Hundert, sondern bereits vor tausend und mehr Menschen spreche.

Kurz darauf fiel mir ein Flyer für einen internationalen Engelkongress in Hamburg in die Hände. Da ich in Süddeutschland lebe, war mir dieser Kongress gar kein Begriff. Aber irgendjemand in unserem Ort hatte mir offenbar diesen Flyer in den Briefkasten geworfen. Ich wollte mir den Kongress anschauen, und so fuhr ich gemeinsam mit meiner damals kleinen Tochter und meiner Freundin nach Hamburg. Die Freundin war für Alina da, während ich zum Kongress ging. Und in den Stunden drum herum machten wir uns ein schönes Frauenwochenende.

Ich war überwältigt von den Tausenden Menschen und den zahlreichen Referenten und Veranstaltungen, die diesen Kongress ausmachten. Und wenige Jahre später wurde ich dann selbst als Rednerin eingeladen. Ich habe mich gefreut, war aber zugleich nicht allzu überrascht. Schließlich hatte mich die geistige Welt auch darauf schon vorbereitet.

Allerdings erlebte ich wieder einmal, dass mein Unterbewusstsein doch Angst hatte, einen derartig großen Schritt heraus aus der Komfortzone zu treten. Ich reagierte mit einer ordentlichen Grippe kurz vor dem Kongress. Eigentlich bin ich überhaupt nicht grippeanfällig, doch jetzt waren meine Mandeln dick angeschwollen, und es ging mir nicht besonders gut. Ich versuchte, mir klarzumachen, dass es doch egal wäre, ob ich vor zweihundert oder vor fünfzehnhundert Menschen spreche. Doch mein Unterbewusstsein akzeptierte das nicht. Vertrauen zu einem so großen Saal voller Menschen aufzubauen, das ist schon eine andere Hausnummer. Absagen konnte und wollte ich nicht. Also fuhren wir zum Kongresszentrum und begrüßten den Veranstalter. Der war sehr verunsichert, denn ich konnte keinen einzigen Satz zu Ende sprechen, ohne einen Hustenanfall zu bekommen. Doch ich kannte mich und meinen Körper und vor allem die geistige Welt, und ich wusste: Das wird schon werden. Ich bin es gewohnt, immer wieder ins kalte Wasser zu springen und das Unmögliche zu wagen.

Während ich hinter der Bühne mit dem Mikrofon verkabelt wurde, hustete ich heftig. Ich hatte Fieber, und man konnte meine Mandeln im Halsbereich sehen, so dick waren sie. Der Moderator schaute mich an und fragte: »Bist du dir sicher?«

Ja, ich war mir sicher. Ich wurde angekündigt, und dann stand ich auf der Schwelle. Ganz bewusst machte ich den Schritt hinaus auf die Bühne und erlebte in diesem Moment plötzlich einen Zustand, als ob mir der Boden unter den Füßen weggezogen wurde. Gleichzeitig richtete sich meine Bewusstheit mit einer solchen Kraft auf die vor mir stehende Aufgabe, einen guten Vortrag zu halten, dass sich mein ganzer Kopf- und Halsbereich mit einem Mal veränderte. Die Schwellungen in den Mandeln gingen zurück, und die Stimme war da.

Eine Stunde lang sprach ich, hielt meinen Vortrag, geführt von der geistigen Welt. Alles war wie immer, und nur mein Partner konnte mir ein bisschen Blässe ansehen. Ich vollendete den Vortrag, signierte Bücher, und wir gingen noch zum Essen. Danach kam der Fieberschub zurück, und auch die Hustenanfälle kehrten wieder. Eigentlich wollten wir uns ab dem Tag danach für eine Woche zum Schreiben am nächsten Buch in die Schweiz zurückziehen. Doch mein Immunsystem brach nun wirklich zusammen, ich wurde richtig krank und schlief sage und schreibe drei Tage und drei Nächte durch. All das Adrenalin, all die Giftstoffe wurden weggeschlafen. Danach kam ich langsam wieder zu Kräften, und wir fuhren verspätet zum Schreiben des Buchs an den Lago Maggiore.

Ich stand am Ufer des Sees und fragte mich, woher ich wohl die Kraft hatte, mit einer solchen Erkrankung im Leib den Vortrag halten zu können? Plötzlich hatte ich das Bild vor mir, wie Jesus über das Wasser läuft. Was hatte eine solche Vision für mich zu bedeuten? Es erinnerte mich an diesen eigentümlichen Zustand, als ich auf die Bühne hinaustrat und mir der Boden unter den Füßen zu fehlen schien. Es war, als wäre ich tatsächlich über Wasser gelaufen. Die Botschaft dieses Bildes wurde mir sofort klar: Wenn du aus deinem Glauben heraus handelst, bist du imstande, selbst das Unmöglichste möglich zu machen. Ich war dazu bereit. Alles hatte dagegen gesprochen, dass ich überhaupt in der Lage sein könnte, einen Vortrag zu halten. Doch ich wusste, dass ich am richtigen Ort war und dass mich die geistige Welt, die mich bis dorthin geführt hatte, auch weiterhin führen wird. Und so trat ich hinaus auf die Bühne, und das Wunder geschah.

Als ich im nächsten Jahr wieder eingeladen wurde, war ich gespannt, ob es auch diesmal eine Überraschung gäbe. Doch nichts geschah. Ich fuhr kerngesund zum Kongress, hielt meinen Vortrag und fuhr wieder nach Hause. Fast vermisste ich die Aufregung, wie auch in den kommenden Jahren.

Solche Erfahrungen helfen mir sehr bei meiner Arbeit mit Seminarteilnehmern. Denn oftmals stehen natürlich auch sie vor großen Chancen – sei es im Beruf, in der Liebe oder ganz allgemein im Leben – und müssen sich dann mit den Gegenkräften aus dem Unterbewusstsein herumschlagen. Ich kann gar nicht genug betonen, wie wichtig dann die Intuition und eine Anbindung an die lichtvolle geistige Welt ist. Von dort bekommen wir die Orientierung, die wir brauchen. Wenn wir darauf vertrauen, dann haben wir auch die nötige Geduld, dass sich alles zu unserem Besten und zum Besten des Ganzen entwickeln kann. Dann brauchen wir nicht ziehen und zerren, damit sich alles schneller entwickelt. Wir wissen, dass ein geduldiges Gehen Schritt für Schritt zu sehr viel mehr Erfolg und einem nachhaltigen Gelingen führen kann. Schließlich müssen wir für jede neue Aufgabe erst die nötige innere Größe und Stärke entwickeln. Kommt der äußere Erfolg zu schnell, kann er einen Menschen auch zu Fall bringen. Ich konnte trotz der starken Grippe beim Gedanken an den Vortrag tief atmen, Liebe spüren und klar denken. Immer wieder sind es diese drei Kriterien, die mir zeigen, dass mein Weg stimmt. Und so gehe ich ihn vertrauensvoll, in Ruhe und Geduld. Und ich weiß, dass auf diesem Weg auch Wunder wahr werden.

Alina und die Kinder der neuen Zeit

Mit sechsundzwanzig Jahren bekam ich meine Tochter, und das Jahr der Schwangerschaft war sehr faszinierend. Jeden Tag konnte ich beobachten, wie sich die neue Seele auf ihr Erdenleben vorbereitet und wie sie die Inkarnationsengel Tag für Tag, Woche für Woche auf ihrem Weg auf die Erde unterstützen. Gleichzeitig hatte ich in der Zeit kurz davor mehrere Sterbebegleitungen zu durchleben, und es war sehr eindrucksvoll zu sehen, wie jemand geht und die Engel seine Seele im Jenseits willkommen heißen und ihr helfen, in einem neuen Bewusstsein anzukommen. Mir wurden so viele Parallelen zu Schwangerschaft und Geburt bewusst! Ist doch der Tod eine Geburt ins Jenseits hinein.

Es klingt im ersten Moment vielleicht etwas seltsam, während der eigenen Schwangerschaft auch mit Tod und Sterben konfrontiert zu sein. Doch es hat mir überhaupt nicht geschadet und meinem Kind ebenso wenig. Vielmehr haben sich die Welten noch intensiver verbunden. Ich konnte tiefer in meine Forschungen der Geheimnisse des Lebens eintauchen und Stoff für mehrere neue Bücher sammeln, während in mir ein Leben heranwuchs, das ebenfalls noch zwischen den Welten hin und her wechselte – in Vorbereitung auf das Erdendasein und zugleich aufs Innigste verbunden mit den lichtvollen geistigen Welten.

Die Sonne in meinem Bauch

Meine für mich so wichtige Urgroßmutter starb, als ich zwölf Jahre alt war. Den Umzug nach Deutschland hat sie nicht mehr miterlebt, obwohl sie so gern die ursprüngliche Heimat der Wolgadeutschen gesehen hätte. Doch verlassen hat sie mich nie, auch als Seele blieb sie immer mit mir in Kontakt. Und gerade in den Jahren, als ich mich am Bodensee persönlich, gesundheitlich, familiär und beruflich zu stabilisieren begann, war sie mir eine außerordentlich große Stütze. Wie ein Schutzengel oder eine Schutzheilige hatte sie immer neue Botschaften für mich und brachte damit sehr viel Segen und Zuversicht in unser aller Leben.

Eines Tages nun sah ich sie wieder einmal bei mir, und ihr Lächeln offenbarte mir eine neue Botschaft: »Von nun an schaffst du alles selbst.« Dann war sie weg. Doch plötzlich sah ich, wie viele Engel zu mir kamen und an mir zu arbeiten begannen. Ich fühlte mich wie eine Ikone, umgeben und eingekreist von den Engeln. Sie strichen meine Aura aus, als ob sie mich reinigen und auf etwas Neues vorbereiten wollten. Kurz darauf erfuhr ich, dass ich schwanger bin.

Meine Freude war riesig. Ein Wunschkind wuchs in mir heran. Ich beobachtete, wie Licht in meinen Bauch hineinkam, und stand ab da wie in einem dauerhaften Lichtstrom. Alles in mir war energetisch in Bewegung, als wäre ich in einer nicht enden wollenden energetischen Behandlung und zudem unter einer dauerhaften Lichtdusche. Das ging eine ganze Zeit lang so, bis sich offenbar alle Energien neu eingestellt hatten. Zwischen der siebten und vierzehnten Schwangerschaftswoche folgte der Geistleib der Seele nach. Bis dahin gab es unendlich viel Wandlung, Bewegung und Veränderung. Jede Woche kamen neue Engel hinzu, und andere, die ihre Aufgabe erfüllt hatten, verschwanden wieder. Um meinen Bauch und um das werdende Kind herum bildete sich mit der Zeit eine Art Lichtkreis, und ich nahm wahr, wie sich der Vergessenheitsschleier darüberlegte. Alles wurde plötzlich ganz ruhig, das Kind schien eingeschlafen. Ein Wachstumsschlaf.

Ich konnte beobachten, dass die Seele wie Sonnenlicht in die Eizelle hineingegangen war, der Geistleib war etwas später wie ein Mondlicht der Klarheit hinzugekommen. Danach hatte sich um die Dreiheit von Seele, Geist und Körper ein Licht gelegt, in dem das Kind zu schlafen begann, während es weiterwuchs. Nach den Wochen von Bewegung und Veränderung war Ruhe eingekehrt.

Doch ich konnte weiterhin beobachten, dass mich die Engel heilsam behandelten, wofür ich natürlich immer sehr offen war. Ich fühlte mich so gut aufgehoben. Im fünften Schwangerschaftsmonat schließlich gab es ein auffälliges Erwachen. Ich konnte sehen, wie die Seele mit den Engeln gemeinsam noch einmal ihren Seelenplan besprach. Dabei wurde auch gefragt, ob dieser Weg, den sich diese Seele vorgenommen hatte, noch der richtige sei.

Ich war empört! Was sollte das heißen: ob der Weg noch der richtige sei? Natürlich war es der richtige. Es war doch mein Kind! Dennoch wusste ich natürlich, dass es die Entscheidung dieser Seele ist und nicht meine. So habe ich sie mit all meiner Liebe willkommen geheißen, gesegnet und voller Vertrauen losgelassen. Sie tauchte wieder in ihren entspannten Wachstumsschlaf hinein. Offenbar war es weiterhin der richtige Weg für sie, als mein Kind zu inkarnieren.

Ich wusste nicht, ob es ein Mädchen oder ein Junge wird, und habe es bei den ärztlichen Untersuchungen auch nicht sehen wollen. Da den Engeln unser Geschlecht egal ist, haben sie es mir auch nicht erzählt. Der geistigen Welt ist es wichtig, dass es der Seele gut geht und sich alles bestens entfaltet.

Im siebten Schwangerschaftsmonat kam es wieder zu einem plötzlichen Erwachen. Ich konnte wahrnehmen, wie sich die Einheit von Körper, Seele und Geist bei meinem Baby festigt. Ich war in dieser Zeit viel draußen in der Natur. Einmal saß ich an einem Baum, war ganz still geworden und konnte plötzlich die Gedanken des Kindes in mir wahrnehmen. Ich konnte durch seine Augen schauen und mit seinem Wesen empfinden. Schlagartig war mir klar, dass jeder Gedanke, den ich hegte, ob er liebevoll oder ängstlich war, sofort auch von dem Kind aufgenommen, ja, regelrecht aufgesogen wurde. Und ich wusste in diesem Augenblick auch, dass das Kind die ganze Welt ungefiltert durch meine Augen, meine Sinne und meine Gedanken wahrnahm. Umso mehr habe ich fortan auf liebevolle Gedanken, Gefühle und Impulse geachtet, mich noch mehr in der Natur bewegt und nur sanfte klassische Musik gehört. Ich wollte mein Kind aufs Beste willkommen heißen.

Ab dem siebten Schwangerschaftsmonat merkte ich dann zunehmend, wie das Kind die Welt eigenständig durch meine Sinne wahrzunehmen begann; und mir wurde bewusst, dass aus dem, was eins mit mir zu sein schien, schon jetzt ein Individuum zu entstehen begann. Es begann sich bereits jetzt eine gewisse gesunde Trennung zu vollziehen. Nicht erst ab der Entbindung, nicht erst ab der körperlichen Trennung.

In dieser Zeit kamen weiterhin regelmäßig Reinkarnationsengel zu uns, sie begleiteten uns bei der recht schnellen Hausgeburt und behüteten das Kind auch nachher mit ihrer segensreichen Kraft. Solange ich stillte, konnte ich wahrnehmen, wie sich das Kind immer weiter erdete. Erst durch die physische Nahrung wurde es so richtig grobstofflich.

Während der ganzen Zeit durfte ich auch andere Schwangere in der Praxis beobachten. Ich fand es faszinierend zu erforschen, wo es Unterschiede gab und was sich wie ein roter Faden durch einen Prozess der Inkarnation hindurchzog. Wann inkarniert die Seele? Wann kommt der Geistleib dazu? Wann der Schleier des Vergessens? Wann beginnt die Individuation? Mir wurde dabei auch bewusst, wie wichtig es ist, dem Kind ein Gefühl des Willkommenseins zu schenken. Das fördert sein Urvertrauen ins Leben ganz ungemein. Denn die Beziehung zwischen Mutter und Kind beginnt bereits mit der Zeugung. Es war eine wundervolle Zeit, in der ich mich selbst, mein Kind, viele andere Mütter und ungeborene Kinder und dazu unendlich viele liebevolle Engel beobachten konnte. Es war ein Segen, von so viel Licht umgeben zu sein.

Alina, meine Tochter – ich hatte eine Sonne geboren.

Alina

Wir waren lange nicht sicher, wie wir unser Kind nennen wollten. Es sollte ein zu ihm passender, außergewöhnlicher Name sein – daher kamen wir für einen Mädchennamen auf Daliah. Als wir unsere Tochter dann aber endlich sehen konnten und sie betrachteten, merkte ich, dass dieser Name gar nicht zu ihr passen wollte. Es war ein so sonniges Kind. Schon die ganze Zeit der Schwangerschaft über hatte ich das Gefühl gehabt, als ob ich die Sonne verschluckt hätte und sie aus meinem Bauch herausstrahlte. Daliah schien mir dafür viel zu erdig. Doch sicher würde sich das Kind weiterentwickeln und vielleicht auch verändern. So blieben wir bei dem Namen, weil uns einfach keiner einfiel, der uns besser gefallen hätte.

Man wird es kaum glauben, aber wir haben diesen Namen in den ersten drei Tagen immer wieder vergessen. Es war unfassbar. Ich stellte mir schon vor, wie ich eines Tages zum Kindergarten kommen würde und dann stammeln müsste: »Äh, wo ist denn die Haas?« Der Name passte ganz offensichtlich nicht zu unserem Kind, wenn wir ihn uns nicht einmal als die Eltern merken konnten.

Als zweiten Namen hatten wir bereits Anna gewählt, und schließlich kamen wir für den ersten Namen auf Alina. Diese schönen offenen Silben konnten wir uns sofort merken. Er spiegelte tatsächlich die Kraft unseres Kindes wider – strahlend, sonnig, leuchtend. Außergewöhnlich war er allerdings nicht, später rief man ihn uns in jedem Supermarkt und jeder Kindereinrichtung entgegen. Überall Alina. Dennoch waren wir mit unserer Wahl glücklich, denn hierbei sollte es nicht um eine Verstandesentscheidung, sondern darum gehen, dass der Name wirklich in seiner Schwingung zur Energie des Kindes passt.

Schon während der Schwangerschaft habe ich einmal zu meinem Kind und seiner Seele hingespürt, und mir wurde sehr klar bewusst, dass es unabhängig von jeder Religion und jeder Idee darum geht, als Mutter und Vater authentisch zu sein und die Werte zu vermitteln, die einem wirklich am Herzen liegen. Es geht um eine gesunde und liebevolle Beziehung zum Partner, zum Kind, zu anderen Menschen.

Alina wurde im August geboren, und ich überlegte, ob und wie wir sie taufen lassen könnten. Ich finde, dass das Taufritual eine sehr schöne Symbolik hat, doch in einer institutionellen Kirche hätte das für uns nicht gepasst. So kam es, dass ich Alina selbst taufte. Und das geschah dann folgendermaßen: Zu Weihnachten hatten wir unser eigenes Christkind unter dem Tannenbaum. Wir versammelten uns im engsten Familienkreis im Raum, alles Menschen mit einer liebevollen Absicht, die sich wirklich mit uns freuten. Menschen, mit denen wir gern unser Leben teilen.

Wir alle standen beim Tannenbaum um Alina, unser Christkind, herum und begannen, das Kind zu segnen. Ich war zutiefst berührt, als ich merkte, dass allein unser Zusammenkommen bereits so viele Engel angezogen hatte. Sie bildeten einen dichten Kreis um unseren Kreis herum. Ich beschrieb der Familie, was ich wahrnahm, und bat jeden Einzelnen, dem Kind seine Herzenswünsche mit auf den Weg zu geben. Es war sehr berührend, wie jeder dem Kind von Herzen etwas Schönes sagte. Jedes liebevolle Wort zog noch mehr Engel an, sodass das ganze Wohnzimmer bald in eine wunderschöne Atmosphäre und eine heilige Stimmung getaucht war.

Ich entzündete eine schöne Kerze und weihte voller Liebe das Wasser in einer Schale. Dann bat ich die Engel um Schutz und Segen für Alina. Sie stellten sich um das Baby herum auf und sangen für Alina Halleluja. Der ganze Raum, von Alina ausgehend, wurde in ein hell scheinendes goldenes Licht getaucht. Voller Dankbarkeit spürte ich die unerschütterliche Sicherheit, dass für das Kind gesorgt ist, ganz gleich, was mir jemals passieren sollte. Es war ein so stark erlösendes Gefühl, loslassen zu können. Ich wusste, dass ich mir nicht die Schwere antun musste, die manchmal in der Verantwortung für ein Kind lag. Ich konnte in Leichtigkeit für Alina da sein in dem Wissen, dass auch sie immer von der lichtvollen geistigen Welt getragen ist.

Die Taufe unserer Tochter hat unsere Familie noch näher zusammengebracht. Es war ein wunderschönes gemeinsames Ritual, das unsere verantwortungsvolle Gemeinschaft noch mehr stärkte. Jeder von uns ist frei, und zugleich wissen wir, dass wir jederzeit um Unterstützung bitten können und uns dann auch geholfen wird. An diesem Weihnachtsfest mit all den lieben Menschen, den Engeln und ihrem Halleluja verstand ich die Botschaft der himmlischen Boten zur Weihnacht: Sie feiern mit diesem Fest das Christuslicht in jedem einzelnen Menschen, die gütige Stimme in allen Herzen. Es geht beim Weihnachtsfest um das Gute in jedem von uns.

Begleitung bei der Geburt ins Jenseits hinein

Dass Geburt und Tod eng zusammenhängen, erfuhr ich in jener Zeit und kurz zuvor sehr stark. So hatte ich während meiner Schwangerschaft nicht nur einige Patienten im Sterben zu begleiten, sondern auch eine alte Dame aus meiner neuen Familie, die für mich einfach »die Oma« geworden war. Sie war eine sehr bodenständige Frau, die voller Kraft und Gesundheit ein sehr hohes Alter erreicht hatte. Sie war ziemlich tough und eigenständig, sie hatte immer allein gelebt und war durchaus eigenbrötlerisch, doch für die Familie und insbesondere ihre Enkelkinder war sie stets da gewesen. Wenn sie gebraucht wurde, war sie zur Stelle.

Irgendwann ließ die Kraft ihres Herzens nach, sie wurde pflegebedürftig, und wir nahmen sie zu uns, wohl wissend, dass sie kein Typ war, der die Pflege anderer ohne Weiteres zulassen würde. Wir ahnten zugleich aber auch, dass sie ohnehin nicht mehr sehr lange zu leben hatte. Es war ein Kraftakt für die ganze Familie, doch wir haben ihn gemeistert.

Ich bemerkte nach einigen Wochen, dass sich in der Atmosphäre um die alte Frau in ihrem Bett herum etwas veränderte. Als ich einmal bei ihr wachte, sah ich, wie ihr Geistleib aus ihr heraustrat wie eine durchscheinende Gestalt im Mondlicht. Dieser Geistleib schaute mich ganz neutral an und verschwand ohne ein Wort nach oben. Ich schaute zu ihrem Körper und bemerkte, dass er weiterhin atmete. Dennoch wusste ich zunächst nicht, was hier passiert war. Hatte bereits die Seele den Körper verlassen, oder würde sie es jeden Moment tun? War es jetzt endgültig Zeit für sie, die irdische Welt zu verlassen? Seit diese Lichtgestalt aus ihr herausgetreten war, schien sie um einiges leichter geworden zu sein.

Ich rief die anderen zusammen, und wir stellten uns alle um das Bett. Wir wussten nicht recht, was wir tun sollten, also nahmen wir uns an den Händen und beteten.

Plötzlich öffnete die Oma die Augen, schaute uns verblüfft an und fragte: »Was macht ihr denn da?«

Wir waren einerseits erschrocken und andererseits erleichtert. »Alles in Ordnung«, sagte ich.

Über die nächsten ein bis zwei Wochen beobachtete ich, wie ihre Seele begann, sich aus ihrem Körper herauszubewegen – Millimeter für Millimeter. Sie wirkte wie eine Gestalt aus Sonnenlicht, die ich umso klarer erkennen konnte, je weiter sie den physischen Körper verlassen hatte. Es war nicht die Gestalt eines mehr als neunzigjährigen Menschen, sie schien eher jemandem mit Mitte vierzig zu entsprechen. Mir wurde erneut klar, dass die Seele kein Alter kennt, sondern die Schwingung von dem Alter annimmt, in dem sich dieser Mensch am vitalsten und am wohlsten gefühlt hat und am ehesten mit sich im Reinen war. »Man ist so alt, wie man sich fühlt« – dieser Spruch trifft den Nagel auf den Kopf.

Seit der Geistleib den Körper der Oma verlassen hatte, konnte man mit ihr über nichts mehr sprechen, bei dem es um die Zukunft ging. Was wollen wir nächste Woche machen? Möchtest du übermorgen Besuch von dem oder jenem? All das war für sie kein Thema mehr. Vielmehr ging es darum, ihr zuzuhören. Wenn ich sie fragte, wie ihr Tag gewesen sei, dann erzählte sie zum Beispiel: »Ich war den ganzen Tag in Garmisch-Partenkirchen wandern.« Während sie davon berichtete, sah ich, wie eine Seelenerinnerung in Form eines großen Lichts zu ihr zurückkam und ihre Seele noch mehr leuchtete. Ihre Seele machte offenbar bereits jetzt, in den letzten Wochen ihres irdischen Daseins, eine Lebensrückschau. Sie ging noch einmal durch die Stationen, die ihr besonders viel bedeutet hatten. Das hat nichts mit Fantasie zu tun, die Seele macht in jener Zeit tatsächlich Astralreisen an die Orte, die den Menschen noch immer bewegen. Sie reist zu bestimmten Empfindungen und Gefühlen, die sie auf ihre Reise ins Jenseits mitnehmen möchte. So ist es auch zu erklären, dass Sterbende von ihren Erfahrungen nicht linear und kalendarisch, sondern chaotisch erzählen. Sie springen von einem Ort zum anderen, von einer Zeit in die andere, von einer Erinnerung zu einer ganz anderen. Der Geistleib, der alles rational strukturieren könnte, ist nicht mehr da, und so überwiegen Emotionen und Fluss.

Manchmal merkte ich, dass die alte Dame Angst vor dem Sterben bekam. Dann setzte ich mich zu ihr, nahm ihre Hand und erzählte ihr, was gerade mit ihr passiere und was sie noch erwarte. Ich betete still mit ihr und unterstützte damit ihren Seelenfrieden.

Irgendwann stand ihr Seelenleib dann vollständig neben ihrem Körper, der noch kleiner geworden schien. Wir wussten, dass es jetzt nur noch eine Frage von Tagen war, bis sie uns verlassen würde. Ich sprach die Seele an, in der das Bewusstsein der Oma war: »Schau mal, du stehst jetzt noch auf der Erd-Ebene. Du siehst den Boden unter dir. Vor dir aber ist ein Licht. Wenn du in dieses Licht gehst, gehst du in die jenseitigen Welten hinein. Du kannst den Schritt über die Schwelle dann tun, wenn du so weit bist.«

Sie schaute skeptisch. Sie war schon immer ein eher misstrauischer und kein gläubiger Mensch. Sie blickte in Richtung der Astralwelten – und dort gibt es natürlich keine Wege und keine Straßen. Es ist ein bisschen so, als würde man auf einem hohen Berg stehen: Ringsum ist Nebel, und doch muss man den nächsten Schritt setzen. Man sieht nicht, wohin. Es gibt keinen festen Boden mehr. Und doch muss man gehen, voller Vertrauen.

Ihre Seele hatte sich noch nicht an diesen körperlosen Zustand gewöhnt, und sie hatte sehr große Angst vor dem Fallen. Ich sagte ihr: »Du kannst nicht fallen. Schau mal vor dich auf deinen großen Schutzengel mit seinen Lichtflügeln. Solltest du tatsächlich fallen, ist es seine Aufgabe, dich aufzufangen.«

Die nächsten Tage verbrachte die Seele der Oma damit, ihren Schutzengel eindringlich zu mustern. Manchmal wachte ich nachts auf und bemerkte, dass sie mich besuchte und fragte: »Wie war das noch mal mit dem Schritt über die Schwelle?«

Und ich erklärte: »Stell dir vor, du fliegst, und dein Engel fliegt mit dir. Er hat unendlich Geduld und gibt dir alle Zeit, die du brauchst. So viel Zeit, wie dein Körper noch mitmacht.«

Es war ein relativ friedvoller Sterbeprozess. Manchmal sah ich, dass die Oma wie paralysiert in eine Ecke starrte. Ich sah ebenfalls dorthin und bemerkte, dass sie die Parallelwelt beobachtete und zuschaute, wie die Seelen Verstorbener ihren Weg ins Licht suchten. Wieder sagte ich zu ihr: »Keine Angst. Das sind einfach Seelen wie du und ich, die jetzt ihren Weg zu Gott suchen.«

Einmal rief die alte Frau plötzlich laut aus: »Oje, dann werde ich bald meinen Vater wiedersehen!«

Ich wusste, dass die beiden eine sehr problematische Beziehung verband, und fragte ihren Schutzengel, was ich darauf antworten könne. Er lächelte in seinem weißen großen Licht und bedeutete mir: »Es kommt immer alles so, wie es gut ist, und immer dann, wenn du bereit bist. Nichts passiert ohne deine Zustimmung.«

Ich konnte ihr das vermitteln und ihr auch bestätigen, dass sie im Jenseits bewusst bleiben und bestimmen würde, was sie sagen und tun wollte. Sie wäre den Umständen nicht plötzlich ausgeliefert. Das gab ihr Frieden.

So hatten wir in ihren letzten Wochen und Tagen viele Gespräche, die ihr auch halfen, ihre bisherige Inkarnation zu verstehen. Es war ein intensiver emotionaler Prozess, bei dem sie ihrer Familie am Ende auch noch einiges sagen wollte. Irgendwann konnte es nur noch eine Frage von wenigen Stunden oder ein, zwei Tagen sein. Und natürlich hat unsere so eigenständige und auf ihre Autonomie bedachte Oma den für sie passenden Zeitpunkt erwischt: Sie machte sich genau dann aus dem Staub, als gerade niemand von uns in ihrem Zimmer war.

Ich schaute auf ihre Seele. Wie geht es ihr denn? Leuchtend wie eine Sonne sah ich sie in der Ecke stehen und strahlen. Mir war sofort klar: Sie hatte diesen wichtigen Schritt ganz absichtlich allein getan. Es war alles richtig so, wie es war. Dann konnte ich zuschauen, wie sie ihrem Engel ins Licht folgte. Sie war gut vorbereitet, und so zog sie dahin, weiterhin in Liebe mit uns verbunden.

Ab und zu gab sie uns noch eine Botschaft aus dem Jenseits. Manchmal fragten mich die anderen Angehörigen, wie es ihr gehe. Ich schaute nach und erzählte es ihnen. Alles konnte ohne Schwere weitergehen.

Einige Verwandte wollten noch vom aufgebahrten Körper Abschied nehmen. Ich begleitete sie, und es wurde ein eindrückliches Erlebnis für mich. Denn während dort im Leichenhaus alle weinten und auf ihre Weise Abschied nahmen, sah ich, wie plötzlich die Wände aufgingen und ganz viele Engel als sogenannte Sensenmänner auf uns zukamen. Sie zertrennten mit ihren »Sensen« zum einen die Fäden zwischen dem Leichnam und seiner Seele und zum anderen die Fäden zwischen der Seele und den Hinterbliebenen. Sie kamen von allen Seiten und arbeiteten mit großer Energie daran, für Befreiung bei allen Beteiligten zu sorgen. Ich konnte beobachten, wie die Trauernden, bei denen die Fäden bereits durchtrennt waren, irgendwie erleichtert schienen, sodass sie selbst frei und stark weiterleben konnten.

Ich lud alle ein, noch zum See zu gehen, um sich in der Natur wieder zu erden. Einige fragten mich, was denn dort beim Abschied vom Leichnam vorgefallen sei. Sie hatten bemerkt, dass etwas Ungewöhnliches passiert war. Ich fragte sie nach ihren eigenen Wahrnehmungen, und sie erzählten, dass zuerst viele Tränen und eine schwere Trauer da waren, die dann plötzlich aufgehört und einer Erleichterung Platz gemacht hatte. Ich wiederum erzählte ihnen von den Sensenmännern, und wir begriffen, dass diese Wesen nicht den Tod an sich repräsentieren und schon gar nichts Schreckliches an sich haben. Vielmehr helfen sie uns ebenso wie den Verstorbenen, dass alle auf ihrem Seelenweg weitergehen können. Es gibt in unserer Kultur so viele negativ besetzte Bilder. In Wirklichkeit steckt dahinter oftmals eine liebevolle Botschaft.

Die Trauer um unsere Oma konnte sich gesund entfalten, und ich schaute des Öfteren nach, wie es ihr geht. Ich gab die Botschaften weiter, und der Familie ging es gut damit. Nach etwa einem halben Jahr aber hatten wir sie plötzlich alle vergessen. Ihre Energie war offensichtlich nicht mehr im Raum. Ich suchte nach ihrer Seele und fand sie nicht. Das schien mir suspekt. Ich wandte mich an ihren Schutzengel, und er zeigte mir das Bild, wie ein Stern auf die Erde hinunterfällt. Da verstand ich seine Botschaft und wusste, dass die Seele der Oma neu inkarniert war.

In diesem Moment hatten wir alle zum ersten Mal das Gefühl, sie verloren zu haben. Unsere Oma? Irgendwo neu als Baby unterwegs? Natürlich wollten wir wissen, wo sie ist. Doch der Schutzengel bedeutete klar, dass sie jetzt einen neuen Weg gehen würde und dabei nicht gestört werden möchte. Nach einem kurzen Moment der Enttäuschung wandelten wir unsere Gefühle um und fragten, ob es ihr denn gut gehe. Der Engel bestätigte das, und so konnten wir sie loslassen. Sie folgt jetzt einem neuen Weg in einem neuen Leben mit neuen Rollen und einem neuen Seelenplan. Doch als Erinnerung bleibt sie auch in unseren Herzen, und wir freuen uns für sie.

Bereits ein halbes Jahr nach dem physischen Tod auf eine neue Inkarnationsreise zu gehen ist recht früh. Doch es passte zu dieser bodenständigen Frau, die offenbar nicht allzu lange im Himmel frohlocken wollte. Zeit spielt in den jenseitigen Welten ohnehin keine Rolle. Manche kommen schon nach einem halben Jahr zurück auf die Erde, andere lassen sich fünfhundert Jahre Zeit. Wichtig ist, dass es der Seele gut geht und sie ihre Schritte absolvieren kann.

Die Taufe von Alina unterm Weihnachtsbaum und der Tod der Oma verbanden sich für mich zu einer Zeit voller Erfahrungen über das Inkarnieren und das Loslassen einer Inkarnation. Wenn wir auf der Erde sterben, bedeutet das eine Geburt in die feinstofflichen Dimensionen hinein. Und aus diesen Dimensionen kommen wir eines Tages wieder in einem neuen Bewusstsein zurück auf die Erde. Die Seele aber ist und bleibt unsterblich. Daher brauchen wir keine Angst vor dem Tod zu haben. Tod und Leben, Geburt und Sterben, sie gehören untrennbar zusammen. Wir wechseln nur die Dimension und die Ebene, auf der wir schwingen. Wenn uns das bewusst wird, dann kann es uns ganz klar auf das fokussieren, was im Leben wirklich wichtig ist. Dann laufen wir vielleicht nicht mehr so verbissen materiellem Erfolg oder dem perfekten Aussehen und Körpergewicht hinterher. Wer sich nur auf das Äußere verlässt, sich nur damit befasst und sonst nichts an sich heranlässt, der ist in Gefahr, eines Tages so zu sterben, als ob er nie gelebt hätte.

Für mich kann ich sagen: Erst als ich die Angst vor dem Tod überwunden hatte, soweit ein Mensch diese Angst überhaupt ganz überwinden kann, habe ich auch die Angst vor dem Leben verloren. Ich traue mir seitdem viel mehr zu im Leben, weil ich weiß, dass es weitergeht und dass es zwischen Himmel und Erde mehr gibt als das, was wir heute als Menschen meist wahrnehmen und glauben. Auf dem Sterbebett und zu Beginn im Jenseits führt sich jede Seele vor Augen, wie sie gelebt hat und was sie an Erfahrungen, an Weisheit und an Liebe mitnehmen kann. Es gibt ihr Frieden, wenn sie sich im Leben auf Liebevolles ausgerichtet hat. Und für dieses zufriedene Gefühl am Ende unserer Tage können wir schon heute so viel tun. Dann brauchen wir weder jetzt noch später irgendetwas zu bereuen. Welchen Fußabdruck wir auf dieser Erde hinterlassen, das beeinflusst auch, mit welchen Emotionen und Energien wir ins Jenseits gehen und welchen neuen Lebensplan wir uns dann zusammenstellen. Auch damit wird wieder einmal deutlich, dass es pure Selbstliebe ist, wenn wir auch anderen nur Gutes tun.

Eltern und Kinder

Vor allem als Eltern erleben wir ganz intensiv, wie stark wir mit unserem Verhalten, ja mit jedem Gedanken und jedem Gefühl, unser Umfeld beeinflussen. Als ich mit siebenundzwanzig Jahren noch individuelle Lebensberatungen machte, begegnete mir ein Fall, der sehr gravierend aufzeigte, wie intensiv die Eltern das Schicksal ihrer Kinder beeinflussen können. Kinder sind ja absolut aufnehmend und annehmend. Egal, was die Eltern tun, sie nehmen es für bare Münze. Sie können noch nicht rational hinterfragen und sich bewusst machen, ob das gut und sinnvoll ist, was sie da erleben oder beobachten. Sie nehmen es auch als ihren eigenen Fehler hin, wenn Mutter oder Vater etwas tun, das schmerzt. Kinder beziehen alles auf sich selbst, und wenn sie sich nicht genug geliebt fühlen, suchen sie den Fehler bei sich. Aus alldem wird so deutlich, welch unfassbare Macht und Verantwortung wir als Eltern haben.

In diesem Fall nun kam ein Teenager zu mir, ein junges Mädchen von fünfzehn oder sechzehn Jahren. Ihr Lehrer hatte ihr empfohlen, doch einmal zu mir zu kommen. Ihre Mutter begleitete sie, doch das Mädchen war nicht bereit, mit mir zu reden, solange die Mutter dabeisaß. Ich bat die Mutter also, draußen zu warten. Das Mädchen blieb allerdings recht verschwiegen. Ich wusste nur, dass sie nach dem Suizid ihres Vaters in ein Loch gefallen war. Sie hatte begonnen, sich zu ritzen, ging nicht mehr in die Schule, und die Mutter konnte sie nicht auffangen. Sie war mit der Situation selbst überfordert.

Da mir die junge Frau nichts weiter sagen wollte, schaute ich mir ihre Aura an. Ich entdeckte, dass die Seele des Vaters bei ihr war. Sie war eine echte »Papatochter« gewesen, und beide bewegten sich auch weiterhin in der gleichen Schwingung, nur dass er bereits tot war.

Der Vater war extrem erschüttert über seine eigene Handlung. Eine tiefe Depression hatte ihn in den Freitod getrieben, die Tat selbst war aber im Affekt geschehen, und er schämte sich zutiefst dafür. Erst nach seinem Tod, während er sah, wie sehr er alle verstört hatte, wurde ihm bewusst, dass er geliebt wird. Vorher hatte er die Liebe seiner Verwandten nicht spüren können. Nun, da er merkte, was er seiner Familie angetan hatte, war er nicht in der Lage, ins Licht zu gehen. Er blieb bei seiner Tochter, er hatte sich an sie geklebt, und sie war wie besetzt. Doch alles, was er wollte, war Vergebung.

Die Tochter spürte unbewusst dieses enorme Leid, das von ihm ausging, doch sie wusste sich nicht zu helfen. Sie wurde fast verrückt. Um seinen Schmerz und seine riesige Verzweiflung nicht ständig spüren zu müssen, ritzte sie sich. Sie tat sich selbst weh, um seinen emotionalen Hilfeschrei zu übertönen.

Als ich ihr meine Wahrnehmungen schilderte, nickte sie nur und sagte: »Ich weiß, dass er da ist.« Ich wies ihn darauf hin, wie sein Schutzengel im weißen Licht nach oben zeigte und zu ihm sagte, dass jede Seele ins Licht gehört. Die Tochter und ich, wir beteten gemeinsam, wir sprachen ein Vergebungs- und ein Erlösungsgebet. Wir sagten dem Vater: »Schau nach oben ins Licht und folge den Engeln.«

Plötzlich veränderte sich die Energie. Er konnte Vergebung spüren und ins Licht schauen. Zum allerersten Mal fühlte er sich dem Licht gegenüber würdig, und so ging er seinem Engel nach. Das Mädchen, ein sehr introvertierter Mensch, sagte weiterhin nichts. Doch ihr Gesicht wurde rosiger, und sie vergoss einige heilsame Tränen. Schnell fing sie sich wieder und verließ den Raum.

Wenige Monate später traf ich ihre Mutter wieder, und sie meinte: »Ich weiß nicht, was Sie zu meiner Tochter gesagt haben. Sie hat mir nichts erzählt. Aber seitdem ritzt sie sich nicht mehr und geht wieder zur Schule.«

Je mehr die Eltern selbst emotional mit sich im Reinen sind, umso mehr können sie auch die Verantwortung für ihre Kinder übernehmen. Die Mutter dieses Mädchens war mit der Situation in der Familie sehr überfordert. Sie hatte die Tochter nicht auffangen können, und damit war auch das Vertrauen zwischen beiden gestört. Der Vater war für das Mädchen, solange er lebte, auch nicht der Ansprechpartner voller Stärke und Klarheit gewesen, kein Fels in der Brandung. Sein Selbstmord, das Leid, die Überforderung der Mutter und die daraus resultierende Unfähigkeit, angemessen für die Tochter da zu sein, hätte leicht dazu führen können, dass das Mädchen ein für alle Mal von seinem Seelenweg abkommt. Leicht hätte sie noch weiter in die Selbstaggression rutschen können, ganz der Schule fernbleiben und einen Weg nehmen können, der ihrer Seele weniger entsprochen hätte. Dass der Vater sie dann auch noch besetzt hielt, machte es ihr zusätzlich schwer.

Natürlich gibt es keine perfekten Eltern, aber alle können gut genug sein, wenn sie sich aufrichtig von Herzen bemühen und den Kindern ihren Platz als Kinder überlassen. Kinder brauchen Eltern, auf die sie sich verlassen können. Und die Liebe zu den Kindern sollte immer größer sein als die Verhaftung in alten Mustern, in Unfähigkeit und Überforderung. Zumindest sollte die Liebe zu den Kindern so groß sein, dass sie die Bereitschaft hervorbringt, sich aus alten Geschichten zu befreien.

Dieses Beispiel zeigte mir auch noch einmal sehr deutlich, wie unergründlich die Wege im Leben sein können. Es hätte hier viel für das Mädchen schiefgehen können. Und doch fand ihre Seele einen Weg, der ihr Heilung gab.

Als Mutter einer Tochter, die mittlerweile vierzehn ist, kann ich selbst ein Lied davon singen, wie sehr wir unsere Kinder mit unseren Stimmungen aufbauen, aber auch belasten können. Gerade der Einfluss der Mütter ist enorm. Als Frauen tragen wir mit unserer Weiblichkeit und unserer Fürsorge entscheidend zur Harmonie in der Familie bei. Die Nabelschnur bleibt auch unsichtbar noch lange Zeit erhalten. Alina war ein fröhliches Kind. Während ich manchmal für einige Tage zu Vorträgen unterwegs war, blieb sie in der Familie, war glücklich, und alles war gut. Doch wenn ich unterwegs war, überkam mich zuweilen eine Sehnsucht, verbunden mit melancholischen Gefühlen. Es war jedes Mal erstaunlich, dass dann auch die Fröhlichkeit von Alina verschwand, auch sie wirkte plötzlich traurig, wie mir die Familie erzählte.

Ich merkte, dass ich mein Ego zurücknehmen musste. Sobald es mir gut ging und ich bei guter Laune und stabil war, ging es auch Alina gut. Die Familie war für sie genauso gut wie ich. Sie vermisste nichts und hatte nichts zu entbehren. Ich war es, die ihre Gefühle klären musste. Ich musste lernen, mich selbst auch hier nicht so wichtig zu nehmen und nicht zu glauben, dass ohne mich für mein Kind die Welt unterginge. Ich musste lernen, mich für mein Kind zu freuen, dass es so viele gute Menschen um sich herum hat, die ehrlich an seinem Wohl interessiert sind.

Ich dachte an Frauen, die darüber klagen, dass ihre erwachsenen Kinder so weit weggezogen sind und nicht so oft Zeit für sie haben, weil ihre Arbeit sie so sehr fordert. Bei diesen Frauen denke ich oft, dass sie sich doch freuen sollten, wenn aus ihren Kindern eigenständige und erfolgreiche Erwachsene geworden sind. Ist das nicht die beste Auszeichnung für Eltern? Nun merkte ich, dass diese Art von Loslassen schon sehr früh beginnt. Ganz bewusst fing ich damit an, mich für mein Kind zu freuen und in der Zeit, in der ich nicht bei ihm war, mich selbst mehr zu lieben, mich liebevoll um mich selbst zu kümmern. Und ich begann, meine Tochter jeden Morgen zu segnen, ob ich zu Hause war oder auf Reisen. Bis heute spreche ich täglich das segnende Morgengebet.

> ***Morgengebet***
> *»Liebe lichtvolle geistige Welt, ich bitte um Segen für mein Zuhause, ich bitte um Segen für meine Familie. Ich bitte um Segen für mein Kind, mögen himmlischer Schutz und die Führung der Engel stets mit ihm sein. Meine Liebe begleitet mein Kind. Dafür danke ich.«*

Ich spreche diese Worte und stelle mir einen goldenen Lichtkreis vor, der um meine Familie herum, um mein Kind herum, um unser Haus herum strahlt. Dieses Ritual half mir in der Zeit, als Alina noch kleiner war, friedvoll auch weiterhin meinen Weg gehen zu können. Wenn ich verreiste, hatte ich nicht mehr das Gefühl, sie einfach so hinter mir zu lassen, sondern ich übergab die Geschicke meiner Familie ganz bewusst der geistigen Welt. Auch aus der Ferne fühlte ich mich so tief, voller Liebe und in einem gesunden Maß an Verantwortung mit Alina verbunden. Ich konnte mich frei meinen beruflichen Aufgaben widmen in der Gewissheit, dass meine Tochter in den allerbesten Händen war, und in dem Wissen, dass meine Familie und unser Zuhause die Basis für meine Balance im Leben ist. Nicht umsonst heißt es: Glückliche Eltern haben glückliche Kinder. Indem ich mich um mein Glück kümmerte, konnte auch mein Kind entspannt und glücklich sein. Indem ich mich stärkte, stärkte ich auch mein Kind.

Wir sind ein Leben lang intensiv mit unseren Eltern verbunden. Wir schwingen mit ihnen, auch wenn wir fünfzig oder sechzig sein mögen und tausend Kilometer von ihnen entfernt wohnen. Viele erwachsene Menschen leiden noch immer unter ihren Eltern. Sie leiden an dem, was früher nicht optimal gelaufen ist, und sie leiden an dem, wie sich die Eltern bis heute ihnen gegenüber verhalten. Es gibt hierbei die vielfältigsten Spielarten, und auch ich habe in meinen Seminaren häufig mit diesen Themen zu tun. Gern empfehle ich hierbei ein wertvolles Abgrenzungsgebet.

Abgrenzungsgebet gegenüber den Eltern

Wann immer du dich in irgendeiner Weise durch deine Eltern belastet fühlst und den Eindruck hast, sie mischen sich zu sehr in dein Leben ein, nimm dir einen Moment Zeit, komm ganz zu dir und sprich dann mit Gefühl von Herz zu Herz zu deiner Mutter oder zu deinem Vater:

»Ich habe mein Glück in mir gefunden. Ich wünsche dir, dass du deins bei dir findest. Denn bei mir ist es nicht. So nimm die Hand deines Schutzengels und folge ihm deinen lichtvollen Weg entlang.«

Dieses Gebet ist wie ein Befreiungsschlag. Du fühlst dein Glück in dir selbst, kommst bei dir an und bist dennoch liebevoll mit deinen Eltern verbunden. Gleichzeitig hast du einen gesunden Abstand. Sprich dieses Gebet, sooft du möchtest. Du wirst feststellen, dass du neue Kraft entwickelst, neue emotionale Kompetenz und auch Konfliktfähigkeit und Klarheit, nicht nur gegenüber deinen Eltern.

Durch meine lange Beratertätigkeit und meine zunehmende Erfahrung als Seminarleiterin war ich es gewohnt, Menschen in den verzwicktesten Lagen liebevoll und zugleich klar zu begleiten. Das kam mir natürlich auch als Mutter zugute. Ich erinnere mich beispielsweise daran, wie Alina in der dritten oder vierten Klasse anfing, nicht mehr einfach das anzuziehen, was ich ihr hinlegte. Manchmal hieß es dann mit Blick auf irgendeinen Pulli: »Igitt, den zieh ich nicht an! Der ist voll uncool! Damit finden mich die anderen blöd.« Ich verstand natürlich, dass meine Tochter dazugehören will. Wir alle wollen das, und es ist auch gesund, Teil einer Gemeinschaft zu sein und bleiben zu wollen. Auf der anderen Seite war es mir natürlich wichtig, dass sie zu einem eigenständigen Menschen mit einer starken Individualität und nicht zu einer Mitläuferin wird. Also entgegnete ich: »Aha, andere finden diese Farbe, dieses Material uncool. Das verstehe ich. Und was denkst du? Wie findest du selbst diesen Pulli?«

Auch wenn sie Tendenzen zeigt, sich an mir zu orientieren – Töchter orientieren sich nun einmal gern an ihrer Mutter –, versuche ich, ihr den Ball zurückzuspielen und sie in ihren eigenen wertvollen Qualitäten zu fördern. Ich sage dann beispielsweise: »Ja, siehst du, ich kann dies und jenes. Und du kannst das und jenes, was ich nicht kann. Zum Beispiel hast du von Papa dieses tolle logische Denken und eine unfassbar klare Raumvorstellung.« Ich versuche, immer mit ihr in einem

Dialog zu bleiben und ihr nicht so viel vorzugeben, sondern sie anzuregen, in sich selbst zu suchen und zu finden. Ich möchte von Herzen, dass meine Tochter das Original bleiben und immer mehr werden kann, als das sie in dieses Leben kam.

Aus meiner Erfahrung hängt die Qualität einer Eltern-Kind-Beziehung immer primär von den Eltern ab. Das gilt auch noch, wenn die Kinder erwachsen sind. Ich erinnere mich da an einen Freund im reifen Alter, der mir erzählte: »Seit ich mir vorgenommen habe, alles gutzuheißen, was meine Kinder machen, habe ich keine Probleme mehr mit ihnen. Die Familie meines Sohnes muss zum Beispiel jeden Cent zweimal umdrehen. Und dann komme ich zu ihnen nach Hause, der Kühlschrank ist komplett leer, aber sie haben ein neues Sofa. Dann setze ich mich auf dieses Sofa und sage als Erstes: ›Oh, das ist aber schön bequem.‹ Niemand will gern kritisiert oder belehrt werden. Seit ich das kapiert habe, halt ich mich raus, und uns allen geht es besser.«

Ähnlich eine Seminarteilnehmerin: Mit Mitte siebzig rief sie nach dem Kurs ihren Sohn an und sagte am Ende des Gesprächs zu ihm: »Es ist schön, dass du so bist, wie du bist.«

Der Mann muss völlig perplex gewesen sein. Ihm fiel vermutlich fast der Telefonhörer aus der Hand, und er fragte vorsichtig ironisch: »Mutter, was ist los? Liegst du im Sterben?« – »Nein, mir geht es gut.« – »Okay, aber das hast du noch nie zu mir gesagt!«

Und sie aus tiefstem Herzen: »Dann wurde es aber langsam Zeit.«

Wir alle sehnen uns so sehr nach Liebe und nach einem wertschätzenden Umgang miteinander. Ganz gleich, ob wir Kinder sind oder Erwachsene, die ja auch ein inneres Kind in sich haben. Doch diese Liebe und die Wertschätzung, nach der wir uns so sehr sehnen, müssen wir zuerst uns selbst geben. Nur darauf zu warten, dass sie uns zuteilwird, ist vergeblich. Der erste Schritt ist immer unserer.

Meine Ursprungsfamilie war wie gesagt schwierig, und sie blieb es auch. Eine Zeit lang habe ich als erwachsene Frau häufig dieses Gebet in Richtung bestimmter Familienmitglieder gesprochen: »Wenn du in reiner Liebe bist, steht dir meine Tür immer offen. Aber wenn du nicht in reiner Liebe bist, dann musst du deinen Weg gehen.« In Zeiten, in denen meine Herkunftsfamilie einen sehr dominanten Einfluss auf mich nehmen wollte, habe ich die Haltung, die in diesem Gebet steckt, richtiggehend aufgesogen. Ich habe die Tür und das Telefon mit einem goldenen Lichtkreis gesegnet – und es war erstaunlich, wie gut es wirkte. Niemand von ihnen rief mich mehr an, und mein Leben wurde ruhig und harmonisch. Ich bekam durch dieses Gebet viel innere Kraft, um mich selbst zu schützen.

Wie es immer ist, so erlebte auch ich es: Wenn man sich von bestimmten Menschen zurückzieht, öffnen sich neue Wege. Genau das heißt es wohl, wenn wir sagen, jemand sei erwachsen. Er kann für sich einstehen und klar entscheiden, was in sein Leben gehört und was nicht, und er handelt auch danach. Wir haben zwar alle eine Vergangenheit, doch erst unsere eigenen Entscheidungen hier und heute bestimmen, wer wir wirklich sind. Und ich erlebte darüber hinaus, dass all das, was ich in mir selbst erlöst hatte, tatsächlich auch in meiner Tochter erlöst war.

Alinas Angst vor Wasser

Da ich noch im Geiste der alten Autorität erzogen worden war, hat es mir bei der Transformation meiner Muster geholfen, in einer Naturheilpraxis zu arbeiten, in der ich sehr viel über psychologische Zusammenhänge und die Verbindung von Körper, Geist und Seele lernen durfte. Ich habe sehr viel beim Beobachten der Patienten und später auch Seminarteilnehmer gelernt. Und speziell im Umgang mit meiner Tochter und meiner Art als Mutter habe ich den Büchern des hervorragenden Familientherapeuten Jesper Juul sehr viel zu verdanken. Ich bin sehr froh, dass die Kinder der heutigen Zeit, so wie auch meine Tochter, in weniger strengen und dogmatischen Mustern aufwachsen dürfen. Ihre Elterngenerationen haben bereits sehr viel aufgearbeitet und tun es weiter. Insgesamt ist das Klima weicher geworden und von mehr Offenheit geprägt.

Bei alledem kam auch ich dennoch immer wieder in Situationen, in denen ich mit meinem Latein am Ende war. Was mir dann geholfen hat, waren wieder einmal die Botschaften der geistigen Welt. Die Engel zeigten mir stets aufs Neue, dass ich mit Kreativität und spielerischer Freude mehr erreichen kann als mit Angst oder Strenge und mit festen Vorstellungen und Meinungen darüber, wie es zu sein habe. So war es zum Beispiel auch, als Alina mit zwei oder drei Jahren wieder einmal einen Wachstumsschub erlebte. In solch einer Phase sind Kinder oftmals nicht mehr so, wie wir sie kennen. Während sie einen großen Schub nach vorn vorbereiten, sind sie emotional unausgeglichen und unsicher und wollen zum Beispiel plötzlich wieder mit im Bett der Eltern schlafen.

Alina hatte auf einmal panische Angst vor Wasser. Wir waren am Meer, und ich kannte sie eigentlich nur als richtige Wasserratte. Schließlich ist sie am Bodensee geboren und mag Wasser sehr. Doch nun reagierte sie panisch und ließ sich nicht einmal mehr abduschen. Ich fand es schade, dass mein Kind so große Angst vor einem so wunderschönen Naturelement hat, und wusste nicht, wie wir das wieder hinbekommen sollten. Ich konnte sie ja nicht über Tage oder gar Wochen ungewaschen lassen. Auch in meinem Umfeld wusste keiner rechten Rat.

Also fragte ich Alinas Schutzengel, was wir tun könnten. Ich sah, wie er an ihrer Seite leuchtete. Dann zeigte er aufs Wasser, und ich konnte die Wasserwesen beobachten, die so ein bisschen wie Meerjungfrauen aussehen. Es gibt sie auch im See und in Flüssen. Es ist die Energie, die das Wasser beseelt und belebt. Es ist die Energie, die wir so sehr mögen, wenn wir an einem Wasserfall stehen, dem Rauschen des Meers lauschen oder frisches Quellwasser trinken.

Als ich Alinas Schutzengel beobachtete, sah ich ein Bild vor mir: eine kleine Badewanne, die ich für sie vorbereitet hatte. Darin kann sie sitzen, ich kann sie vorsichtig waschen, und um uns herum sind die Wasserwesen wie feine Wellen und lächeln freudig. Die Botschaft lautete: »Mach es spielerisch.«

Ganz sanft und spielerisch versuchte ich also, Alina wieder in Kontakt mit dem Wasser zu bringen. Ich sagte zu ihr: »Schau mal, das Wasser möchte mit dir spielen. Guck mal, jetzt springen ein paar Tropfen auf deine Hand. Die Wasserwesen kitzeln dich und lachen mit dir. Und jetzt springt das Wasser auf deinen Arm und auf deine Schulter. Schau mal, wie das Wasser über deine Brust fließt. Hörst du, wie die Wasserwesen kichern?«

Sie beobachtete das Ganze völlig angstfrei – und schon war sie gewaschen. Bald konnte ich sie auch wieder duschen. Ihre Angst hatte sich in Vertrauen umgewandelt, ganz ohne Druck.

Ein ähnliches Feingefühl brauche ich auch aktuell immer wieder, wenn sich meine Tochter, die mittlerweile ein Teenager ist, ganz in ihr Schneckenhaus zurückzieht. Manchmal setze ich mich zu ihr in ihr Zimmer, wenn sie etwas liest. Ich bin dann einfach nur bei ihr, ohne mit ihr zu sprechen oder sie auszufragen, wie es ihr geht und ob sie ihre Hausaufgaben gemacht hat. Ich bin einfach da und schaffe damit einen Raum, in dem sie mich ansprechen könnte, wenn sie es möchte. Und es ist auch ein Raum, in dem ich meine Tochter einfach erleben kann, ohne etwas von ihr zu wollen oder etwas an ihr verändern zu müssen. Sie kann sich gesehen fühlen, und oftmals kuschelt sie sich dann auch an mich oder erzählt etwas von sich aus. Manchmal schlägt sie sogar vor, mit mir eine Runde durch den Wald zu joggen.

Mütterliche Intuition

Gerade als Eltern neigen wir manchmal dazu, die Dinge nur schwarz oder weiß zu sehen, wenn es um unsere Kinder geht. Ich bin sehr dankbar um die himmlischen Botschaften, denn sie helfen mir nicht nur in meiner Arbeit mit zahlreichen Menschen, sondern immer neu auch in allen familiären Fragen. Und sie bewahrten mich schon oft davor, voreilig Schlüsse zu ziehen und Fronten zu verhärten, statt weich und sanft einen guten Weg für alle zu suchen. So war es auch, als Alina als etwa fünfjähriges Kind zum sogenannten Wald-und-Wiesen-Kindergarten ging. Es war mir wichtig, dass sie mit der Natur aufwächst, die Pflanzen und Tiere kennen- und lieben lernt, keine Angst vor Matsch hat und mit allem spielt, was sich im Wald finden lässt. Zu den Pädagogen in dieser Einrichtung hatte ich volles Vertrauen, und meine Tochter begab sich jeden Morgen sehr gern in diesen Freiluftkindergarten.

Plötzlich aber kam mein Kind nicht mehr mit leuchtenden Augen von dort nach Hause, sondern stark verändert. Sie zog sich zurück und wurde aggressiv, wenn man sie darauf ansprach. In ihrem familiären Umfeld hatte sie niemanden, der sich so benehmen würde. Was also war los? Warum hatte sie plötzlich einen solchen emotionalen Druck, den sie hier zu Hause abladen musste?

Ich habe mir alle möglichen Gedanken gemacht und bin auf keine Ursache gekommen. Also beschloss ich, einen Tag lang im Kindergarten dabei zu sein. Die Pädagogen dort hatten nichts dagegen, und so setzte ich mich einfach dazu und beobachtete die Stimmung in der Gruppe und all die Abläufe über den Tag hinweg.

Am Nachmittag bemerkte ich plötzlich, dass von meiner Tochter und ihrer besten Freundin nichts mehr zu sehen war. Auch die Pädagogen wussten erschreckenderweise nicht, wo die beiden Mädchen waren. Nun gab es im Gelände dieses Kindergartens eine Jurte, in die sich die Gruppe bei heftigem Regen und großer Kälte zurückziehen konnte. Intuitiv ging ich dorthin, öffnete die Tür und traute meinen Augen kaum: Die beiden Mädchen standen dort vor einem etwas älteren Jungen, er war wohl fast sieben, und er schrie sie voller Wut mit einer Fülle von Schimpfwörtern an. Von seiner Aggression war ich regelrecht entsetzt. Die beiden Mädchen standen völlig regungslos vor ihm und ließen das Gewitter über sich ergehen. Schutzlos, wie kleine Kinder sind, nahmen sie die ganze wütende Energie ungefiltert in sich auf. In diesem Moment verstand ich, welche Spannung mein Kind dann zu Hause entladen musste, welche Angst und Aggression. Ich ging natürlich sofort dazwischen, und der Junge flüchtete.

Die Welt war plötzlich dunkel geworden. Ich hatte nur den Wunsch, meine Tochter von diesem Kindergarten fernzuhalten. Ich wollte schon kündigen, doch dann überlegte ich noch einmal neu. Wenn wir jetzt aus dieser Situation flüchten, dann würde Alina nicht lernen, dass man durch Schwierigkeiten hindurchgehen und sie meistern kann. Sie würde nicht lernen, sich zu schützen, und die Gefahr wäre sehr groß, dass sich die Situation in einem neuen Umfeld und später in der Schule wiederholt. Das wollte ich nicht. Ich wollte ihr helfen, die Situation zu befrieden und sich in ihrer Stärke zu erleben.

Ich bat also um ein Gespräch mit den Eltern dieses Jungen im Beisein der Pädagogen. Wir setzten uns zusammen, und schon in den ersten Minuten wurde klar, dass die Eltern des Jungen sehr wohl wussten, wovon ich sprach. Sie erzählten, dass er zu Hause die ganze Familie terrorisierte. Sie litten darunter und fühlten sich machtlos, sie bezeichneten ihn als »schwer erziehbar«. Ich bestand darauf, dass wir nicht zulassen dürfen, dass solch ein Kind die ganze Gruppe in Unruhe und Aggression versetzt. Es musste eine Lösung her. Die Mutter des Jungen schlug vor, mit ihm zu reden. Allerdings würden Worte ihn kaum erreichen. Sie wollte außerdem dafür sorgen, dass er als Entschuldigung mit ihr zusammen für die Mädchen einen Kuchen backt. Auf diese Weise würde er zumindest angeregt, ihnen die Hand zu reichen.

Mir allerdings war das alles nicht genug. Ich hatte das Bedürfnis, selbst auch energetisch etwas zu tun. Und so bat ich die Engel, meinem Kind zu helfen, diesen Konflikt ein für alle Mal aufzulösen. Die Engel zeigten mir das Lichtkreuz als Symbol für die Lösung von Konflikten. Und so setzte ich mich jeden Morgen und jeden Abend hin und betete.

> ***Gebet zur Lösung von Konflikten***
> *»Liebe lichtvolle geistige Welt, ich bitte um die erlösende Kraft des Lichtkreuzes für diese Situation, für alle Beteiligten und für mein Kind. Möge sich in diesem Lichtkreuz alles wieder ins Gleichgewicht bringen und erlösen, so wie es lichtvoll und sinnvoll für alle Beteiligten ist. Und dafür danke ich.«*

Mithilfe dieses Gebets konnte ich loslassen und mein Kind morgens mit einem guten Gefühl wieder in den Kindergarten bringen. Ich wusste, dass es geschützt war. Abends sprach ich die Worte wieder und arbeitete damit weiter an den unbewussten Kräften in diesem Konflikt. Eine Woche lang betete ich so jeden Morgen und jeden Abend. Dann kam tatsächlich der Kuchen, und die Mädchen konnten ihn annehmen. Ich betete auch in der kommenden Woche, und die Sache schien sich zu lösen. Meine Tochter war ruhiger und schmiss keine Türen mehr hinter sich zu. Ich hörte keine Beschwerden und hatte bald wieder mein fröhliches Kind.

In der dritten Woche, in der ich ebenfalls weiter betete, fragte ich sie einmal eher beiläufig: »Na, wie läuft es denn im Kindergarten? Wie ist das denn mittlerweile mit diesem Jungen?«

Da meinte meine kleine Diva: »Ach, er nervt, er will immer mit uns spielen.«

Daran sah ich, dass sie keine Angst mehr vor ihm hatte, und in ihrer Stimme schwang auch keinerlei Aggression mit. Wenn sich ein Mädchen so hofiert fühlt, dann ist alles in Ordnung.

Irgendwann vergaß ich die Übung zur Konfliktlösung, und als mir das auffiel, wusste ich, dass sie wohl nicht mehr nötig war. Die Schwierigkeiten kehrten nicht wieder, weder mit diesem Jungen noch in einer anderen Form mit anderen Kindern aus Alinas Umfeld. Sie hatte gelernt, auf sich aufzupassen, mit Konflikten umzugehen und nicht vor ihnen davonzulaufen.

Ich war sehr froh, dass ich ihr durch diese Situation hindurchhelfen konnte. Hätte ich ebenfalls aggressiv reagiert und sie harsch zur Rede gestellt, weil sie Türen schmiss, dann wäre der Druck, unter dem sie stand, immer noch größer geworden. Ich hätte ihr Bosheit unterstellt und wäre nicht mehr aufseiten meines Kindes gewesen. Ich hätte zu Hause einen Krieg entfesselt, statt meinem Kind zu helfen, wieder in den Frieden zu finden. Wenn all meine Versuche, die Situation zu entspannen, nichts gebracht hätten, dann hätten wir immer noch den Kindergarten wechseln können. Natürlich kann auch das manchmal die richtige Entscheidung sein. Doch immer haben wir es in der Hand, ob wir in Härte oder in Mitgefühl vorgehen wollen, mit vorgefassten Meinungen oder offen auf der Suche nach der Wahrheit.

Viele heutige Eltern sind – von der Geisteshaltung her – noch in das alte Zeitalter hineingeboren. Daher braucht es uns nicht zu wundern, dass wir so sehr auf der Suche sind und noch nicht auf all unsere Fragen Antworten gefunden haben. Wir sind Vorreiter der neuen Zeit des Mitgefühls, wir gehen auf diese verwandelte Epoche zu, doch wir stammen, wenn auch vermittelt, aus einer patriarchalischen Zeit mit größerer Härte. Wir sind auf einem Weg unterwegs, den noch niemand gegangen ist. Deshalb sollten wir nicht den Anspruch an uns haben, perfekte Menschen und perfekte Eltern zu sein. In unserem Potenzial sind wir vollkommen, und wenn wir es nutzen und ausbauen, werden wir die Erfahrung machen, dass wir immer gut genug sind. Und dann fällt uns auch kein Zacken aus der Krone, wenn wir uns einmal bei unserem Kind oder anderen Menschen entschuldigen, weil wir überreagiert haben. Zu verantwortungsvollen und mitfühlenden Erwachsenen werden wir nicht, indem wir versuchen, alles perfekt zu machen. Wir werden dazu, wenn wir selbstfürsorglich und bei uns sind und immer auch mal die Perspektive unserer Kinder einnehmen, wenn wir nach friedvollen Lösungen und einem harmonischen Miteinander streben.

Für mich ist das Familienleben tatsächlich ein Weg der Liebe. Wir Erwachsenen sind es dabei, die diese Liebe den jungen Menschen vorleben können. Real und analog, fernab der zunehmend digitalen Geschehnisse. So können wir unseren Kindern auch zeigen, wie schön und bereichernd das Leben gerade in den Momenten sein kann, in denen wir eben nicht auf irgendwelche Bildschirme starren. Wir können ihnen vermitteln, wie stärkend und nährend tatsächliche Gespräche sind, wirkliches Zusammensein, Berührung und ein reales Erfahren der Welt und der Natur. Jedes Mal wenn ein Kind auf sein Handydisplay schaut, stirbt ein Abenteuer auf dem Baum: Dieser Spruch reichte meiner Tochter oftmals schon, um selbst ein Gefühl dafür zu bekommen, wann sie den Off-Button am Computer oder Smartphone finden sollte. So braucht sie die Geräte nicht als Ersatz für Freundschaften und wirkliche Abenteuer zu benutzen.

Wenn wir innerlich selbst noch bedürftig sind, dann werden unsere Kinder für uns oftmals zu einer Belastung. Wenn wir die Aufgabe, ihnen Eltern zu sein, hingegen mit Freude und Verantwortungsbereitschaft annehmen, dann werden sie zu einer Bereicherung. Ich zumindest bin weiter gereift, seit meine Tochter auf der Welt ist, und gerade durch meine Mutterrolle immer bewusster geworden. Ich kann mich seither noch stärker in meinem Körper spüren, und meine Kreativität ist immer weiter aufgeblüht. Ich öffnete mich ganz und gar der Aufgabe, Mutter zu sein, und so konnte ich in der gleichen Zeit auch meine Vortragstätigkeit und die Seminare beginnen. Mit dem Glück einer großen und liebevollen Familie im Rücken hat mir die Erfahrung, die Mutter einer Tochter zu sein, eines Kindes dieser neuen Zeit, sehr gutgetan. Und diese Wirkung hält bis heute an.

Jaroslawl, zurück in Russland *

»Njet«, sagte ich. »Nein! Nach Russland gehe ich nicht!« Die Erinnerungen an das Russland meiner Kindheit konnten mich überhaupt nicht locken. Ich war froh, in Deutschland zu sein, ich wollte nicht zurück in meine Heimat, nicht einmal für kurze Zeit.

Doch man ließ nicht locker. Immer wieder hatte ich die Eintrittsgelder von Vorträgen an die anthroposophische Partnerschule unserer Schule am Bodensee gespendet – an eine Schule in Russland. Genauer gesagt in Jaroslawl. Wenn Moskau das Gehirn von Russland ist, dann ist Jaroslawl (ähnlich wie Sankt Petersburg) seine Seele. Es liegt etwa zweihundertsechzig Kilometer von Moskau entfernt und gehört zu diesem berühmten goldenen Ring um die Hauptstadt. Die Altstadt von Jaroslawl zählt zum UNESCO-Weltkulturerbe. Und genau dorthin sollte es mich nun mit großer (und letztlich wunderschöner) Macht ziehen. Die Direktorin der dortigen Schule hatte mich besucht, denn sie wollte mich gern kennenlernen. Und dann meinte sie zu mir: »Du musst unbedingt zu uns kommen, unsere Schule kennenlernen und den Kindern in die Augen schauen, die du mit unterstützt.« Doch ich wollte anfangs wirklich nicht. Außerdem war ich eine junge Mutter und wollte nicht mehr als nötig verreisen.

Doch Galina, die Schuldirektorin, sagte: »Janotschka, du hast eine große Zukunft vor dir. Doch um dieser Zukunft gewachsen zu sein, brauchst du Frieden mit deinen Wurzeln.«

In diesem Moment spürte ich, dass sie recht hatte. In mir rief es weiterhin laut: »Njet, njet, njet.« Aber wenn ich daran dachte, Russland zu besuchen, konnte ich bald tief atmen, mein Kopf war klar, und mein Herz war offen. Ich spürte eine tiefe Berührtheit bei den Worten von Galina. Natürlich: Ein Baum ist so stark wie seine Wurzeln. Und wir sind so stark wie das, was als unsere Vergangenheit in uns lebt. Wir brauchen Frieden mit der Vergangenheit. Erst dann haben wir Wurzeln und können stark emporwachsen. Mir wurde klar, dass ich einen friedvollen Bezug zu meiner Vergangenheit brauche. Also sagte ich schließlich Ja.

Es war ein mulmiges Gefühl, mit dem ich wieder nach Russland reiste. Tief in meinem Inneren wusste ich, dass es richtig ist, doch ich fühlte mich nicht wohl. Als ich das Land 1992 verlassen hatte, war Russland im Aufbruch. Es gab viel Privatisierung, viel Macht war zu verteilen, es gab regelrechte Mafiakriege und allenthalben Korruption. Was ich verlassen hatte, war ein Umfeld voller Gefahren und vor allem voller gefährlicher Männer. Die allgegenwärtige Angst konnte ich noch immer in mir wachrufen, sie lebte noch in mir. Nun aber wollte ich die Schule in Jaroslawl kennenlernen, mit der ich mich über die Ferne schon verbunden fühlte. Ich wollte meine alten Ängste und mein schlechtes Bild von Russland auflösen.

Niemals habe ich das Gesetz der Resonanz so deutlich erfahren wie auf dieser Reise. Während mich ein mulmiges Gefühl begleitete, waren die anderen Deutschen, die mit unterwegs waren, einfach nur begeistert von Russland. Sie zeigten sich fasziniert von der Altstadt Jaroslawls, von der Schönheit der Architektur, von der Herzlichkeit der Menschen, von der Art, wie hier die Waldorfschulpädagogik umgesetzt wurde. Auch ich war fasziniert, doch gleichzeitig ließ mich das Gefühl nicht los, in Gefahr zu sein. Ich krallte mich an meiner Handtasche fest, als ob sie mir jeden Moment jemand entreißen wollte, und ich verstand mich selbst nicht.

Und dann schlug das Gesetz der Resonanz vollends zu. Wir spazierten durch die Stadt, und in mir wurde es immer unruhiger. Plötzlich blieb ich wie versteinert stehen, während sich meine deutsche Begleitung entspannt unterhielt und weiterlief. Die anderen waren bestimmt schon zwanzig Schritte vor mir, und ich stand wie angewurzelt da. Da hielt neben mir mit quietschenden Reifen ein Auto, ein Mann sprang heraus und zog direkt neben mir eine Pistole, um auf einen anderen Mann zu schießen, der vorn an der Kreuzung ebenfalls aus einem Auto stieg. Er traf ihn nicht, sprang wieder ins Auto, und es raste weiter. Der andere Mann lief weg, sie fuhren ihm nach, um ihn in ihr Auto zu zerren.

Genau wegen solcher Aktionen hatte ich nicht wieder hierhergewollt! Und mit dieser angstvollen Resonanz hatte ich genau solche Erlebnisse angezogen. Die anderen aus meiner Gruppe hatten von alldem gar nichts mitbekommen. Sie spazierten in einer heilen Welt weiter. Ich dagegen stand in der Hölle.

Jemand drehte sich zu mir um, winkte. Und dann wartete die Gruppe, bis ich wieder bei ihnen war. Ich erzählte, was passiert war, und sie konnten es gar nicht glauben. Sie hatten wirklich nichts davon bemerkt.

Als ich Galina später in der Schule davon erzählte, meinte sie: »Das verstehe ich aber nicht. Seit den Neunzigern gab es keine Schießerei mehr, denn alle Banden sind geklärt oder aufgelöst.«

Mir wurde die unglaubliche Macht der Resonanz bewusst. Alle aus meiner kleinen Reisegruppe fühlten sich sehr wohl und genossen die Zeit, während ich innerlich kämpfte und dann sogar in diese Schießerei geraten war. Die Welt ist tatsächlich immer so, wie wir sie sehen wollen. Wir ziehen das an, woran wir glauben.

Für mich war nach dieser Erfahrung glasklar, dass ich mein altes Muster lösen wollte. Ich wollte nicht weiter auf ein Land und seine Menschen schimpfen, sondern mich selbst hinterfragen. Ich selbst wollte, wie es immer so schön heißt, die Veränderung sein, die ich mir wünschte für diese Welt. Und tatsächlich wurde ich mit wunderschönen Erfahrungen in Russland belohnt, deren Wirkung bis heute anhält.

»Du wirst wiederkommen«

Galina brachte uns in ein sehr altes Dorf, in dem es zum Teil nicht einmal Strom und Wasser gab. Sie führte mich in eine uralte Kirche und meinte, wenn ich einen Ort der Stille zum Beten suche, dann wäre diese Kirche geeignet. Sie wollte mich dabei unterstützen, das Herz, die Seele Russlands zu entdecken und die Wunden meiner Kindheit zu heilen.

Es gab in dieser Kirche eine Marien-Ikone, mit der eine berührende Geschichte verbunden war: Eine psychisch kranke Frau hatte vor vielen, vielen Jahren an diesem Ort eine Marienerscheinung erlebt und danach begonnen, diese Ikone zu malen. Sie hatte mehrere Jahre dafür gebraucht – und als sie damit fertig war, war sie geheilt. Die Ikone gilt bis heute als bewusstseinserweiternd und heilend.

Ohne viel zu erwarten, betrat ich die Kirche – und erlebte dort vor dieser Ikone die stärkste Marienerscheinung, die mir jemals begegnet war. Vor der Ikone sah ich Maria in einem goldenen Licht, und sie lächelte mich gütig an. Wie auch auf der Ikone dargestellt war sie von ihren Marienengeln umringt. Die Ikone und der Platz, an dem ich stand, wurden zu einem heiligen Kraftort, und der Blick von Maria sagte: »Du wirst wiederkommen.«

Spontan antwortete ich: »Njet.«

Und wieder sagte sie: »Du wirst wiederkommen.«

Sie sagte es ohne Nachdruck, mit absoluter Liebe, und plötzlich wusste ich, dass sie recht hatte. Tatsächlich bin ich seither noch sehr oft an diesen Ort zurückgekehrt und werde weiterhin dorthin gehen. In mir entstand nämlich die Idee, diesen und andere heilige Kraftorte in Russland mit Gruppen von Interessierten zu besuchen – als Seminarreise. Gemeinsam mit der Waldorfschule entwickelten wir ein Programm, und seither besuchen wir mit deutschsprachigen Teilnehmern von Jaroslawl aus jeden Tag einen der Kraftorte in der Umgebung.

Die erste dieser Reisen war sofort ausgebucht, und ich stellte mit Staunen fest, dass gerade die Deutschen eine tiefe Sehnsucht nach der russischen Weite spüren. Manchmal kam es mir so vor, als entspräche es ihrem karmischen Auftrag, die Orte zu besuchen, an denen beispielsweise die Urgroßväter oder Großväter im Zweiten Weltkrieg gekämpft haben, in Gefangenschaft waren oder umgekommen sind. Folglich waren und sind diese Reisen auch immer mit vielen heilenden Tränen verbunden. So wie ich selbst in Russland auf diesen Reisen immer wieder tiefe Heilung erfahren darf, erleben es auch die Teilnehmenden für sich selbst.

Einmal zum Beispiel war ich mit einer Gruppe in genau dieser Kirche, und wieder erlebte ich eine Marienerscheinung. Es war ein sehr berührender Moment für alle Anwesenden. Unter ihnen war auch eine Gesangslehrerin aus Deutschland, die mich fragte, ob wir in dieser Kirche singen dürfen. Sie habe ein solches Bedürfnis danach, ein Halleluja ertönen zu lassen. So sangen wir gemeinsam das Halleluja an diesem heiligen Ort und erlebten einen Moment ungeheuer tiefer Heilung. Die Herzen öffneten sich weit und weich, und wir fühlten uns unendlich befreit. Fünfzig Menschen sangen an einem heiligen Ort inbrünstig Halleluja, und unzählige Ahnengeister waren mit uns dabei versammelt, um ihrerseits Heilung zu erfahren.

Das Halleluja hat mich seither nicht mehr verlassen. In jedem Seminar singen wir mittlerweile diese heiligen Klänge und stimmen uns damit auf die Botschaften der Engel und ihre Kräfte ein.

Unser Kinderverein

Als die Marienerscheinung auf einer weiteren Reise zu mir sagte: »Du wirst wiederkommen«, schwang in ihrer Ausstrahlung die Botschaft mit: »Du wirst hier helfen.« Diesmal wehrte ich mich nicht, auch wenn ich noch nicht wusste, wie ich helfen könnte. Natürlich hatte ich die Waldorfschule schon länger unterstützt, aber hier war noch etwas anderes gemeint. Wieder zu Hause, ließen wir die Reise und all die intensiven Erfahrungen auf uns wirken, und gemeinsam mit meinem Partner entwickelte ich die Idee, einen Kinderverein zu gründen.

*Unser Kinderdorf hat das Leben von vielen,
vielen Menschen verändert – und auch meins.*

Wir begannen sofort mit der Umsetzung, und wieder ging alles sehr schnell: Zunächst setzte ich mein eigenes Kapital ein, und bald begannen auch die Spenden zu fließen. Doch wir hatten noch kein konkretes Projekt. Auf der nächsten Seminarreise sollte sich das aber auf sehr berührende Weise ändern.

Galina stellte die Verbindung zu einer Frau her, mit der wir gemeinsam ein Waisenhaus anschauen konnten. Ich fand, dass dieses Waisenhaus bereits gut organisiert war und dass es keinen Sinn habe, in dieses bereits bestehende System einzugreifen. Ich wollte, dass unsere Spenden in ein Projekt fließen, das Kindern eine wirkliche Zukunftsperspektive ermöglicht und damit auch ihr ganzes Umfeld im Sinne wahrer Menschlichkeit unterstützt.

Schließlich ergab es sich, dass wir die chirurgische Abteilung einer Kinderklinik besuchen durften. Der Chirurg erzählte stolz, dass unter seinen Händen noch kein Neugeborenes verstorben sei. Er zeigte uns Brutkästen mit winzig kleinen Babys voller Schläuche und Pflaster. Ich war selbst vor noch gar nicht allzu langer Zeit Mutter geworden und entsprechend dünnhäutig.

Entsetzt fragte ich den Arzt: »Wo sind denn ihre Eltern?«

Ich würde meinem zu früh geborenen Kind nicht von der Seite weichen. Doch er erklärte uns, dass diese Kinder keine Eltern mehr hätten. Es waren behinderte Kinder, die man deswegen einfach dagelassen hatte. Die Eltern haben sie nach der Entbindung einfach nicht mitgenommen, und es bestand auch keine Pflicht auf eine Herkunftsauskunft. Oft waren es auch Kinder von Süchtigen, meist von Alkoholikern, die ebenfalls einfach im Krankenhaus zurückgelassen wurden. Sie wurden einfach unter einer Nummer gespeichert und später je nach Behinderungsgrad an die umliegenden Waisenhäuser verteilt.

Ich war entsetzt!

Ich fragte den Chirurgen, was Kinder mit geistiger Behinderung für eine Perspektive haben. »Gar keine«, sagte er, »sie werden nur als biologische Masse behandelt, ohne Seele.«

Mich schockierte dieser Umgang mit behinderten Kindern. Sie haben in Russland weniger Rechte noch als die Tiere. Wir waren auf dieser Reise auch in einem Waisenhaus gewesen – in einem von denen, in dem auch diese Kinder später landen würden –, in dem behinderte Kinder lebenslang an ihr Bett angebunden wurden. Sie durften nicht raus, sie durften der Welt nicht gezeigt werden. Russen verzeihen keine Schwäche, heißt es, und das zeigte sich hier auf besonders grausame Weise. Diese Kinder wurden nur rein körperlich versorgt und starben entsprechend früh.

Während ich noch in dieser Kinderklinik stand und mit dem Arzt sprach, wusste ich: Das wird unser Projekt, ein Projekt für Menschenrechte, für Kinderrechte, für eine Perspektive dieser behinderten Kinder, die von ihren Eltern einfach im Stich gelassen werden.

Plötzlich ging alles ganz leicht. Wir wurden mit einer kleinen Vereinigung von Müttern zusammengebracht, die selbst Kinder mit geistiger Behinderung hatten. Meist waren sie alleinerziehend, die russischen Männer waren für diese Verantwortung fast immer zu schwach und hatten die Familien verlassen. Also schlugen sich die Mütter allein durch, gegen alle Anfeindungen aus der Gesellschaft und ohne jegliche finanzielle Unterstützung. Doch sie kämpften für ihre Kinder und hatten sich dafür zusammengetan. Diese Frauen hatten erkannt, dass es keinen Sinn hatte, auf Unterstützung vonseiten der Politik und der Gesellschaft zu hoffen. Sie wollten ihre Kinder um keinen Preis weggeben und schafften es mit großer Anstrengung, sie aufwachsen zu lassen. Dabei wussten sie, dass diese jungen Menschen, sollten die Mütter vor ihnen sterben, doch wieder in eine geschlossene Abteilung gebracht und dort weggesperrt würden, bis sie emotional unterversorgt früh sterben. Auch das war für sie Teil der Motivation, sich zusammenzutun, um die Kinder weitgehend unabhängig von ihnen als Einzelperson werden zu lassen.

Sie waren gerade dabei, ihren kleinen Verein zu gründen, hatten von einer Zirkusdirektorin einen Raum für ihre Treffen zur Verfügung gestellt bekommen und überlegten, was sie tun könnten. Dann lernten sie mich kennen, und so starteten wir gemeinsam.

Heute haben wir mit diesen und vielen weiteren starken und herzensvollen Eltern ein ganzes Kinderdorf bei Jaroslawl aufgebaut. Wir fanden eine ehemalige Ferienanlage mit vielen maroden Gebäuden, die wir mithilfe von Spendengeldern nach und nach sanieren. Mittlerweile unterstützen wir weit über dreihundert Familien, die mit ihren Kindern in dieses Dorf kommen können. In dem großzügigen Waldgrundstück gibt es inzwischen unterschiedliche Therapiemöglichkeiten, Aufenthaltsräume, Theaterpädagogik, Yoga, Kunsttherapie, Tiertherapie, Werkstätten, Betreuung für Kleinkinder bis Teenager und junge Erwachsene. Es sind Familien mit Kindern mit den unterschiedlichsten Schwierigkeiten eingeladen.

Was sich dabei aufs Berührendste zeigt, ist, dass diese sogenannten behinderten Kinder bei einer fürsorglichen und fördernden Betreuung und Therapie ihr volles Potenzial entfalten können. Sie haben oftmals so wundervolle Talente! Das zeigt sich in unserem Kinderdorf beispielsweise an den Theateraufführungen: Im Jahr 2019 ist eine Gruppe damit sogar im Kreml aufgetreten. Sieben Jahre zuvor, als wir mit unserem Projekt starteten, galten diese Kinder als Aussätzige ohne jegliche Rechte und ohne jede Perspektive. Heute treten sie landesweit mit ihren Theateraufführungen auf, das Fernsehen berichtet über sie, sie werden im Geiste der Inklusion in Schulen eingeladen – das Bewusstsein für diese Menschen und das Mitgefühl in der Gesellschaft wachsen gleichermaßen an. Unser Dorf wurde zu einem Pilotprojekt für das ganze Land.

Wir bauen die Vorhaben immer weiter aus, sodass bisherige Sommerprojekte zu ganzjährigen Projekten werden können. Wir arbeiten daran, dass es im Winter in all unseren Häusern eine Heizung gibt und dass wir immer mehr Eltern und Pädagogen im menschlichen Sinne ausbilden können.

Heute sagt mir niemand mehr ins Gesicht, dass diese Kinder nichts wert seien, nur »biologische Masse ohne Seele«. Heute gewinnen diese jungen Menschen Theaterprojekte, Sportwettbewerbe, Tanzwettbewerbe und gehen immer mehr hinaus in die Welt, voller Selbstbewusstsein und im Vertrauen auf ihre Kräfte. So heißt der russische Name des Vereins in Jaroslawl auch übersetzt »Mit dem Gesicht zur Welt«. Denn vorher standen diese Kinder mit dem Gesicht zur Wand. Sie wurden versteckt, waren verachtet, und ihre eigenen Eltern wollten meist nichts mit ihnen zu tun haben.

Ein Land muss sich daran messen lassen, wie es mit seinen Schwächsten umgeht. In diesem Sinne bin ich sehr dankbar, dass ich in unserem gemeinnützigen Verein »Jana Haas Kinderhilfe in Russland e. V.« mit himmlischer und viel irdischer

Unterstützung meinen Beitrag für eine bessere Welt leisten darf. Wir helfen dort immer mehr Kindern und schaffen damit nicht zuletzt ein Bewusstsein dafür, dass in jeder Schwäche auch eine Stärke liegt. Wir zeigen, dass die Gesellschaft ohne diese Kinder an Vielfalt und Vielgestaltigkeit verlöre.

Jedes Jahr reisen wir nun mit einer Seminargruppe nach Russland zu heiligen Kraftplätzen und besuchen auch unser Kinderdorf. Viele Unterstützer reisen dabei auch gern mit und beobachten, wie das Kinderdorf durch ihre Spenden wächst und gedeiht. Es ist ein Segen, wenn wir sehen, wie dort all die Eltern und ein großer Freundeskreis des Projekts die Ärmel hochkrempeln und tatkräftig dafür sorgen, dass das Dorf immer schöner und bunter wird und immer mehr für immer mehr Kinder getan werden kann. Oftmals werden für unsere deutschsprachigen Gruppen Theatervorstellungen gezeigt, die stets eine berührende psychologische Tiefe haben, denn der Theaterleiter im Dorf ist selbst Psychologe. Die Teilnehmer werden auch in die Kunsttherapie integriert. So verbringen wir stets einen Tag im Kinderdorf und sehen mit unseren eigenen Augen, dass aus Liebe wahre Wunder geschehen.

Jedes Jahr besuche ich natürlich auch die Marien-Ikone. Immer lächelt sie mich an, und ihr Lächeln sagt: »Du wirst wiederkommen, und du wirst weiterhelfen.« Dann ahne ich, dass aus unserem Pilotprojekt weitere Projekte erwachsen werden. Mein Tun dabei verstehe ich als einen heiligen Dienst. Und offenbar ist er in meinen Seelenplan eingeschrieben, denn alles fließt und entwickelt sich ganz leicht und wundervoll.

Mit Russland hat mich dieses Projekt versöhnt. Ich kenne das Land nun nicht mehr nur aus meiner Vergangenheit und von der politischen Seite her, sondern auch in all seiner

Güte, Liebe und Sanftheit, die die Menschen aufbringen, die ich durch unser Kinderdorf kennenlernen durfte. In ihnen erkenne ich meine eigene Seele wieder und verstehe auch mein seelisches Potenzial immer mehr. Aus dieser Liebe, wie ich sie auch bei diesen russischen Menschen erfahren durfte, schöpfe ich Wissen, Ideenreichtum und Bewusstheit für meinen Weg.

Was man so schön »die russische Seele« nennt, hier habe ich es gefunden, und dadurch fand ich es auch in mir. Die Reisen mit den Gruppen sind immer eine Freude. Wir genießen neben den Kraftorten die Landschaft, die Architektur, das gute Essen, die Schönheiten der Sprache, die Musik, die Tänze und vieles mehr. So sehe ich heute, wie schön sich das Land teilweise auch entwickelt, und es freut mich sehr. Die russische Seele ist stark und kernig. Sie lässt sich nicht durch die eisig kalten Winter besiegen und auch nicht durch Widrigkeiten und Not. Sie macht aus allem das Beste.

Meine vielen schönen Begegnungen in Jaroslawl haben mich mit Russland versöhnt.

Jenseitige Welten

Mein ganzes Leben wurde immer wieder auch vom Tod berührt. Meine gesamte Kindheit hindurch erschreckten mich die Seelen Verstorbener, die herumirrten und bei mir Erlösung suchten, die ich ihnen damals aber nicht geben konnte. Ich hatte eigene Nahtoderfahrungen, die letzte mit sechs Jahren beim drohenden Ertrinken im Irtysch. Meine Hellsichtigkeit ließ mich mein Leben lang Verstorbene wahrnehmen, und so wurde dies natürlich auch in meiner Arbeit als Heilerin immer wieder Thema. Da ich mit den himmlischen Welten außergewöhnlich eng verbunden bin, wurde ich außerdem oft gebeten, eine spirituelle Begleitung Sterbender zu leisten. So waren mir der Tod und das Sterben immer sehr nah. Bei all den Erfahrungen damit lernte ich ungeheuer viel über die tief greifenden Zusammenhänge zwischen Leben und Tod, zwischen unserer Welt und der jenseitigen.

Dass es auch auf der anderen Seite nicht immer nur sanft und lichtvoll zugeht, bestätigte sich dabei häufig. So kam beispielsweise eines Tages eine ältere Patientin in meine Praxis, deren Partner vor einigen Monaten gestorben war. Sie war immer für ihn da gewesen, und auch während seiner langjährigen schweren Krankheit hatte sie ihn aufopferungsvoll gepflegt. Als er dann endlich erlöst wurde, fühlte auch sie sich befreit. Sie wollte ganz neu anfangen – und wie sie so vor mir saß, schien sie mir wirklich eine Frohnatur zu sein. Allerdings kam sie seit dem Tod ihres Partners nicht mehr richtig auf die Beine. Sie fand einfach keine Kraft mehr, sie wurde im Gegenteil immer schwächer und konnte sich das nicht erklären. Emotional konnte sie mit dem Tod des Lebenspartners sehr gut umgehen, ihre Schwäche war rein körperlich. Unterschiedliche Ärzte hatten schon alles Mögliche untersucht – ohne Ergebnis. Sie war kerngesund und doch kaum noch lebenstüchtig. Sie hatte sich so sehr auf den Neubeginn gefreut, und jetzt hatte sie das Gefühl, dass sie nicht mehr lange zu leben hätte, wenn es so weiterginge.

Ich schaute in ihre Aura und sah vor ihr die Seele ihres verstorbenen Partners. Er sah verbittert aus, verließ die irdische Ebene nicht und drehte ununterbrochen ihr Solarplexuschakra über dem Magen gegen den Uhrzeigersinn, also energieabbauend. Ich fragte ihn verblüfft, was er da mache, und mürrisch und aggressiv gab er mir zu verstehen, dass ich mich hier raushalten solle.

Ich erzählte der Patientin, was ich wahrgenommen hatte, und sie lachte nur: »Ja, ja, so war er.«

Ich schaute mir genauer an, was er da tat, und mir wurde klar, dass er ihr die Lebenskraft entzog. Er drehte ihr im wahrsten Sinne des Wortes den Lebenssaft ab. Als ich ihn fragte, warum er das mache, sagte er in seiner mürrischen Art, dass sie ihm gefälligst nachkommen solle. Jetzt verstand ich, was hier vor sich ging. Er entzog ihr die Lebenskraft, damit sie schneller stirbt, ihm nachkommt und dann weiter für ihn sorgen soll. Dass dies zu funktionieren drohte, lag aber nicht allein an ihm. Es war eine sogenannte Co-Abhängigkeit: Er war der Meinung, dass diese Frau ihm gehöre und weiterhin für ihn da sein müsse. Doch auch sie war der Meinung, dass sie für ihn sorgen müsste. Als ich ihr davon erzählte, sagte sie, dass er ihr bereits auf dem Sterbebett genau das gesagt hatte: Sie müsse weiterhin für ihn da sein, das sei ihre Aufgabe.

Sie hatte nicht widersprochen.

Was also tun? Ich besprach mit ihr, dass wir ein Abschiedsgebet sprechen könnten und ihn dann ins Licht schicken würden. Sie war einverstanden, wir beteten und sagten ihm, er solle nach oben ins Licht schauen und den Engeln folgen. Doch diese Seele wurde aggressiv und schimpfte, ich solle mich nicht einmischen. Noch intensiver drehte er am Solarplexuschakra seiner Frau.

Ich fragte sie, ob sie wirklich bereit sei, ihren Partner loszulassen. Sie bejahte das, schließlich hatte sie sich so auf ihr neues freieres Leben gefreut. Doch als ich sie fragte, ob sie der Meinung sei, dass sie für ihn sorgen müsse, musste sie auch das bejahen. Ich erklärte ihr, dass genau das der Knackpunkt sei. Solange sie diese Einstellung hatte, konnte er sich an ihr festhalten. Sie verstand das, konnte den Schalter aber nicht von jetzt auf gleich umlegen. Also gab ich ihr eine Hausaufgabe mit: Eine Woche lang sollte sie jeden Tag dreimal ein Abschiedsritual abhalten, vor allem zur Unterstützung ihres eigenen Loslösungsprozesses. Nach einer Woche kam sie wieder zu mir und berichtete, dass es schon besser geworden sei. Sie könne bereits wieder ihren Alltag bewältigen, auch wenn sie sich noch nicht stark fühlen würde. In ihrer Aura sah ich, dass die Seele des Mannes nun etwa einen Meter von ihr weg war und daher auch nicht mehr an ihrem Chakra drehen konnte. Doch er saugte ihr nach wie vor Lebenskraft aus.

»Er gehört ins Licht und nicht zu Ihnen«, erklärte ich der Frau. »Sie sind noch immer besetzt von ihm.«

Sie sprach eine weitere Woche lang dreimal am Tag ihr Ritual und machte sich dabei bewusst, dass sie ihm nichts schuldet, schon gar nicht ihr Leben. Nach der zweiten Woche war er bereits weiter von ihr entfernt, aber immer noch da. Es ging ihr besser, und sie freute sich darüber.

Ich aber meinte: »Jetzt sollte mal Schluss mit den Spielchen sein. Jetzt müssen Sie ihm auch mal einen Tritt geben. In dem Sinne, dass Sie nicht nur froh und lustig und nett sagen: ›He, schau doch mal ins Licht‹, sondern dass Sie ganz klar sagen: ›Jetzt ist Schluss. Null Kraft kriegst du von mir. Du gehst jetzt deinen Weg, und ich gehe meinen Weg.‹ Diese Power, diesen Trotz, dieses Aufstampfen müssen Sie empfinden. Sie müssen eine Konsequenz spüren. In diesem Fall können Sie ihm ja nicht einfach die Tür vor der Nase zumachen und auf diese Weise einen Schlussstrich ziehen. Sie müssen echte Entschiedenheit empfinden.«

In der dritten Woche schließlich hat diese Frau dann die Kurve gekriegt. Erwachsen und entschlossen schickte sie ihren verstorbenen Partner weiter und gelangte tatsächlich wieder zu Kräften. Als sie zum vierten Mal zu mir kam, sah ich die Seele nochmals weiter von ihr entfernt. Ich bat Erzengel Michael, sie mit ins Licht zu nehmen und ihr einen angemessenen Platz zu geben. Ihr Platz war einfach nicht mehr bei dieser Frau.

Was mir an dieser Geschichte so wunderbar bewusst wurde, ist, dass wir niemals Opfer sein müssen. Es sind nicht die Umstände und nicht einmal die Seelen Verstorbener, die uns in Kraftlosigkeit und Trübsal gefangen halten. Wir selbst können mit Entschiedenheit und Klarheit unser Leben gestalten und uns in unsere Kraft bringen. Auch diese Frau hatte das mit ihren mehr als sechzig Lebensjahren nun lernen können. Es würde ihr nicht nur im weiteren Leben, sondern später auch im Jenseits helfen können. Man nennt es auch Selbstfürsorge.

Zum Glück sind solche Erlebnisse eher die Ausnahme. Doch sie zeigen uns, wie wichtig es ist, nach dem physischen Tod eines Mitmenschen in sich Frieden zu finden und zu sich selbst zu kommen.

Allerheiligen

Auf meinen vielen Vortragsreisen habe ich mir angewöhnt, wenn es mir möglich ist, die Kirchen der jeweiligen Orte zu besuchen und zu beobachten, auf welche Weise die Menschen dort mit ihren Engeln verbunden sind. Ich will sie und überhaupt den Ort und die Schwingungen dort kennenlernen. So gehe ich in eine Kirche, bete, zünde eine Kerze an und verweile beobachtend in der Stille. In manchen Gegenden lassen die Menschen ihre Engel nah an sich heran, in anderen weniger. Und oftmals vermag ich die Themen zu erspüren, mit denen sie befasst sind, und kann dann in meinem jeweiligen Vortrag genau auf das eingehen, was die Menschen in dieser Stadt bewegt.

So war ich auch zu Allerheiligen in einer Kirche in Wien. Es war schon Abend, ich war bereits auf dem Weg zu meinem Vortrag, und ich spürte an diesem speziellen Tag, dass etwas in der Luft lag. Vor einer großen Kirche waren am Eingang Kerzen angezündet, ich hörte die Worte der betenden Menschen, die an diesem Tag überall auf der Welt für die Seelen bitten. Diese gebündelte Energie kam mir vor wie ein globales Gebet, und es verbreitete eine sehr heilige, sehr friedvolle Stimmung. Ich erkannte, wie unzählige Menschen weltweit mit ihren Gebeten unbewusst eine Welle des Lichts auslösten. Die Verstorbenen, die den Heimweg noch nicht gefunden hatten, nahmen diese Gebete und das Licht wahr und machten sich auf den Weg. Sie begaben sich auf die Suche nach Orientierung und Erlösung.

In Wien sah ich, wie von allen Seiten die Seelen der Verstorbenen, die noch auf der Suche waren, ins Licht gingen. Sie strömten auf die Kirche zu, bewegten sich hinein, verweilten bei den brennenden Kerzen, schauten dem Feuer zu, wie es nach oben loderte, und bewegten sich schließlich auch nach oben in das göttliche Licht. Sie erkannten es, sie gingen in Resonanz damit. Sie begannen, dem Licht zu gleichen. Denn wie es in Goethes Faust heißt: »Du gleichst dem Geist, den du begreifst.« So schwangen sich an diesem Abend unzählige Seelen nach oben ins Licht. Eine machte es der anderen nach – ein friedvolles Lichtermeer der Erlösung, mystisch, stark und gleichzeitig ganz fein. Ich konnte meinen Blick kaum davon trennen.

Allerseelen und Allerheiligen haben seit diesem Erlebnis eine besondere Bedeutung für mich, und ich habe erkannt, wie wertvoll auch die religiösen Rituale sind, in denen sich zahllose Menschen verbinden. Sie geben Lebenden ebenso wie Toten Orientierung und Kraft, Trost und Geborgenheit. Die Erfahrung bestärkte mich zugleich in meiner Spiritualität und darin, sie möglichst vielen Menschen nahezubringen.

So viele unerlöste Seelen?

Es ist erstaunlich und doch Realität: Überall gibt es unzählige Seelen, die nach dem physischen Tod ihrer letzten Inkarnation noch nicht ins Licht gefunden haben. Ich bin ihnen in meinem gesamten Leben beinah täglich begegnet. Ich erinnere mich da auch an einen Fall in der Schweiz, wo ich mit Freunden wandern war und wir an einem unbewohnten, eher düster wirkenden Haus vorbeikamen. Es hatte einem Komponisten gehört und war nun ein Museum zu seinen Ehren. Doch aus diesem Haus kam alles andere als eine freundliche Schwingung. Es wirkte schwer und düster, und selbst meine Freunde, die keine hellsichtigen Fähigkeiten besitzen, merkten, dass mit diesem Haus etwas nicht stimmte.

Ich schaute derweil energetisch hinein und sah die Seele der Frau des Komponisten dort sitzen. Abwartend und einsam. Sie machte genau das Bild, das dazu führt, dass sich so viele Menschen vor Geistern fürchten. Doch letztlich sind es immer einfach ihre traurigen oder auch aggressiven Emotionen, die eine solche Schwingung erzeugen. Diese Frau war in der Erwartung gestorben, dass ihr Mann bald von seiner Tournee nach Hause käme, und sie hatte es noch nicht bemerkt … Sie war einfach in ihrem Gefühl hängen geblieben und damit auch in der Zeit.

Ich fragte sie, worauf sie denn warte. Sie antwortete: »Ich warte auf meinen geliebten Mann.« Sie hatte tatsächlich noch nicht realisiert, dass sie bereits seit über hundert Jahren verstorben und auch er bereits tot war. Da wir nach dem Tod in der Stimmung sind, in der wir unseren letzten Atemzug getan haben, war sie einfach wartend dort sitzen geblieben.

Ich sagte zu ihr: »Deine Reise auf dieser Erde ist zu Ende gegangen. Schau mal, um dich herum sind so viele Engel. Schau nach oben ins Licht und folge den Engeln.«

Sie interessierte aber nicht die Engelwelt, sondern ihr Mann. Also erklärte ich ihr, sie solle nach oben ins Licht schauen, und dann würde sie wissen, wo sie ihren Mann fände. Diese Information hatte sie offenbar gebraucht. Plötzlich leuchteten ihre

Augen auf, und ganz schnell, ohne noch einmal zu zögern, schaute sie nach oben, ließ sich auf die Engel ein und schwebte zu ihrem Liebsten, der tatsächlich im Jenseits auf sie wartete, um sie in Empfang zu nehmen.

In diesem Moment veränderte sich schlagartig die Ausstrahlung des gesamten Hauses. Es wurde hell und freundlich, und meine Freunde, die von meinem inneren Gespräch mit der verstorbenen Frau nichts wissen konnten, meinten direkt: »Irgendwas passiert gerade, jetzt leuchtet das Haus, als ob die Sonne aufgegangen wäre.«

Es gibt viele Häuser, in denen die Seelen Verstorbener herumgeistern. Letztlich suchen sie alle nach Erlösung, sodass man die Geschichten, in denen sie voller Aggression und gruselig dargestellt werden, nicht überbewerten sollte. Es sind einfach Seelen, die gewisse Emotionen durchmachen, ohne dabei zu merken, dass ihre irdische Reise zu Ende gegangen ist, und die ihren weiteren Weg noch nicht gefunden haben.

Ähnlich ist es auch in Kirchen. In einigen fühlt man sich sofort willkommen und wohl. Bei anderen geht man hinein, und es wirft einen fast wieder hinaus. Meiner Beobachtung nach sind das oft die Gotteshäuser, in denen die Gebeine von sogenannten Heiligen aufbewahrt werden. Wenn solche Heilige keine friedvollen Menschen waren, sondern ihre Macht missbraucht haben, dann bleiben sie nach dem physischen Tod an ihre sterblichen Überreste gebunden und an den Ort, an dem sie große Macht hatten. Sie leben weiterhin von der Energie der Gläubigen. Solche Seelen kennen das Licht nicht. Gerade in Kirchen fühlen sich viele Menschen als Sünder und sind dann natürlich eher schwach und in ihrer Aura nicht geschützt. Sie lassen sich von machthungrigen Seelen sehr gut aussaugen. Ich habe es schon wahrgenommen, dass diese alten Gebeine eine ausgesprochen schlechte Energie besitzen. In solch einer Kirche käme ich nicht auf die Idee, zu beten, Kerzen anzuzünden und zu verweilen. Die Schwingung dieser Skelette ist häufig so niedrig, dass ich es in der ganzen Kirche wahrnehmen kann.

Es gibt Orte, an denen besonders viele unerlöste Seelen verweilen. Oft konnte ich das in Städten beobachten, die im Zweiten Weltkrieg weitgehend zerstört wurden. Dort passierte es mir dann zum Beispiel, dass ich zur Tür einer Bäckerei hineinging und parallel dazu eine »Frau« durch eine Tür in ein Haus trat, das an genau derselben Stelle stand, nur eben zu einer anderen Zeit. Bei den Bombardierungen von Städten sind so viele Menschen in großem Schock und großer Angst ums Leben gekommen, dass viele von ihnen noch immer dort durch die damaligen Straßen irren. Es ist eine riesige Parallelwelt.

Wenn ich so etwas wahrnehme, spreche ich ein Vergebungsgebet und lade alle, die bereit sind, dazu ein, nach oben in das Licht zu schauen und den Engeln zu folgen. Tatsächlich machen sich dann immer sehr viele Seelen auf den Weg. Sie haben nichts weiter gebraucht als die liebevolle Erinnerung daran, wohin sie jetzt gehören. Für andere ist es noch nicht an der Zeit, sie bleiben weiterhin an die Erde gebunden. Aber keine Seele geht jemals verloren.

Auch die Seelen nicht, die durch ihre religiöse Lehre auf Friedhöfen darauf warten, dass sie durch das Jüngste Gericht von Gott wiedererschaffen werden: Wenn ich sie darauf hinweise, dass sie sehr lange darauf warten können und dass sie besser jetzt ins Licht gehen sollten, weisen mich viele zurück. Ich diskutiere aber nicht mit Toten. Sie sind genauso stur wie die Lebenden. Ich habe einen Impuls gesetzt und gehe meiner Wege, da mir bewusst ist, dass ich nichts weiter ausrichten kann. Den Seelen geht es dabei ja auch nicht schlecht.

Ein glücklicher Toter auf dem Motorrad

Immer neu hatte ich mich mit den Seelen Verstorbener auseinanderzusetzen. Es ist ein so wichtiger Teil meiner Biografie. Ich lernte dabei, dass sie sich genauso individuell verhalten wie die lebenden Menschen auch. Beispielsweise erzählte mir eine Mutter, dass ihr Sohn mit achtundzwanzig Jahren mit dem Motorrad verunglückt sei. Der Unfall lag bereits zwei Jahre zurück, die Familie hatte schon vieles verarbeitet, aber nach wie vor hatten sie das Gefühl, dass der junge Mann eventuell Hilfe brauche. Deswegen kontaktierte die Frau nun mich.

Ich nahm mich der Sache an und merkte, dass die Seele noch immer an der Unglücksstelle war. Sie saß auf einem imaginären Motorrad und lächelte im Gefühl der Freiheit, die das Motorradfahren für diesen jungen Mann immer bedeutet hatte. Sie fühlte sich gut und frei, und ich hatte das Gefühl, dass ich mich dort gar nicht einmischen sollte. Schließlich ging es der Seele gut. Der junge Mann war nach seinem Tod in genau der Emotion geblieben, die er vorher schon hatte. Alles war so schnell gegangen, dass er nichts von dem Unfall bemerkte. Während die Familie zutiefst geschockt gewesen war und sich dann langsam aus der tiefen Trauer wieder hervorgearbeitet hatte, war es dieser Seele einfach die ganze Zeit über gut gegangen. So entsprechen unsere düsteren und schweren Bilder vom Tod und von Unfällen der unterschiedlichsten Art oft gar nicht der Realität derjenigen, die sie erfahren.

Der Schutzengel des jungen Mannes stand bei ihm und zeigte in einem lilafarbenen und blauen Licht der Ruhe nach oben. Er bedeutete mir, es sei Zeit, dass die Seele ihren Heimweg antrete. Auch wenn er sich auf seinem imaginären Motorrad wohlfühlen möge, so gehört doch jede Seele ins Licht und ist in der Liebe zu Hause. Also klopfte ich dem jungen Mann auf die Schulter und begrüßte ihn. »Hallo, ich habe eine Botschaft von deiner Mutter an dich. Bitte erschrick nicht, es ist ein Unfall passiert, und dein Körper ist schon vor zwei Jahren gestorben. Jetzt wird es Zeit für dich, ins Licht zu gehen.«

Die Seele des Mannes reagierte sehr verblüfft. Er stammelte und wiederholte einige meiner Worte – Unfall, Körper, gestorben, Licht. Dann verfiel er in Panik. Schnell beruhigte ich ihn und erklärte, dass er seit zwei Jahren hier an dieser Stelle sei und es ihm gut gehe. »Zwei Jahre sind vergangen, jetzt brauchst du auch keine Panik mehr zu bekommen.« Das leuchtete ihm ein, und er beruhigte sich. Ich erklärte der Seele auch, dass es der Familie gut gehe, dass sie alles verarbeiten könne und sich wünsche, dass er nun seinen Weg ins Licht nehme. Ich zeigte nach oben und empfahl diesem verspielten jungen Mann, mit seinem Motorrad hinauf ins Licht zu fahren und seinen Engeln zu folgen. Ich riet ihm, diesen Weg nach oben zu erkunden, dann würde er alles verstehen. Er versicherte sich noch einmal, dass es seiner Mutter gut gehe, und dann schwang er sich auf nach oben.

All das erzählte ich seiner Mutter, und sie musste schmunzeln. Sie hatte Tränen in den Augen und erkannte ihn in seiner verspielten Art. Sie war sehr froh, jetzt sicher zu wissen, dass er nicht gelitten hatte. Für die Familie war nun die große Phase des Leidens vorbei.

Karmische Strafe?

Das Thema der jenseitigen Welten berührt mein Leben sehr vielschichtig, und ich bin dankbar, dass ich über die Jahre mit so vielen Klienten und Seminarteilnehmern immer neue Erfahrungen dazu machen konnte. Ich kann von mir behaupten, dass ich einen sehr guten Einblick in das Geschehen nach dem physischen Tod habe und auch anderen zu vermitteln vermag.

Vor allem ein Fall hat mich darauf gebracht, ganz genau zu untersuchen, was die Seele nach dem Tod des Körpers erlebt und wie sie sich verhält. Ich war noch nicht ganz dreißig, als eine Mutter zu mir kam und mir vom Unfall ihrer sechzehnjährigen Tochter erzählte. Sie war mit dem Fahrrad unterwegs gewesen, war nicht aufmerksam genug, ein Autofahrer war ebenfalls unachtsam beim Abbiegen – das Mädchen verunglückte tödlich. Die Frage, die sich die Mutter in ihrem Schmerz daraufhin stellte, war für mich erschreckend. Sie wollte nämlich wissen, inwiefern sie sich diese Erfahrung, ihr Kind zu verlieren, karmisch verdient hätte. Nicht nur musste sie einen unglaublichen Verlust erleben, sie lud sich obendrein noch das Gefühl auf, dass dies eine Strafe für irgendein früheres Vergehen ihrerseits sein müsse.

Wir setzten uns zusammen, um zu schauen, was vor und während dieses Unfalls passiert war, der noch nicht lange zurücklag. Ich sah die Seele des Mädchens in unserer Nähe, sie sah sich irritiert um und wusste nicht, warum die Eltern trauern, warum ihre Klassenkameraden trauern. Sie verstand die Welt nicht mehr. Auch bei ihr war der Unfall so schnell passiert, dass sie ihn gar nicht wahrgenommen hatte. Sie wusste nicht, dass sie gestorben war.

Ich erzählte der Seele des Mädchens, was passiert war. Ich lud sie ein, nach oben ins Licht zu schauen und den Engeln zu folgen. Doch sie war empört. Beinah wütend schleuderte sie mir entgegen: »Das habe ich mir nicht vorgenommen! Ich habe doch noch so viel vor!«

Ich verstand in diesem Moment, dass Unglücksfälle tatsächlich nicht im lichtvollen Seelenplan enthalten sein können. Es sind einfach Schicksale, die aus Unachtsamkeit entstehen. Und mir wurde dabei auch klar, dass es hier keinerlei karmische Schuld abzuarbeiten galt. Weder das Mädchen noch die Mutter wurde für irgendeine frühere Tat bestraft. Es war kein Ausgleich für etwas, was eine der beiden in der Vergangenheit getan hätte. Es war einfach passiert, weil das Mädchen nicht aufgepasst hatte und der Autofahrer ebenso wenig. Auch solche Dinge geschehen einfach. Wir Menschen können in einen derartigen Schicksalsstrom geraten.

Ich sagte zur Seele des Mädchens: »Schau, die Engel sind jetzt deine neue Familie, und sie begleiten dich ins Licht. Sie zeigen dir alles, was du wissen musst, und du kannst den Kontakt zu deinen Eltern durch die Liebe weiterhin halten. Du siehst sie dennoch, du spürst sie trotzdem.«

Wir sprachen lange miteinander. Nicht nur an diesem Tag, sondern über eine längere Zeit hinweg. Als sie schließlich verstanden hatte, dass die Engel tatsächlich ihre neue Familie sind und dass sie ihre irdische Familie deswegen nicht verlieren müsse, konnte sie ihre Wut und ihren Trotz loslassen und den Engeln folgen.

Mit der Mutter blieb ich über Jahre in Kontakt. Sie war sehr dankbar für die Befreiung von all den Schuldgefühlen, die sie sich eingeredet hatte, und auch für die Erlösung ihrer Tochter.

Natürlich kann kein Mensch nach solch einem Verlust wieder derselbe sein wie zuvor. Doch dieser Frau gelang es, die anfängliche Schwere und den Schmerz in eine tiefe Weisheit zu verwandeln. Sie konnte ihrem spirituellen Weg folgen und anfangen, festgefahrene Glaubenssätze von Schuld und Sünde zu hinterfragen.

Ich selbst begann in dieser Phase, vermehrt zu beobachten, was eine Seele dazu bringt, aus einer erstarrten Emotion herauszutreten und endlich ins Licht zu schauen und den Engeln zu folgen. Ich erkannte, wie sehr es dafür immer die Erkenntnis und die Akzeptanz braucht, dass das irdische Leben vorbei und die Tür dazu tatsächlich geschlossen worden ist. Es braucht die Einsicht, dass sich mit dem unwiederbringlichen Schließen dieser Tür eine andere öffnet. Wenn eine Seele das akzeptieren kann, dann kann sie beginnen, sich am Licht zu orientieren. Dann wird sie – wie die Seele dieses jungen Mädchens – neugierig und erforscht voller Freude das, was nun vor ihr liegt. Dann klammert sich eine Seele nicht mehr an das irdische Leben, denn die Einsicht zeigt ihr, dass es niemals einen Weg zurück gibt.

Auch nach dem Tod geht es weiter voran. Die Engel begleiten eine Seele zu einem neuen und tiefen Verständnis des gerade beendeten Lebens. Sie führen sie zu einer emotionalen Verarbeitung dessen, was gewesen ist. Und sie lösen sie Schicht um Schicht aus den Identifikationen, aus all den Rollen des bisherigen Daseins. So war es für diese junge Frau irgendwann auch nicht mehr entscheidend, die Tochter ihrer bisherigen Familie gewesen zu sein. Sie war wieder eine Seele auf ihrer großen Reise durch die unterschiedlichsten Inkarnationen, und durch reine Liebe blieb sie mit ihrer irdischen Familie verbunden. Sie war auf ihrer großen spirituellen Entwicklungsreise hin zur göttlichen Allliebe.

Es gibt dabei viele Wege zu Gott. So viele, wie es Menschen auf der Welt gibt. Jede und jeder hat seinen eigenen, und ich bin froh, mithilfe meiner Hellsichtigkeit und der Weisheit der Engel nicht nur meinem Weg so intensiv folgen, sondern auch viele andere Menschen dabei unterstützen zu können, ihren ganz eigenen Weg zu finden und zu gehen.

Was ist nach dem Tod noch wichtig?

Mein Wissen über die geistigen Welten und die großen Wege, die unsere Seele durch die Leben nimmt, hat mir auch schon sehr oft ganz konkret in meinem Alltag geholfen. Als ich beispielsweise immer mehr in die Öffentlichkeit ging und meine Bücher, Vorträge, Seminare und Fernsehauftritte von immer mehr Menschen wahrgenommen wurden, konnte ich mich über zahllose positive oder interessiert neutrale Rückmeldungen und Zeitschriftenartikel freuen. Doch immer wieder gab es auch Anfeindungen und negativ eingefärbte Berichterstattung. Wobei »Berichterstattung« hier wohl nicht das richtige Wort ist, denn oftmals wurde von Menschen über mich geschrieben, die schlicht und ergreifend keine Ahnung von dem hatten, worüber sie sich da öffentlich äußerten. Als ich etwa Mitte dreißig war, gab es beispielsweise einen sehr negativen Artikel über mich – von einer Journalistin, die weder meinen Vortrag gehört noch jemals ein Buch von mir gelesen hatte. Sie nutzte mein Auftreten einfach als Gelegenheit, ihre eigene Negativität und ihren mangelnden Glauben in die Welt hinauszuposaunen. Der Artikel war richtiggehend bösartig, und ich war sehr empört – darüber, wie ein Mensch seine Macht derartig ausnutzen und gegen jemanden lenken kann, den er nicht einmal kennt. Und ich war empört darüber, so beurteilt zu werden. Zu wissen, dass diese Frau überhaupt keine Ahnung hatte, worüber sie da schrieb, konnte mich nicht beruhigen. So beschäftigte mich diese Geschichte einige Tage lang. Ich hing in Gedanken fest und fragte mich immer wieder: »Wie kann man nur so etwas tun?«

Mein Ego hatte hier einiges zu verkraften. Natürlich wusste ich auch damals schon, dass so etwas zum Leben eines Menschen »dazugehört«, wenn er in der Öffentlichkeit steht, gerade in unserer Zeit, in der nicht nur Journalisten unterschiedlichster Qualifikation und Couleur, sondern auch Privatpersonen öffentlich ihre Meinung kundtun können, ganz egal, auf welcher Basis und mit welchem Informationshintergrund dies geschieht. Doch auch dieses Wissen half mir zunächst nicht.

Schließlich jedoch kam ich darauf, es nicht länger zulassen zu wollen, dass ein fremder Mensch so über meine Gefühle bestimmen kann. Ich dachte an den Weg der Seele nach dem physischen Tod, und mir fiel der Lebensrückblick ein, den auch ich eines Tages zusammen mit meinen Engeln vornehmen werde. Alle Emotionen, die dann noch aktiv und nicht verarbeitet sind, werden noch einmal angeschaut und geklärt. Dieser Prozess ist sehr wichtig für das weitere Reifen und den Weg der Seele in eine nächste Inkarnation. Vor diesem Hintergrund fragte ich mich nun, ob ich es tatsächlich zulassen wolle, dass ich auch nach meinem Tod noch mit den Emotionen, die diese Journalistin in mir hervorgerufen hat, zu tun haben würde. Wollte ich mich wirklich noch im Jenseits mit dieser

Frau und ihrem Artikel herumärgern? Wollte ich tatsächlich meine restliche Lebenszeit zähneknirschend und verärgert verbringen, nur weil diese Frau auf ihre Weise diesen Artikel verfasst hatte? Wollte ich ihr erlauben, mein Licht zu verdunkeln? Wollte ich ihr so viel Macht über mich geben? Ganz sicher nicht!

Ich erkannte, dass ich dieser Frau vergeben musste – entweder nach meinem Tod beim Rückblick über mein Leben oder jetzt gleich. Und natürlich wählte ich, jetzt gleich mit dieser Geschichte abzuschließen und dann frei weiterzugehen. Auch das war für mich ein Zeichen der Selbstliebe. Es war ja nur zu deutlich: Wenn es mich nach meinem Tod nicht mehr interessieren würde, was irgendein Mensch irgendwann einmal über mich gedacht und geschrieben hat, dann war es auch nicht wichtig genug, mich jetzt zu interessieren oder gar zu fesseln. Ich konnte also gleich damit abschließen und ein Vergebungsgebet sprechen. Dabei spürte ich wirklich so ein Gefühl »Ich vergebe dir, denn du weißt nicht, was du tust«. Es war eine wertvolle Erfahrung für mich, und seither bin ich sehr viel schneller dabei, allem zu vergeben, was mich ärgert und herausfordert.

Wie lange willst du dieses Päckchen tragen?
Wenn dich etwas ärgert oder jemand Wut und Trotz, Empörung oder sogar einen Anflug von Hass in dir hervorruft, frag dich: Möchtest du zulassen, dass dich diese Geschichte, dieser Mensch, noch im Jenseits interessieren und beschäftigen wird? Möchtest du zulassen, dass dieser Mensch so viel Macht über dich hat, dass du die ungeklärten Emotionen dein Leben lang mit dir

herumtragen und selbst nach deinem Tod noch damit zu tun haben wirst?
Wenn du dies nicht zulassen willst, dann vergib diesem Menschen. Sprich das Vergebungsgebet, das du im Kapitel »Blutige Erinnerung« kennengelernt hast, so oft, bis du spürst, dass du frei von den quälenden und dunklen Emotionen geworden bist. Sei es dir selbst wert.

Natürlich frage ich mich bei zwischenmenschlichen Schwierigkeiten immer auch, was mein Anteil dabei war. Und auch dafür kann ich mir dann vergeben. Seit ich meine Energie nicht mehr für alle möglichen Kleinigkeiten oder sogar Nichtigkeiten vergeude, an die ich schon in einem Jahr kaum noch denken würde, bin ich nicht nur sehr viel effizienter in meiner Arbeit, meine Lebensqualität ist auch deutlich höher. Ich mache mir einfach keine Gedanken mehr darüber, was andere über mich denken könnten. Genau das macht wirklich frei. Und es macht glücklich. Verpflichtet fühle ich mich nur mir selbst, meinem spirituellen Weg und meinem Seelenplan. Damit habe ich die stärkste Orientierung, die für mich vorstellbar ist.

Auf diese Weise kann ich ganz grundsätzlich positiv bleiben. Und ich denke, die Welt braucht positiv gestimmte Menschen heute mehr denn je. Sie sind schließlich auch Visionäre, sie bringen neue Ideen ein und laden andere ein, sich ihnen anzuschließen. Pessimismus können wir uns einfach nicht leisten. Außerdem ist er sehr egoistisch. Denn wenn wir im Pessimismus stecken bleiben, dann vergeuden wir unsere Kraft, wir bleiben klein, und das große Potenzial, mit dem wir unser Licht in die Welt bringen wollten, bleibt ungenutzt. Positiv gestimmt hingegen haben wir Kraft – vor allem die Kraft der Liebe –, unsere Kinder, unsere Familien, unsere Gesellschaft, die gesamte Welt voller Freude zu fördern und mit all unseren Ideen und Inspirationen, mit unserem Handeln und unserem ganzen Sein zu bereichern. Und wir können dabei darauf vertrauen, dass keine gute Tat jemals verloren geht. Bestimmte Samen gehen vielleicht später auf, als wir es gedacht haben. Doch sind sie einmal gesetzt, dann werden sie fruchten.

Regisseurin des eigenen Lebens

In diesem Zusammenhang fällt mir eine berührende Begegnung ein, die ich mit einer Seele hatte. In einem Hotel sah ich eines Abends im Fernsehen eine Dokumentation über eine berühmte Schauspielerin. So heiß verehrt, wie sie auch war, hatte sie kein leichtes Leben. Bei all dem Ruhm, der sie umgab, war sie doch in sich nur wenig stabil. Die Dokumentation machte deutlich, dass diese so schöne und erfolgreiche Frau den Halt und die Liebe ihr Leben lang im Außen gesucht hatte. Sie hatte sich in den schönen Bildern verloren, die die Kamera von ihr einfing, und in all dem, was ihr andere entgegenbrachten. Doch ihre Emotionen blieben schwer, und schließlich nahm sie sich das Leben.

Ich schaute mir diese Dokumentation an, ohne groß darüber nachzudenken. Ich interessiere mich einfach für Kunst und für faszinierende Menschen. Doch mit einem Mal sah ich die Seele dieser Schauspielerin zwischen mir und dem Fernseher. Sie verstellte mir regelrecht die Sicht auf den Bildschirm. Von einer Sekunde auf die andere war sie wie herbeigezaubert. Sie sah genau so aus, wie ich sie in ihren besten Jahren im Fernsehen gesehen hatte. Sie blickte auf die Dokumentation und sah dann mich an.

Die Erscheinung war so intensiv, dass ich sie nicht ignorieren konnte. Mein inneres Licht hatte sie angezogen. So ging ich also auch zu dieser späten Stunde nach einem langen Tag mit ihr in ein Gespräch.

Die Tatsache, dass sie nach so vielen Jahren noch immer auf der irdischen Ebene unterwegs war, machte mir deutlich, dass auch sie wohl nicht bemerkt hatte, bereits gestorben zu sein. Behutsam erklärte ich es ihr und sagte ihr, es sei nicht ihr Weg, hier in meinem Hotelzimmer zu sein, sondern sie solle nach oben ins Licht gehen. Als Künstlerin war sie sehr offen für die feingeistigen Welten. Sofort schaute sie mit großen Augen nach oben, staunend wie ein Kind. Sie zeigte sich fasziniert von der Schönheit der Engel, von ihren tänzerischen Bewegungen, von all den wundervollen Farben. Schnell war sie bereit, nach so vielen Jahren endlich ins Licht zu gehen.

Zuvor hatte sie sich noch einmal umgedreht und mir gesagt, sie verstehe erst jetzt, dass die Liebe nicht in einer Kamera zu finden sei, sondern in einem tiefen Gefühl innerhalb seiner selbst. Traurig betonte sie, wie sehr sie es bereue, niemals die Regisseurin ihres eigenen Lebens gewesen zu sein. Sie war nur die Schauspielerin gewesen, die sich von anderen, von Männern und Autoritäten hat sagen lassen, wie sie sich zu verhalten habe. Sie war auch nur die Schauspielerin ihres eigenen Lebens. Nie habe sie ihr Leben ergriffen und ausgefüllt, sondern immer nur die ihr zugewiesenen Rollen gespielt. Sosehr sie dies jetzt bereute, hatte diese tiefe Erkenntnis doch dazu geführt, dass sie nun endlich die Antwort fand, nach der sie ihr Leben lang gesucht hatte. Ich sah, wie die Seele mit einem Lächeln nach oben schaute und ihren Engeln folgte.

Immer wenn ich an ihre Worte denke, wie wichtig es ist, die Regisseurin, der Regisseur des eigenen Lebens zu sein, bekomme ich Gänsehaut von der Intensität unserer damaligen Begegnung. Ich beherzige die Weisheit dieser Frau, die sie so spät erlangt hatte, seither umso mehr in meinem Leben. Für mich ist es der einzige Weg zum Glück, ganz ich selbst zu sein. So können wir Fülle in unserem Inneren ebenso wie im Äußeren erleben und genießen. Doch die Basis ist, dass wir unser eigenes Leben und auch wirklich das Original leben, das zu sein wir hierhergekommen sind.

»Ich wäre so gern wie Jana«, höre ich manchmal unter meinen Seminarteilnehmerinnen. »Ich wäre so gern wie du«, sagt mir zuweilen auch jemand direkt. Und natürlich ist es schön, wie ein Leuchtturm zu sein und etwas Positives, Hoffnungsvolles auszustrahlen. Letztlich spiegele ich den Menschen nur das wider, was sie in sich selbst haben, und fördere es damit. Wir alle können nur das im Außen sehen, was auch in uns selbst vorhanden ist. Zugleich ist es so wichtig, sein eigenes wahres Original und die beste Version des eigenen Selbst zu sein und keine Kopie von irgendetwas oder irgendwem. Ähnlich ist es bei unseren Kindern: Wenn ich beispielsweise beobachte, wie sich meine heranwachsende Tochter Kleidung von mir ausborgt und versucht, mir als ihrer Mutter nachzueifern, dann versuche ich, sie in ihrer Individualität zu bestärken und sie darin zu fördern, ihren eigenen Platz im Leben zu finden und einzunehmen.

Mich haben all die Erfahrungen mit den jenseitigen Welten auf jeden Fall sehr gestärkt. Die geistigen Sphären sind für mich ein großer Reichtum. Und mittlerweile, nach vierzig Jahren Erfahrung mit diesen Welten, gehe ich damit natürlich locker um. Hin und wieder, vielleicht einmal im Monat, gibt es auch heute noch eine Nacht, in der ich aus einem Albtraum aufwache. Dann aber verfalle ich nicht mehr in Panik, sondern überprüfe, in welcher Resonanz ich offenbar gelandet bin. Gelegentlich rutsche ich in die Erinnerung an einen alten Schock, doch dann setze ich mich hin, spreche ein Gebet und erinnere mich ganz bewusst wieder an das Liebevolle in mir selbst und in der Welt. Ich spüre ganz aktiv zur Liebe meiner Familie und meines Schutzengels hin und schlafe dann auch bald in diesem Frieden wieder ein.

Durch meinen lebenslangen inneren Prozess habe ich ein unfassbar großes Urvertrauen gewonnen. Das ist mir nicht einfach in den Schoß gefallen, und ich habe es auch nicht mit der Muttermilch aufsaugen können. Ich muss immer lachen, wenn Menschen glauben, dass jemand mit meinen Fähigkeiten so etwas wie ein Superheld ist. Manche Menschen scheinen tatsächlich die Vorstellung zu haben, dass jemand wie ich eines Tages vom Blitz getroffen worden ist und dann plötzlich hellsichtig und mit heilerischen Gaben ausgestattet war. Nicht nur dass das überhaupt nicht stimmt und man sich wie alle Menschen durch intensive und zum Teil schmerzhafte Erfahrungen hindurchbewegen muss. Es geht auch gar nicht darum, heldenhaft zu sein. Für mich ist die höchste Herausforderung im Leben eigentlich die, einfach ein guter Mensch zu sein. Das ist aus meiner Sicht das höchste Ziel. Die Entfaltung unserer Fähigkeiten und unsere Bewusstheit hängen davon ab, ob wir ein gutes Herz haben und aus diesem Herzen heraus denken, fühlen und handeln. Dieser Prozess der liebevollen Menschwerdung wird wohl niemals enden. Bei mir nicht und bei niemand anderem von uns.

Ich gehe heute mit all den religiösen, esoterischen und spirituellen Welten gelassen um, weil ich erfahren habe, dass es überall »menschelt«. Wir alle sind Menschen auf dem Weg der Bewusstseinsentfaltung, und alle unsere Wege – und auch Umwege – führen letztendlich zu Gott.

Verfolgt von einem Mayapriester

Auf eine besondere Weise verstärkte sich erst kürzlich in mir das Wissen, dass wir Zweibeiner auf dieser Erde tatsächlich alle einfach nur Menschen sind, die ihren Weg zur höchsten Bewusstheit suchen. Ich war mit meiner Familie in Mexiko und nutzte dort die Gelegenheit, eine der alten Mayastätten zu besuchen. Ich habe mir davon nichts Spezielles erwartet, sondern wollte einfach nur schauen, wie die Landschaft dort ist und was von den heiligen Orten übrig ist. Es war eine Urlaubsreise, und im Urlaub bin ich wirklich nicht auf Geistersuche. Aber man kann es sich nicht immer aussuchen. So wurde diese Reise zu einer sehr eindrücklichen Erfahrung mit »Geistern«.

In entspannter Urlaubsstimmung fuhren wir mit einer Gruppe zu alten Mayapyramiden. Anfangs beobachtete ich die Natur, die Naturwesen, die exotischen Baumarten und ihre ganz andere Schwingung im Vergleich zu unseren mitteleuropäischen Pflanzen. Es war schön, in diese für mich neue Welt einzutauchen und die kraftvollen Elemente wahrzunehmen. Dann aber merkte ich plötzlich, dass ich in Resonanz mit den Pyramiden ging, von denen ich jede in ihrer unterschiedlichen

Schwingung wahrnehmen konnte. Eine wirkte auf mich lichtvoller als die anderen – und unser Guide sagte, dass dort Hochzeitsrituale und Jahreszeitenfeste abgehalten wurden. Eine andere Pyramide wirkte auf mich schwer und düster – und während ich das wahrnahm, erklärte er, dass hier Menschen geopfert worden sind. Aber die Leute in der damaligen Kultur hätten sich ganz selbstverständlich freiwillig geopfert, weil sie die Vorstellung hatten, den Göttern dadurch näher zu sein.

Wir kamen schließlich zu einer kleinen Pyramide, deren Energie düster war. Sie wirkte schwarz und schmierig, einfach nur unschön. Unser Reiseleiter erklärte, dass hier Menschen geopfert wurden, die man auf anderen Inseln gefangen hatte. Diese Leute waren also keinesfalls freiwillige Opfer. Die Mayapriester hätten sie gehäutet und sich selbst die Haut wie ein Kleid übergezogen, um die Seele und die Kraft dieser Opfer an sich zu nehmen. Mir wurde übel bei der Vorstellung, denn ich konnte all das nicht nur von ihm hören, sondern energetisch wahrnehmen. Ich versuchte mich zu sammeln und mir zu sagen: »Wenn dir dieses Szenario jetzt gezeigt wird, dann schau und lerne.«

Ich sprach mein Schutzgebet, setzte mich hin und schaute auf die Parallelwelt, die sich vor meinen Augen auftat. Die Priester, all die Mayas und ihre Gefangenen waren noch immer da. Ihre Seelen waren noch immer an diesem Platz, sie lebten, sie bewegten sich, und sie opferten weiterhin, als ob sie noch immer unter den Lebenden weilten. In ihrem Glauben waren die Priester ihre Götter, und diese Tempelanlagen galten bereits als das Paradies. Also gab es für diese Seelen keinen Anlass, jemals von dort fortzugehen.

Ich beobachtete die Priester bei ihren Handlungen, und ich musste ganz bewusst tief in meinen Bauch atmen, um der Versuchung zu widerstehen, ihr Tun zu bewerten. Sofort stellte sich mir die Frage, ob nicht einige dieser Seelen nun doch ins Licht gehen wollten. So sprach ich das einfache Gebet: »Schaut nach oben ins Licht und folgt dem Licht Gottes.«

Kaum hatte ich es ausgesprochen, wurde die Gegend heller und heller, vor allem die Bereiche, in denen die Gefangenen geopfert worden waren. Ich sah zu, wie unzählige Seelen ins Licht gingen. Es schien mir, als würde ein Lichttor aufgehen, und es fühlte sich so an, als würde die Erde erschüttert, als ereignete sich tatsächlich ein leichtes Erdbeben. Diese vielen Seelen wurden nach Hunderten von Jahren vom Licht regelrecht aufgesogen.

Plötzlich aber registrierte mich einer der Hauptpriester, der diese Opferrituale ausgeführt hatte. Er konnte mich sehen und bemerkte, was ich mit meinem Gebet ausgelöst hatte. Daraus schlussfolgerte er, dass ich, da ich offenbar eine so große Macht hatte, eine Göttin sein musste. Er rannte auf mich zu, und als ich weiterging, lief er mir nach. In seiner vollen Montur, mit seiner Maske und den aufwendigen Kleidern rannte er hinter mir her. Ich wusste nicht, was ich tun sollte. Ich spürte, dass es Zeit war, von hier wegzugehen. Doch ich wollte ungern diesen Priester weiterhin im Schlepptau haben. Also blieb ich stehen, drehte mich zu ihm um und sagte: »Auch deine Zeit ist gekommen, schau nach oben ins Licht und folge dem göttlichen Licht.«

Doch er entgegnete: »Du bist Gott.«

Ich erklärte ihm, dass nicht ich Gott bin, sondern dass das Universum der Liebe die göttliche Kraft ist, dass er dem Licht folgen könne und dann alles verstehen würde. Nach und nach begriff er, denn er fühlte sich von diesem Licht des Himmlischen berührt. Sein Gesichtsausdruck veränderte sich, all diese strengen Regeln seiner Religion fielen von ihm ab – und plötzlich wurde er sich seiner Schuld bewusst. In Panik kam ihm zu Bewusstsein, welche Strafen ihn erwarten könnten, und auch Scham erfüllte ihn. Ich versuchte ihm zu erklären, dass es keinen strafenden Gott gibt, sondern dass allein der Mensch durch seine bösen Gedanken Böses tut. Das göttliche Bewusstsein aber ist immer voller Liebe. Wenn er das verstehen könnte, würde er Vergebung finden.

Wir sprachen eine ganze Weile, es war ein intensiver Prozess. Nach einigem inneren Ringen konnte er mir aber glauben, und sein Gesichtsausdruck entspannte sich. Schließlich zog es auch ihn ins Licht und in den Erkenntnisprozess hinein, den wir als Seelen nach unserem physischen Tod durchlaufen müssen.

Die ganze Atmosphäre wurde nun ruhiger und lichtvoller. Ich spürte, dass die Aufgabe an diesem Ort nun vollbracht und es Zeit war weiterzugehen. Für mich war es ein sehr eindrückliches Erlebnis, denn ich konnte anhand der Reaktion dieser Seelen, die in ihrem irdischen Leben einem gänzlich anderen Glauben anhingen, bestätigt finden, was uns Menschen vereint: Gott ist das allumfassende Bewusstsein der Liebe. Und in unserem Seelenbewusstsein wissen wir das. Auf der Erde aber hängen wir manchmal anderen Göttern an.

Wenn das Göttliche die Liebe ist, dann ist es auch in uns, denn die Liebe lebt in uns. Sie ist damit auch unsere Schöpferkraft. Je stärker unser Zugang zum liebevollen Bewusstsein in uns ist, umso mehr Kraft können wir im Leben entfalten und umso mehr können wir bewirken – für uns selbst ebenso wie für andere. Und so kann sich der himmlische Wille immer mehr durch unseren Willen auswirken.

Im Einklang mit der Natur *

Normalerweise fühle ich mich immer sehr leicht und richtiggehend luftig. Und nun sog die Erde meine Füße regelrecht an. Ich schien geerdet wie eine deutsche Eiche – ein Empfinden, das ich noch nie zuvor gehabt habe. Was war hier los?

Auf einer Vortragsreise kamen wir an Garmisch-Partenkirchen vorbei. Wir wollten uns ein wenig die Füße vertreten und die wundervolle Landschaft genießen. Ich verstand plötzlich, warum die Menschen in Bayern so geerdet, so erdig sind. Die Schwingung des Bodens, auf dem sie leben, ist tatsächlich eine ganz andere als beispielsweise am Bodensee, wo wir auf Sandstein leben. Dort wirken die Menschen leichter und recht entspannt.

Dass ich meine Füße und Beine so direkt und klar spüre, das kenne ich normalerweise nicht. Und jetzt, hier in Garmisch-Partenkirchen, stand ich ungeheuer fest auf der Erde. Ich schaute mich um und konnte jedes Detail der Landschaft ganz klar wahrnehmen, in allen Konturen und Farben. Normalerweise nehme ich mein Umfeld recht verschwommen wahr, da ich ja immer in mehreren Welten gleichzeitig unterwegs bin und meine Hellsichtigkeit niemals ganz ausschalten kann. Doch hier war sie plötzlich verschwunden. Sie war wie weggeblasen. Es fühlte sich gut an, mit einem Mal war die Welt für mich »quadratisch, praktisch, gut«, übersichtlich und glasklar.

Jetzt verstand ich auch, warum ich immer so viele Fragen an das Leben hatte, denn ich war unentwegt damit beschäftigt, die verschiedenen Welten zu sortieren und in Einklang zu bringen. Das war durchaus anstrengend, und in meinen jungen Jahren überforderte es mich ordentlich. Jetzt stand ich hier fest verwurzelt auf bayerischem Boden, und die Welt war ganz einfach zu verstehen. Mit meinen Fähigkeiten arbeiten allerdings könnte ich in dieser Gegend nicht, denn ich wäre weder inspiriert, noch könnte ich die feinstofflichen Welten wahrnehmen, um Menschen Hilfe und Botschaften zu bringen. Ich wäre viel zu entspannt und viel zu sehr geerdet. Doch für die Zeit hier am Rande der Alpen konnte ich es genießen und mich für ein paar Stunden »wie ein ganz normaler Mensch« fühlen. Es war sehr erholsam. Irgendwie wusste ich tief in mir, dass die Hellsichtigkeit so fraglos zu mir gehört, dass sie mir nicht durch einen kleinen Ortswechsel verloren gehen würde.

Ich atmete tief durch, und plötzlich ging bei mir wieder das Bewusstsein auf, der Kanal öffnete sich erneut, und die Welt war wieder wie im Schwebezustand. So kannte ich es: Alle Farben flossen ineinander über, und die Konturen verschwammen. Wieder war mir die geistige Welt genauso klar sichtbar und nah wie sonst immer. Ich wollte meine Hellsichtigkeit wirklich nicht missen, doch ich fand den anderen, den normalen Zustand auch sehr schön. Ich bin froh, dass ich ihn einmal erleben durfte. Heute schlage ich meiner Familie immer dann, wenn ich ein Buch vollendet oder eine andere große Aufgabe abgeschlossen habe, vor, dass wir nach Garmisch-Partenkirchen fahren. Einfach zur Entspannung, ganz geerdet und in nur einer Welt zu Hause. Nach ein paar Tagen dort bin ich stets sehr erholt und aufgeräumt. Die ganze Atmosphäre im südlichen Bayern ist für mich ein Genuss und eine schöne Abwechslung zu all dem Vergeistigten, in dem ich sonst zu Hause bin.

Mich machten diese Erfahrungen noch neugieriger, mit den Elementen und den Naturwesen zu arbeiten und weiterzuforschen, wie sie sich auf uns Menschen, auf unsere Gesundheit und unseren Lebensweg auswirken. Meine Naturwesen-Seminare wurden durch dieses Erlebnis noch einmal stark bereichert. In wirklich jedem der Seminare draußen in der Natur gewinne ich so viele neue Erkenntnisse, immer wieder erschließt sich mir wie Alice im Wunderland eine ganz neue Welt. Und auch den Teilnehmenden helfen diese Seminare, sich tief innerlich zu erholen und sich ihrer Intuition zu öffnen.

Natürlich musste ich auch lernen, dass nicht alle Menschen der Natur gegenüber so offen sind und ihre Kraft für sich nutzen können. Als ich an den Bodensee kam und mit einem Mal so viel Natur erlebte, war das für mich im positiven Sinne schockierend. Es war überwältigend. Ich nutzte jede Gelegenheit zum Wandern und zum Erspüren der Ruhe draußen. Insgesamt vertiefte sich meine Hellsichtigkeit in der Natur, denn die Stille dort ist sehr wichtig für die Entfaltung der feineren Sinne.

Dass ich aus einer vollkommen anderen Energie komme, wurde mir noch einmal bewusst, als mich eine Jugendfreundin am Bodensee besuchte. Voller Freude zeigte ich ihr all die schönen Landschaften und Kraftorte, die ich für mich entdeckt hatte. Doch sie konnte damit gar nichts anfangen. Es war ihr zu langweilig, zu wenig los, sie konnte die Ruhe einfach nicht aushalten. Da erst merkte ich, aus welch stressvollem Umfeld auch ich stammte, schließlich hatte ich in Russland und ebenso in Deutschland bisher immer in Großstädten gelebt, an Orten, die niemals schlafen und kaum mal Ruhe finden. Die Jugendfreundin reiste schneller ab als geplant, denn auch mit meinem gesunden Lebensstil konnte sie nichts anfangen. Ich hatte das zu akzeptieren und konnte ohne Zweifel weiterhin dem folgen, was sich für mich zunehmend richtig und stimmig anfühlte. Die Natur, die Landschaften, die Kraftorte, die Pflanzen und Bäume gehörten auf jeden Fall dazu.

Die Kommunikation der Obstbäume

Gerade von den Bäumen können wir ungeheuer viel lernen und von ihrer Gegenwart sehr profitieren. Mittlerweile könnte ich über jede Baumart so viel Faszinierendes erzählen, dass es ein ganzes Buch füllen würde. Jeder Mensch fühlt sich dabei von anderen Bäumen angezogen; und so war in einem meiner Seminare über Naturwesen, inspiriert durch mein Buch *Das Mysterium der Bäume*, auch einmal eine Obstbäuerin. Sie hatte den Wunsch, mit ihren Bäumen zu meditieren und mehr über sie zu erfahren. Ich selbst hatte mich bislang stärker mit Nadelbäumen und mit meinen geliebten Birken verbunden gefühlt, die ich natürlich von Russland her kannte. Mit ihrer feingliedrigen Struktur und ihrer subtilen Energie waren sie mir einfach besonders nah.

Nun aber begaben wir uns auf unserem Seminargrundstück speziell zu ein paar Obstbäumen. Es gab hier Apfel-, Kirschbäume und einen Birnbaum. Wir stellten uns mit der Gruppe zunächst an einen Apfelbaum und meditierten. Ich konnte beobachten, wie sein Baumgeist wie eine Lichtsäule in seinem Inneren leuchtete. Das Licht dehnte sich in seine Zweige hinein aus, der Baum schickte seine Energie ganz konzentriert zunächst in die Blüten und später in die Früchte. Sein Hauptaugenmerk lag darauf, diese Früchte und damit kommendes Leben zu fördern.

Ich sah aber auch, wie er seine Strahlen noch weiter nach außen schickte, hin zu den anderen Obstbäumen. Er sandte seine Energie gezielt zu den benachbarten Apfelbäumen hin – und diese schickten ihre Energie wiederum an die Bäume in ihrem Umfeld. So entstand eine gitternetzartige Verbindung wie eine Lichtmatrix zwischen diesen Apfelbäumen. Ich beobachtete weiter und erkannte, dass sie ihre Energie noch viel weiter schickten, und zwar bis in andere Dörfer und zu den dortigen Obstbäumen hin.

Diese Bäume kommunizierten also nicht nur über ein Pilzgeflecht um die Wurzeln herum, sondern energetisch auch oberirdisch über ihre Kronen hinweg. Auf beide Weisen informieren sie sich gegenseitig über Gefahren, Schädlinge und notwendige Abwehrmechanismen. Das passiert eben nicht nur in den heute zunehmend bekannten chemischen und biologischen Prozessen, sondern auch durch die energetische Verbindung. Jeder Obstbaum schwingt mit den anderen Bäumen seiner Art in der ganzen Welt im Einklang. So entsteht über die ganze Erde hinweg eine Lichtmatrix. Und genau über diese Matrix können auch wir als feinfühlige Menschen meditieren, Energie aufnehmen und uns stärken. Ich hatte zudem den Eindruck, dass wir die Vitalstoffe aus dem Obst noch viel besser aufnehmen können, wenn wir uns zusätzlich energetisch mit den Bäumen verbinden.

Ich konnte beobachten, dass die Apfelbäume so zusammenschwingen, die Birnbäume, die Kirschbäume, genauso die Nussbäume. Schon früh entdeckte ich, dass es bei allen Baumarten den individuellen Baumgeist gibt, der dem Baum Leben einhaucht und ihm Energie vermittelt. Wir Menschen können uns mit diesem Baumgeist verbinden, indem wir uns in die Nähe des Baums begeben und uns ganz auf ihn einstimmen. Wir können uns an seinen Stamm anlehnen und seine Energie aufnehmen. Das ist sehr nährend, wie heute zunehmend auch die Wissenschaft erkennt. Bei den Bäumen können wir zur Ruhe kommen, unser ganzes System reinigen lassen und neu ausjustieren.

So wie ich mich ganz besonders mit den Birken verbunden fühle, empfehle ich heute jedem Menschen, sich der Baumart meditativ zuzuwenden, von der er sich angezogen fühlt. Sich einem Baum gewissermaßen von Herz zu Herz zu öffnen und Kontakt zu seinem Geist aufzunehmen kann ungeheuer heilsam sein. Ich kann bei Menschen beobachten, wie ihre Chakren im Kontakt mit der Natur und speziell mit Bäumen regelrecht aufleuchten. Und viele Menschen gewinnen so wie ich selbst wertvolle Inspirationen, wenn sie in der Natur still werden.

Ein Gebet in der Natur

»Liebe lichtvolle geistige Welt, ich bitte um Segen und heilende Kraft. Mögen sich mir die Naturwesen offenbaren, die sich von mir angesprochen fühlen. Ich bin bereit für ihre lichtvolle Erkenntnis für mein Leben und für ihre heilende Kraft. So möge die Liebe uns verbinden, und dafür danke ich.«

Ein »Zwergenaufstand«

Als unsere Tochter geboren war, erfüllten wir uns den Traum, in einem eigenen Haus mit großem Garten zu leben. Noch während der Zeit des Wochenbetts bin ich mit meinem Kind an der Brust viel durch diesen urigen Park gelaufen und habe mich einfach rundum wohlgefühlt. Wir wollten in dem Garten auch Obst und Gemüse anbauen, da dies doch die beste Schwingung für uns Menschen hat. Aber anfangs war unser Garten sehr wild und teilweise fast schon ein Wald. Als spirituell interessierte Großstädter wollten wir gern einen Zen-Garten daraus machen. Zum Glück ging ich jedoch noch rechtzeitig in Kontakt mit den Naturwesen vor Ort, den Erdwesen des Waldes nebenan, den Wasserwesen im Fluss, den Luft- und Feuerwesen und den Wesen der vielen Pflanzen, die hier wuchsen. Sie machten mir schnell klar, dass in diese urige Gegend kein Zen-Garten gehört. Er würde vielen Pflanzen und Naturwesen den Lebensraum wegnehmen. Ich verstand, dass unser Garten eher urig bleiben sollte.

Überhaupt lernte ich, dass jeder Garten – ob groß oder klein – seinen Kraftort hat. Die Erde ist gewissermaßen wie ein menschlicher Körper und hat wie dieser Meridiane und Akupunkturpunkte, also Energiebahnen und Stellen, auf denen sich die Energie besonders zentriert. Wir nehmen diese Plätze als Kraftorte wahr. Ich kann sehen, dass dort die Energie in Form einer Lichtsäule aus der Erde aufsteigt. Manchmal sind es Spiralen, die sich rechts- oder linksherum drehen.

In jedem Garten gibt es einen solchen Lichtpunkt, und wir Menschen spüren das, auch wenn wir nicht hellsichtig sind. Wir halten uns einfach besonders gern an einem solchen Platz auf oder verschönern ihn ganz intuitiv, indem wir dort zum Beispiel einen Stein hinlegen oder entsprechende Pflanzen anbauen. Die Schwingung des Ortes kann sich auf diese Weise noch erhöhen. Viele Menschen stellen auch ihren Gartentisch an diese Orte und tanken dann immer Kraft, wenn sie sich dort aufhalten. Egal, wie klein oder groß ein Garten ist, immer teilt sich die Energie harmonisch in Yin und Yang, in Licht und Schatten, in Bereiche, in denen sich die Energie aufbaut, und solche, in denen sie abgebaut wird.

Wenn wir einen Garten gestalten, bringen wir dabei natürlich zusätzlich immer unsere eigene Energie mit. Sofern wir behutsam auf die Ausgewogenheit von Schwere und Leichtigkeit achten, Yin und Yang, kann der Garten wundervoll und prächtig gedeihen.

Auf unserem Grundstück muss der Vorbesitzer eine recht schwere Energie gehabt haben, denn er hatte Unmengen an Thujabäumen gepflanzt, die auch »Lebensbäume« genannt werden. Der Boden war auf diese Weise sehr feucht geworden, sodass wir außer Schnecken kaum Säugetiere, wenig Insekten und wenig Vögel hatten. Ich befragte daher unsere Landschaftsgärtner, was wir tun könnten. Und so entschieden wir, an die zweihundert Nadel- und Thujabäume zu fällen, um Licht und Leichtigkeit und anschließend auch Insekten, Schmetterlinge und Vögel einzuladen. Wir wollten, dass unser Garten fruchtbar und freudig wird.

Ich hatte mir zuvor von den Naturwesen zeigen lassen, welche Bäume auf keinen Fall gefällt werden dürften. Denn viele standen auf Kraftorten und waren für das ganze Gebäude, sogar für das ganze Dorf in Hinblick auf den Energiehaushalt wichtig. Für mich als Großstadtmensch war das alles sehr neu.

Doch zum Glück konnte ich mich auf unsere sehr kompetenten und engagierten Landschaftsgärtner verlassen.

Eines Morgens nun wachte ich von einem ungewöhnlichen Lärm auf. Ich wusste, dass die Gärtner noch gar nicht da waren, und so gab es auch keine Motorengeräusche. Daher konnte ich den Lärm gar nicht zuordnen und wollte einfach weiterschlafen. Doch der Krach ließ mich nicht zur Ruhe kommen, und so hörte ich genauer hin. Was ich dabei vernahm, war ein aufgeregtes Schimpfen und Zetern. Ein richtiger Aufstand. Ich konnte es nicht mehr ignorieren und schaute aus dem Fenster. Dabei sah ich in meiner Hellsichtigkeit, dass unsere beginnenden Baumaßnahmen die Naturwesen auf unserem Grundstück aufgeschreckt hatten. Nun standen sie vor meinem Schlafzimmerfenster und schimpften. Ich musste leise lächeln, denn mit einem Mal verstand ich den Begriff »Zwergenaufstand«. Doch natürlich nahm ich die Wesen ernst und hörte ihnen zu.

Sie schimpften und beschwerten sich, dass wir ihnen ihren Lebensraum wegnähmen und viele der Pflanzen töteten. Ich wollte mich zunächst damit herausreden, dass ich das ja nicht täte, sondern die Landschaftsgärtner. Das aber ließen die Naturwesen natürlich nicht gelten, denn die Gärtner würden sie nicht sehen und ihnen nicht zuhören. Daher mussten sie sich an mich wenden. Ich fragte sie, was sie empfählen: Was können wir machen, damit es für alle gut ist und wir hier friedvoll zusammenleben?

Die Naturwesen baten mich, sie und vor allem die Erdwesen vor jeglichen Veränderungen darauf aufmerksam zu machen, dass sich einiges wandeln werde. Sie baten mich, den Garten mit dem Lichtkreis zu segnen und alle aktiv darum zu bitten, die Arbeiten zu akzeptieren und zu unterstützen. Dem kam ich natürlich sehr gern nach. Der »Zwergenaufstand« endete, und unser Grund konnte gedeihen.

Bitte um Segen für Umbauarbeiten auf einem Grundstück

»Liebe lichtvolle geistige Welt, liebe Naturwesen, ich bitte um den himmlischen Segen für dieses Grundstück. Hier wird gearbeitet. Bitte, liebe Naturwesen, unterstützt uns dabei, dass wir gemeinsam einen liebevollen Wohnraum für Menschen wie auch für die Natur schaffen können. Ich bitte darum, dass die Naturwesen, deren Wohnräume jetzt aufgelöst werden, sich einen neuen Wohnraum und ein neues Aufgabengebiet suchen. Bitte unterstützt euch auch gegenseitig dabei. Ihr alle seid hier willkommen, und ich danke euch.«

Stell dir den ganzen Garten oder das Grundstück dann in das Licht eines Lichtkreises oder einer Lichtkugel eingehüllt vor.

Wenn wir sorgsam und achtsam mit der Natur umgehen, sind die Naturwesen aus meiner Erfahrung immer daran interessiert, mit uns gemeinsam das Optimale für alle zu gestalten. Dann entwickeln sich die Pflanzen prächtig, es werden Insekten und Vögel angelockt, die wundervoll singen, und der Boden wird so fruchtbar, dass wir wertvolle Nahrungsmittel ernten können. Die Natur hat keinen Konflikt mit Veränderungen, auf der Erde haben sich die Bedingungen immer aufs Neue stark gewandelt. Doch sie möchten miteinbezogen werden, wenn wir Menschen Umbauten vornehmen. Sofern wir sie als Teil unserer Lebenswelt akzeptieren und achten, sind sie nur zu gern bereit, uns zu unterstützen. Dieser Frieden mit der Natur strahlt dann über das ganze Grundstück, und so wird der Lebensraum ein Platz der Harmonie, an dem die ganze Familie Kraft tanken kann.

Die Einheit von Körper, Geist und Seele

Obwohl ich mein gesamtes Leben der Heilung und der spirituellen Weiterentwicklung gewidmet habe und ein großes Repertoire an Heilmethoden kenne und nicht nur für mein Umfeld, sondern auch für mich selbst anwende, bin ich vor Krankheiten nicht gefeit. In meiner Kindheit habe ich sehr viel Zeit in Krankenhäusern und Heilanstalten verbracht, und erst als ich am Bodensee lebte und meine Gaben wirklich zu erforschen, zu entdecken und zu nutzen begann, konnte sich mein System stabilisieren. Dennoch geschah es, dass ich mit Mitte dreißig eine lebensbedrohliche Erkrankung bekam. Ich nutzte all mein Wissen, all meine Erfahrungen, und so konnte ich sie tatsächlich sehr schnell überwinden. Mir half mein Wille, meinen Weg konsequent weiterzugehen – diszipliniert und strukturiert.

Doch es gab eine Nacht im Krankenhaus, in der ich nicht wusste, ob ich sie überleben würde. Ich hatte mein Testament verfasst, alles Nötige war geregelt, eine Not-OP hatte ich gerade überstanden. Nachts versuchte ich einzuschlafen, ohne zu wissen, ob ich am Morgen wieder aufwachen würde. In mir kämpfte es. Voller Empörung fragte ich mich: »Wieso soll ich mit Mitte dreißig als Mutter einer noch nicht mal zehnjährigen Tochter aus dem Leben gerissen werden? Schon wieder eine Todeserfahrung! Was soll das? Habe ich davon nicht schon genug erlebt?«

Doch schließlich ergab ich mich. Ich schaute in das göttliche Licht und gab mich dem Moment hin. Der Kampf war zu Ende. Ich schaute in das Licht und spürte: Dein Wille geschehe. Denn ich weiß, dass alles zu etwas Höherem führt. Ich hatte alles getan, was ich konnte.

Im Moment der Hingabe, als ich das Ego zur Seite gestellt hatte, spürte ich eine unfassbare Dankbarkeit dafür, dass ich überhaupt so alt hatte werden dürfen. Mir wurde bewusst, wie oft es in meinem Leben schon knapp gewesen war und wie viele Menschen früher gehen müssen. Ich war dankbar für all die Erfahrungen, die ich bis jetzt als Mutter habe machen dürfen, als Frau meines Partners in einer glücklichen Familie, als Autorin, als Lehrerin, als Mensch, als Jana. Ich war dankbar und in Frieden. Ob ich die Augen morgen öffnen würde oder nicht, es war in Ordnung. Ich habe aufgeräumt, für meine Familie ist gesorgt. Dein Wille geschehe.

Gleich im Moment des Loslassens merkte ich, wie meine geistige Anbindung stärker wurde. Mein Scheitelchakra öffnete sich wie ein Lichttor, und ein goldener Lichtstrahl strömte von oben durch mich hindurch. Ich wusste mit einem Mal, dass meine Zeit noch nicht gekommen war und ich morgen wieder aufwachen würde. Ich spürte Frieden in mir, dass das Leben weitergeht, aber keine Euphorie. Es war kein tiefes »Gott sei Dank«-Gefühl. In mir waren einfach Frieden und Dankbarkeit.

Ich überstand die Nacht gut, konnte mich in kürzester Zeit wieder auf die Beine bringen und aus der Erfahrung sehr viel lernen. So bringt mich das Leben immer wieder eine Stufe weiter und führt mir stets noch klarer die Prioritäten vor Augen. Nach solch intensiven Erlebnissen, in denen ich wirklich jeden Atemzug zu schätzen lernte, weiß ich ganz genau, welche Aktivitäten von Ablenkung und Zerstreuung, von Zeitvertreib und egoistischem Streben sich für mich auf keinen Fall lohnen. Ein ruhiges Leben, getragen von Werten, Freude, Liebe und Genuss, das ist es, was ich möchte und was ich lebe.

Selbst aktiv werden

Mein Weg war immer ein Weg des Lernens über die Zusammenhänge von Leben und Tod und über das Zusammenspiel von Körper, Geist und Seele. Ich weiß mittlerweile, wie wichtig die innere Aktivität jedes Menschen selbst ist, wenn er eine Herausforderung oder eine Krankheit zu bestehen hat. Es geht um die innere Haltung und um eine Anpassung des Lebensstils. Und leider musste ich immer wieder erleben, dass viele Menschen dazu nicht bereit sind und dann die Konsequenzen ihrer Krankheit tragen müssen. Besonders tragisch finde ich das, wenn es um Kinder geht und die Eltern nicht einsehen, dass sie für deren Wohl den Lebensstil anpassen müssten.

Ich denke da an eine Familie, die mit ihrem siebenjährigen Sohn zu mir kam, weil der in diesem Alter bereits Diabetes entwickelt hatte. Er war gerade in der ersten Klasse und musste schon täglich Spritzen bekommen. Wir besprachen alle möglichen Ursachen für seine Erkrankung, um einen Hebel zu finden, der ihn unterstützen könnte. Wir untersuchten ihn auf alle möglichen Belastungen wie beispielsweise durch Schwermetalle, auf Impfschäden und so weiter. Es war nichts allzu Auffälliges dabei.

Ich schaute mir das Kind an, und es wirkte auf mich wie ein aufgedunsenes Milchbrötchen. Außerdem hatte ich in der

Gegenwart dieses Jungen immer den Geruch von Milch in der Nase. Intuitiv fragte ich die Eltern, ob das Kind genug trinke. Denn zu wenig Flüssigkeit kann die Bauchspeicheldrüse auch überlasten. Die Mutter bestätigte freudig: »Keine Sorge, er trinkt genug: bestimmt zwei Liter Milch am Tag.«

Ich erschrak. Natürlich hatte ich Wasser gemeint. Denn Milch ist genau genommen kein Getränk, sondern ein Nahrungsmittel für Kälber. Milch sorgt dafür, dass aus einem Kälbchen innerhalb kürzester Zeit eine große, starke Kuh wird. Ihr Eiweiß ist nicht nur aus meiner Erfahrung für viele Menschen schlecht geeignet. Viele, vor allem lymphatische Naturelle, zu denen der Junge zählte, vertragen Milch überhaupt nicht – und ganz sicher nicht in dieser Menge.

Ich fragte die Mutter, ob sie mit einem Experiment einverstanden sei. Für sechs Wochen sollte sie darauf achten, dass ihr Sohn komplett auf Milch und Milchprodukte verzichtet und die Süßigkeiten weitestgehend reduziert. Das könnte die Bauchspeicheldrüse enorm entlasten, und wir könnten beobachten, ob es ihm dadurch besser gehe. Nach sechs Wochen würden sich auf jeden Fall Veränderungen zeigen.

Als die Frau mit ihrem Sohn nach sechs Wochen wiederkam, hatten sich die Werte deutlich angeglichen, er musste nur noch halb so viele Insulineinheiten injiziert bekommen, und der Junge fühlte sich auch sehr viel besser. Wir waren glücklich, auf dem richtigen Weg zu sein. Denn nun kannten wir die Schwierigkeit und konnten dem Körper helfen, seine Beschwerden abzubauen und zu gesunden. Es war sehr motivierend zu wissen, dass dieses Kind vielleicht bald nicht mehr würde spritzen müssen und ihm all die Folgeerscheinungen eines Diabetes als Erwachsenem erspart blieben.

Beim nächsten Termin erzählte die Mutter jedoch, dass sie die Diät nicht mehr einhielten. Alle in der Familie würden Milch mögen, es sei viel zu anstrengend, im Alltag darauf zu verzichten. Zudem gebe es ständig Süßigkeiten bei Partys, in der Schule und so weiter.

Es war wieder einer dieser Momente, in denen ich tatsächlich geschockt war. »Ist es Ihnen wirklich lieber, einen kranken Sohn zu haben und ihm all die lebenslangen Folgen eines Diabetes mellitus zuzumuten, statt einfach ein bisschen mit der Ernährung zu experimentieren, ihm seinen Kakao aus einer Alternative zur Milch zu machen und die Süßigkeitsmenge gering zu halten?«

Sie antwortete tatsächlich, dass ihr das lieber sei. Ohne Milch, das wäre zu anstrengend – und überhaupt, alle Leute würden doch Milch trinken, und der Hausarzt habe ihr versichert, dass Milch auf keinen Fall etwas mit Diabetes zu tun habe. Ich konnte nichts mehr für sie tun. Und leider auch nicht für ihren Sohn.

Ich verstehe so etwas wirklich nicht. Ich als Mutter würde alles für die Gesundheit meines Kindes tun, denn solange das Kind ein Kind ist, liegt die Verantwortung bei mir. Ich habe dafür zu sorgen, dass es sich gesund ernähren kann, dass es einen gesunden Tagesrhythmus hat, ausreichend Bewegung und dass ich für all das ein gutes Vorbild bin.

Zumindest konnten mich dieses Beispiel und ähnliche Fälle darin bestärken, für meine Familie tatsächlich nur das Allerbeste an Ernährung zu akzeptieren. Der Fall dieses Jungen zeigt so deutlich, wie unser Lebensstil und unsere körperliche Verfassung zusammenhängen. Stress zu reduzieren, für Harmonie zu sorgen, für nährende Beziehungen, einen gesunden abwechslungsreichen Tagesablauf und eben für eine ausgewogene Ernährung mit viel frischem Obst und Gemüse und möglichst gar keinen Fertiggerichten oder Speisen aus der Mikrowelle – die Bausteine eines gesunden Lebens sind nicht kompliziert. Für mich persönlich wurden sie immer wichtiger, und ich rate heute allen Menschen, die mit mir in Berührung kommen, auf diese Grundlagen zu achten. Wir wissen nicht, was unser Schicksal für uns bereithält, und es gibt keine Garantie auf ein gesundes, langes und harmonisches Leben. Doch die Maßnahmen, die wir ergreifen können, die sollten wir auch nutzen. Sie steigern wirklich unsere Lebensqualität und unsere Chance, gesund alt zu werden und dabei zufrieden und glücklich zu sein.

Wenn wir selbst aktiv werden und unsere Gesundheit als unsere ganz persönliche Angelegenheit begreifen, dann sind tatsächlich Wunder möglich. Mich erinnert dieses Thema an eine meiner allerersten Klientinnen, eine ältere Dame mit einer sehr schweren Form von Rheumatismus. Sie war beinah bewegungsunfähig und sehr stark eingeschränkt. Allein der Besuch unserer Praxis war für sie eine schmerzhafte Angelegenheit und bedeutete einen enormen Aufwand. Es kann eine wirkliche Detektivarbeit sein, in solchen Fällen die Ursachen herauszufinden und den Lebensstil so zu verändern, dass die Beschwerden abgemildert werden.

Bei dieser Dame konnte ich energetisch Eiter an den Zähnen und Schwierigkeiten im Kieferbereich entdecken, die der Zahnarzt nicht hatte wahrnehmen können. Auf unseren Hinweis hin untersuchte er sie genauer und sanierte dann ihr Gebiss entsprechend intensiver. Es dauerte einige Zeit, bis alle Eiterherde gefunden und gelöscht waren, bis alle Restgiftstoffe ausgeleitet und die Ernährung umgestellt war. Die Frau war stark übersäuert, und so empfahl ich ihr das Basenfasten und anschließend eine basenreiche Ernährung – eine sehr hilfreiche und heilsame Diät bei sehr vielen Beschwerden, vielleicht sogar die beste Ernährungsform für uns moderne Menschen überhaupt. Außerdem machte die Frau nun häufiger Basenbäder. So wurde auf mehreren Ebenen angesetzt, um ihren Körper in ein neues Gleichgewicht zu bringen.

Sie selbst war sehr aktiv und diszipliniert dabei, und so konnte sie sich von ihrer schweren Rheumabelastung befreien. Bis heute, fast fünfzehn Jahre später, ist sie frei davon und sehr dankbar, auch im hohen Alter noch ein aktives Leben führen zu können. Es ist so wichtig, niemals aufzugeben und die eigenen Geschicke – natürlich mit der Hilfe geeigneter Experten – in die eigenen Hände zu nehmen. Gesundheit ist unser natürlicher Zustand, und deswegen sollten wir uns mit einer Krankheit nicht abfinden. Die Eigenverantwortung ist hier der wesentliche Schlüssel, und immer sollten die Patienten besser über ihren Körper, ihre Beschwerden und das, was ihnen schadet und was ihnen guttut, Bescheid wissen als die Ärzte und Therapeuten. Die machen im besten Falle eine hervorragende Arbeit. Aber sie können dies nur, wenn auch der Patient die Verantwortung für sich selbst übernimmt.

Ein Schutzwall vor der Liebe

Zu dieser Verantwortung gehört es natürlich auch, auf seine Seele und auf die inneren Bedürfnisse zu hören. Das offenbarte mir die Geschichte eines vierundzwanzigjährigen Berufssoldaten umso deutlicher. Er wirkte äußerlich feingeistig und wenig geerdet. Er war sehr sensibel – doch möglicherweise war genau diese große Sensibilität in seiner Erziehung unterdrückt worden, und er versuchte daher, eine harte Schale nach außen zu tragen.

Sein Problem war nun, dass er auf einen Einsatz in Afghanistan trainiert wurde, doch immer wenn es dorthin losgehen sollte, bekam er heftige Kniebeschwerden und konnte deswegen nicht mitfliegen. Mehrfach war das nun schon passiert. Bewusst saß er da und haderte mit seinem Knie, das einfach nicht funktionieren wollte, obwohl er gern ins Abenteuer gezogen wäre. Doch sein Unterbewusstsein stoppte ihn. Vielleicht ahnte es in seiner großen Sensibilität, dass er einer großen Gefahr ausgesetzt wäre, größer, als er es sich vorstellen konnte. Und so beschützte es ihn. Es gab da offenbar eine Angst in ihm, die sich immer auf sein Knie legte, bevor es wirklich gefährlich werden konnte. Jedes Mal waren die Kniebeschwerden wie weggeblasen, sobald er den Einsatz tatsächlich unwiederbringlich verpasst hatte.

Vorsichtig versuchte ich, ihm solche möglichen Hintergründe aufzuzeigen. Ich bat ihn, einmal in sein Knie hineinzuspüren und dessen Botschaft wahrzunehmen. Oftmals zeigt ein schmerzhaftes oder entzündetes Knie eine Angst vor einem bevorstehenden Schritt an. Doch davon wollte er nichts wissen. Unsere Symptome sagen uns immer etwas. Unser Körper spricht auch in seinen Schmerzen und Symptomen zu uns. Und oftmals hat er eine vollkommen andere Aussage zu machen, als wir sie in unserem Bewusstsein hören wollen. Bevor wir die Bereitschaft nicht aufbringen können, uns der Botschaft zuzuwenden, bleibt die Disharmonie bestehen. Bei diesem Mann war das leider so. Er konnte sich nicht überwinden, in seinen Körper hineinzuhören, der für ihn einfach zu funktionieren hatte. So nahm ich es als eine weitere Erfahrung darin, wie eng Körper und Seele zusammenhängen und dass ich anderen nur Anregungen geben konnte. Gehen mussten sie ihren Weg schon selbst.

Daran ändern auch die Botschaften aus allerhöchster Quelle nichts. Auch diesem Mann hatte ich eine Engelbotschaft gegeben. Sein Schutzengel war in einem sanften roséfarbenen Licht vor ihm zu sehen. Er segnete ihn und forderte ihn auf, in Liebe seine Zukunftspläne zu hinterfragen. Das aber hatte diesen Mann überfordert. Mir schien es so, als ob er die ganze Härte, die er von sich verlangte, als Bollwerk gegen seine Lustlosigkeit benutzte, die ihn zeitweise überfiel. In dieser Hinsicht unterstützte ihn sein Beruf als Soldat mit klaren Strukturen und deutlichen Ansagen, was zu tun sei. Doch er war nicht in der Lage, die Liebe zu spüren, die hinter der Depression auf ihn wartete. Er blieb in seinem Kopf und versuchte weiterhin, seine Schwächen zu kompensieren.

Ich hatte das zu akzeptieren und lernte daraus, dass die Engel mit ihren Botschaften immer richtigliegen. Doch das heißt nicht, dass die Menschen sie automatisch annehmen könnten. Erneut hatte ich zu lernen, dass ich für meine Gabe auch weiterhin nicht nur Komplimente erhalten würde, sondern dass meine Hilfe auch abgewiesen wurde. Doch keine gute Tat geht jemals verloren. Wer weiß, was dieser Mann vielleicht irgendwann später aus seiner Engelbotschaft machen würde?

Ein gutes Stück Detektivarbeit

Auf die Intuition zu lauschen und sich in erkrankte Körperbereiche einzufühlen ist natürlich auch für Heiler und Therapeuten eine tagtäglich notwendige Angelegenheit. Für mich waren all die Klienten und Seminarteilnehmer, denen ich begegnet bin, sehr wichtig, um mir über die tieferen Gesetze des Lebens und vor allem des guten Lebens bewusst zu werden. Einige Fälle machen dabei tatsächlich Eckpfeiler in meiner Biografie aus, so zum Beispiel eine Patientin, die mit über achtzig noch berufstätig war. Sie war sehr tough und hatte offenbar auch eine sehr hohe Schmerzgrenze: Es müssen unglaubliche Schmerzen gewesen sein, mit denen sie sich in unsere Praxis schleppte. Sie konnte nicht genau sagen, ob es der Bauch oder der Rücken sei, der ihr seit Tagen diese extremen Schmerzen bereitete. Die Diagnose ihres Arztes lautete, dass etwas mit ihrer Bauchspeicheldrüse nicht in Ordnung sei.

In der Praxis, in der ich damals noch arbeitete, untersuchten die Heilpraktiker die Bauchspeicheldrüse sehr genau und konnten einfach nicht bestätigen, dass ihr Problem im Bauchraum lag. Vielmehr tippten sie darauf, dass es vom Rücken her käme. Schmerzen dort können natürlich auch in den Bauch ausstrahlen. Wenn es im Körper an irgendeiner Stelle nicht stimmt, können auch andere Teile in Mitleidenschaft gezogen werden. Das wird von den modernen Medizinern leider oftmals übersehen. Genau hier liegt die Stärke der Naturheilkunde und auch die des medialen Heilens. Denn ich zum Beispiel kann ganz genau sehen, wo im Körper die Energie fließt und wo sie stockt.

Bei dieser Klientin wurde deutlich, dass die Lebenskraft in einem Bereich der Brustwirbelsäule stockte. Wir zeichneten die Stelle sogar mit einem Kugelschreiber an und schickten sie wieder zum Arzt. Er war bereits genervt und meinte: »Wenn diese Heilerin recht hat, dann rufe ich sie an.« Nun, ich warte bis heute auf diesen Anruf. Denn tatsächlich stellte sich heraus, dass die Dame einen Deckplatteneinbruch eines Wirbelkörpers hatte. Erst nachdem sie darauf bestanden hatte, dass der Arzt sie auf ihre Verantwortung hin zum Röntgen schickte, wurde die wahre Ursache ihres Leidens gefunden. Ihre Schmerztoleranz war einfach so hoch, dass sie sich dennoch weiterbewegt hatte, auch wenn es eine Qual gewesen sein muss.

Erfahrungen wie diese konnten mich enorm darin bestärken, meinen Wahrnehmungen zu vertrauen und in jedem Fall, mit dem ich in Berührung kam, wie eine Detektivin nach der wahren Ursache und dann nach der hilfreichsten Lösung zu suchen. Auch wenn ich das Lernumfeld der Naturheilpraxis nach einigen Jahren wieder verlassen hatte, ist diese Haltung bis heute in mir und begleitet mich in meinem ganzen Wirken.

Ähnlich wichtig waren meine Beobachtungen bei einer Frau, die mit einer Trigeminusneuralgie in die Praxis gekommen war. Sie litt unter heftigen Schmerzen in einer Gesichtshälfte, die in den ganzen Kopf ausstrahlten: Sie sagte, es wäre, als liefe sie ständig gegen eine Wand. Man hatte die Fünfzigjährige bereits als Frührentnerin eingestuft, doch sie wollte endlich die Ursache finden und von ihren Schmerzen befreit werden.

Der Heilpraktiker fragte, seit wann sie die Schmerzen habe; und so kamen sie auf eine Zahnbehandlung, die zum fraglichen Zeitpunkt stattfand. Damals waren einige Zähne saniert und sämtliches Amalgam entfernt worden. Mit den Zähnen sei aber jetzt alles in Ordnung, daran könne es nicht liegen.

Der Heilpraktiker bat mich dennoch, ihre Zähne energetisch zu untersuchen und zu prüfen, ob dort irgendwo Energie stagniere. An einer Stelle im Kiefer bemerkte ich tatsächlich eine sehr dunkel schwingende nichtmenschliche Energie. Es kam mir energetisch vor wie ein Rest vom Amalgam.

Wir baten ihren Zahnarzt, diese Stelle zu röntgen. Doch er meinte, dafür sei das Problem nicht offensichtlich genug. Die Frau aber sagte zu ihm, dass sie bald verrückt wird von diesen Schmerzen und dieses Röntgenbild deswegen unbedingt machen möchte. Und: Es stellte sich heraus, dass ein klitzekleines Amalgamteilchen dort verborgen war und die ganze Zeit auf den Nerv gedrückt hatte. Bei der Zahnsanierung war dieses kleine Stückchen keinem aufgefallen, und das Unglück nahm seinen Lauf. Nun konnte das Stückchen entfernt werden, die Stelle ist verheilt und die Trigeminusneuralgie gänzlich verschwunden. Als ich die Frau beim Abschied fragte, was sie jetzt vorhabe und ob sie sich freue, wieder ins Arbeitsleben einzusteigen, meinte sie lachend: »Nach dieser Wiedergeburt mache ich jetzt erst einmal Urlaub.«

Erinnerungen wie diese halten mich wach dafür, keine Idee, keine Eingebung von vornherein auszuschließen, sondern jeder möglichen Fährte nachzugehen, um das Leid eines Menschen zu lindern. Und sie machen mich wach dafür, die Menschen auch in meinen Vorträgen, Seminaren und Büchern immer wieder dazu anzuregen, für sich selbst aktiv zu sein und sich mit nichts abspeisen zu lassen, was ihr Problem nicht löst. Die Dinge sind im Leben so oft anders, als man denkt.

Die Zellen durchlichten – jeden Tag

Das energetische Heilen ist bei alledem ein großes Geschenk an uns. Mir selbst hat es in meinem Leben nicht nur in Momenten der Schwäche oder der Krankheit geholfen, es ist für mich zu einer täglichen Praxis geworden, um mich gesund und stark, lichtvoll und positiv zu halten. Bei mir selbst und bei so vielen anderen konnte ich beobachten, wie schnell dadurch Wunden heilen, Schwierigkeiten überwunden werden und Heilung geschehen kann.

Viele Leute, die regelmäßig energetisch an sich selbst arbeiten, bemerken mit der Zeit die erstaunlichsten Veränderungen. Oft verwandeln sie ihren Lebensstil in eine gesunde Richtung, ohne überhaupt bewusst darüber nachzudenken. Es passiert einfach. Und dadurch werden sie dann natürlich noch gesünder und fitter. Und im Falle einer Erkrankung wissen sie, dass sie – in Ergänzung zu den erforderlichen medizinischen Maßnahmen – ein wertvolles Werkzeug für sich selbst anwenden können. Das kann sehr beruhigend und stärkend sein.

Als ich mit Mitte dreißig besagte Notoperation durchstehen und mich von einer schweren plötzlichen Erkrankung erholen musste, arbeitete ich dreimal täglich energetisch an mir, um allen Zellen die Anregung zur Heilung zu schicken und meinen ganzen Organismus zu durchlichten. Es war erschütternd für mich, schon wieder dem Tod in die Augen zu schauen, doch ich gab niemals auf, behandelte mich und segnete all die Umstände, auch die Notoperation. So blieb ich mit der lichtvollen geistigen Welt verbunden und von ihr liebevoll geführt. In nur zwei Monaten konnte ich die Krankheit hinter mir lassen.

Auch in diesem Buch, in meiner Biografie, habe ich einige praktische Anregungen notiert, da ich meine Geschichte hauptsächlich deshalb erzähle, damit sich Menschen motiviert fühlen, für sich selbst auf heilsame und spirituelle Weise aktiv zu werden. Aus diesem Grund habe ich auch die folgende, sehr umfassende Übung hier aufgenommen, denn es ist eine wunderbare Praxis zur Heilung, Stärkung und Weiterentwicklung. Sie empfiehlt sich zur täglichen Anwendung, kann aber auch schon sehr gute Ergebnisse zeigen, wenn sie einmal pro Woche praktiziert wird. Du kannst sie dir vorlesen lassen oder auch selbst auf einen Tonträger aufsprechen und dann abspielen. Mit der Zeit wird sie dir allerdings so geläufig sein, dass du diese Hilfen nicht mehr brauchst.

Energetische Heilbehandlung für jeden Tag

Für deine Heilbehandlung setz dich bitte bequem hin, nimm deine Hände in Gebetshaltung vor den Brustraum und stell dich bewusst mit allen Sinnen auf Heilung ein. Verbinde dich mit der lichtvollen geistigen Welt und sprich mit Liebe im Herzen: »Liebe lichtvolle geistige Welt, ich bitte um heilendes Licht und um die Begleitung der Heilkraftengel. Ich bitte um Behandlung und bedanke mich für vollkommene Gesundheit.«

Spüre, wie das Gebet dir Frieden und Zuversicht schenkt, und stell dir deine geistige Verbundenheit vor: Du bist mit dem höchsten Lichtbewusstsein verbunden, das kosmische Energie von oben, aus himmlischen Sphären, in dich hineinfließen lässt, hinein in dein Scheitelchakra. Du stehst wie unter einer Lichtdusche und lässt die kosmische Energie in dein Herzchakra fließen. Von dort strömt sie in deine Arme nach rechts und nach links und verteilt sich bis in deine Hände.

Reib deine heilenden Hände leicht aneinander, atme tief durch und nimm sie dann sanft auseinander. Lass die Energie zwischen ihnen fließen. Stell dir Lichtströme in deinen Händen vor, als ob deine Hände die Sonne wären und Lichtstrahlen aussendeten. Du kannst dabei eine wellenförmige Bewegung mit den Händen machen, um die Energie noch besser zu spüren. Wenn du jetzt die Hände zusammenlegen wolltest, ginge das nicht ohne einen gewissen Kraftaufwand. Du spürst die Energie in und zwischen deinen Händen.

Stell dir dieses Licht vor, diese kosmische Energie, mit der du heilen kannst, und nimm sie wie in eine Lichtkugel hinein, die zwischen deinen Händen schwebt. Visualisiere diese Lichtkugel und spür sie dadurch immer deutlicher. Atme nun tief durch und streich dann mit diesem Licht deine Aura dreimal von oben nach unten aus. Vielleicht spürst du dabei einen sanften, wohltuenden Windhauch auf deiner Haut. Du atmest ruhig weiter und lässt das Licht fließen.

Wann immer du merkst, dass du mit deinen Gedanken woanders bist, kannst du den Satz sprechen: »Die Liebe heilt.« Dann bist du wieder verstärkt mit der heilenden Quelle verbunden.

Atme tief ein und aus, nimm wieder deine heilenden Hände aneinander, reib sie und lass dann die Energie fließen. Nun legst du die Hände auf deinen Bauchraum und atmest tief in sie hinein, sodass du spürst, wie sich die Bauchdecke sanft nach außen wölbt und wieder nach innen entspannt. Je tiefer und harmonischer du atmest, umso mehr verteilt sich die kosmische Energie überall in deinem Körper bis in die Zellen hinein: vom Kopf bis in die Zehenspitzen. Bewahre dir diesen tiefen heilsamen Atem des Urvertrauens über die ganze Behandlung hinweg. Deine Aufmerksamkeit kehrt immer wieder zum Atem zurück.

In diesem guten Gefühl atmest du weiterhin tief und ruhig, nimmst die Hände wieder zusammen und schöpfst neu aus dem heilenden Strom der Energie. Stell dir vor, dass du ganz in Licht eingehüllt bist, und leg deine heilenden Hände nun auf deinen Herzbereich. Sage deinem Unterbewusstsein erneut: »Die Liebe heilt. Die Liebe ist in mir. Ich liebe mich.« Lass Frieden, Geborgenheit und Vertrauen zu. Durch deine liebevollen Gedanken und deine liebevollen Gefühle fließt die kosmische Energie. Du bist tief entspannt, und so wird jede Zelle deines Körpers umso besser durchlichtet. Du spürst, wie sich dein Unterbewusstsein der positiven, liebevollen Wandlung öffnet. Der Heilung und Stärkung.

Nimm deine heilenden Hände erneut vor dem Brustraum zusammen, atme tief durch und lass die heilende Kraft in deinen Händen wieder fließen. Nun legst du eine Hand auf deinen Bauch und eine auf deinen Brustraum und stellst dir vor, wie die Lichtstrahlen aus deinen Händen pulsieren und die Energie deine gesamte »Chakralinie« vom Wurzel- bis zum Scheitelchakra aktiviert. Dein Körper nimmt die Energie dankbar auf wie ein Schwamm das Wasser. Du unterstützt diesen Prozess mit deinem entspannten Atem und lässt dir dabei etwa eine Minute

lang Zeit. Du atmest tief ein und aus. Alles andere ist unwichtig. Du spürst, wie dein ganzer Körper im Licht badet und es mit jedem Atemzug deine Zellen erfüllt.
Schließlich streichst du die Hände aus, lässt den Heilimpuls weiterwirken und schöpfst neu Energie, indem du deine heilenden Hände zusammenlegst und mit frischer Energie wieder öffnest. Nun legst du deine heilenden Hände auf deinen unteren Bauch und atmest dort in die Hände hinein. Stell dir deinen Beckenraum wie eine leere Schale vor. Diese Schale füllst du nun mit diesem goldenen Licht, mit der kosmischen Energie, sodass dein Unterleib vollkommen durchleuchtet wird, ebenso deine Beine und Füße und nach oben hin dein ganzer Bauch. Stoffwechsel und Hormonsystem werden angeregt, dein Rücken entspannt sich, und die Energie strömt auch durch den gesamten Oberkörper. Du lässt es einfach geschehen und verweilst in dieser wohltuenden Ruhe auch hier für etwa eine Minute. Atme dabei weiterhin tief ein und aus.
Wieder kannst du jetzt deine Hände ausstreichen und neu Energie schöpfen. Du formst ein weiteres Mal die Lichtkugel zwischen deinen Händen und schickst sie jetzt dorthin, wo dein Körper sie braucht. Dorthin, wo jetzt Heilung benötigt wird. Leg deine Hände dorthin, oder schick deine liebevollen Gedanken an diese Stelle, und sende das Licht in deiner Vorstellung, während die Hände auf deinem Bauch oder auf der Brust ruhen. Stell dir das Organ oder die entsprechende Körperstelle in vollkommener Gesundheit vor und schick Licht und Liebe hinein, voller Vertrauen. Beobachte den Energiefluss und

sieh, wie sich das Organ oder die Körperstelle mit neuer Kraft und Licht füllt. Spür, wie sie die Energie regelrecht aufsaugt und zur Heilung verwendet. Sprich auch hier wieder den Satz: »Die Liebe heilt.« Spür die tiefe Ruhe in dir, während du weiteratmest. Denn diese Heilbehandlung ist auch eine tiefe Meditation.

Nach etwa einer Minute ist der Heilimpuls gesetzt. Du streichst erneut deine Hände aus, atmest tief durch und schöpfst neue Kraft. Auch wenn du immer tiefer entspannst, atmest du weiterhin sehr aufmerksam. Die neue Energie und das Licht in deinen Händen schickst du nun in deine Knie hinein. Leg deine Hände auf die Knie und stärk dich für deinen nächsten Schritt im Leben. Dein Atem fließt, und du spürst, wie das Licht aus deinen Händen in deinen Meridianen, den feinenergetischen Kanälen, wie ein freies Bächlein in die Füße hineinfließt. In diesen Bahnen deines Körpers entfaltet sich die kosmische Energie im gesamten Körper – von den Knien hinab bis in die Füße und hinauf durch das Becken bis zum Oberkörper.

Energie ist die höchste Form der Intelligenz. Sie weiß, was zu tun ist und was dein Körper jetzt braucht. Du schenkst ihr einfach Raum und Zeit voller Ruhe, sodass sie sich ganz in dir entfalten kann. In dieser tiefen Ruhe verbinden sich Körper, Geist und Seele und bringen dir die Harmonie der vollkommenen Einheit. In ihr gedeihen deine Selbstheilungskräfte, und dein ganzes Potenzial für dein Leben und dein Wirken kann sich entfalten.

Streich nach etwa einer Minute wieder deine Hände aus, atme tief durch und bündele in deinen Händen erneut kosmische Energie. Noch immer befindest du dich unter der Lichtdusche und spürst den heilenden Fluss der Energie, der in deine Hände strömt. Diesmal schickst du die Energie gedanklich in deine Füße hinein. So hast du deinen Körper von oben nach unten komplett durchgearbeitet. Du siehst deine Füße vollkommen von Licht erfüllt. Das Licht breitet sich von den Füßen durch die Beine hindurch weiter nach oben aus, es strömt bis in den Oberkörper und erfüllt zuletzt auch deinen ganzen Kopf. Du atmest weiterhin ruhig und schickst Licht und Liebe in jede deiner Zellen.

Nun ist dein Körper auch von unten nach oben durchlichtet. Du streichst die Hände aus, atmest durch, schöpfst erneut Energie und legst deine Hände noch einmal an eine Körperstelle, die jetzt Unterstützung braucht. Widme auch dieser Stelle eine Minute lang deine liebevolle Aufmerksamkeit. Sieh in deiner Vorstellung, wie die Lichtstrahlen aus deinen Händen diese Körperstelle oder dieses Organ einhüllen und entspannen. Schicke ein Lächeln in dieses Organ oder in diese Körperstelle und sieh, wie es voller Licht und Liebe heilen kann. Atme aktiv alles aus, was sich in diesem Körperbereich an Spannungen und Emotionen angestaut haben mag. Spür den Frieden, der nun überall Raum findet, und bring so Harmonie in dein System. Verweile in dieser Wahrnehmung, solange du möchtest. Nach etwa einer Minute ist der Heilimpuls gesetzt.

Streich dann deine Hände wieder aus und schöpfe neu Energie. Leg dir die Hände wieder auf Bauch und Brust und schick Licht und Liebe in dich hinein. Du hast nun sehr viel Bewegung in ein vielleicht etwas starr gewordenes System hineingebracht. Gib deinem Energiesystem deswegen jetzt Raum und Zeit, sich neu in die göttliche Ordnung einzufügen. Stell dir vor, dass deine Wirbelsäule und dein Chakrasystem unter deinen Händen wie eine Lichtsäule leuchten. Oben und unten, rechts und links, überall in deinem Körper stabilisiert sich die Energie. Du schöpfst eine wunderbare Kraft. Genieße diesen neu gewonnenen friedvollen Zustand und spüre, wie dein Körper, deine ganze Aura leuchten und wie du immer weiter an Kraft gewinnst.

Streich deine Hände erneut aus, schöpfe Energie und streich nun deine Aura mit diesem Licht dreimal aus. Du weißt, dass dir dieses Licht ganz und gar zur Verfügung steht. Und so streichst du dreimal von oben nach unten ganz langsam und gefühlvoll an deinem Körper entlang. Spür, wie sich das anfühlt.

Leg dann deine Hände auf deinen Herzraum und spür der Behandlung nach. Nimm wahr, wie dein Körper von innen heraus leuchtet. Du selbst leuchtest wie eine Sonne. Sieh in deinem Leuchten, dass du ein geistiges Wesen bist, welches eine irdische Erfahrung macht. Du bist eine göttliche Seele, die in der Liebe zu Hause ist.

Dein Atem fließt harmonisch, und du spürst deine tiefe Liebe zu dir selbst. Nimm dich ganz an und fühle: »Ich liebe mich.« Genau diese Selbstannahme braucht dein Körper, deine Gesundheit.

»Ich liebe mich.«

Spür, wie schön es ist, sich Zeit für sich selbst zu nehmen und die intensivste Beziehung zu pflegen, die es im Leben gibt: deine Beziehung zu dir selbst. Aus dieser friedvollen Freundschaft heraus entfaltet sich die Kraft deines Lebens und auch die Qualität der Beziehung zu anderen Menschen. Aus dem Frieden und der Selbstliebe, aus der wertvollen Eigenverantwortung schöpfst du immer wieder neue Kraft und wirst so zu einem Leuchtturm für andere.

Nimm deine Hände nun zum Abschluss in Gebetshaltung vor deinem Brustraum zusammen und sprich folgendes Dankesgebet:

»Liebe lichtvolle geistige Welt, ich danke für das heilende Licht. Ich bedanke mich für vollkommene Gesundheit. Ich bitte um himmlische Führung auf meinem lichtvollen Seelenpfad, um liebevolle Klarheit und Stärke. Denn ich bin bereit, meinem Herzen zu folgen. Ich danke dafür.«

Spür dem Lichtstrom nach und genieß weiterhin Atemzug für Atemzug die Ruhe und die neu gewonnene Kraft, solange du möchtest. Gönn dir ruhig fünf oder zehn Minuten Zeit, um die Behandlung nachwirken zu lassen. Wenn du dich dann gestärkt für deinen Tag fühlst, komm ins Alltagsgeschehen zurück, und gestalte deine Zeit kraftvoll, liebevoll und harmonisch.

Die Energie wirkt

Behandlungen wie die soeben beschriebene können unglaublich viel bewirken. Wir wissen dabei nie vorher, was geschehen wird, denn die Energie ist eine Intelligenz, die genau weiß, wo sie gebraucht wird und auf welche Weise sie wirken sollte. So kann sie uns entspannen, uns neue Kraft geben, gezielt Heilung bewirken und uns aber ebenso mit neuen Ideen und Inspirationen beschenken und dafür sorgen, dass wir etwas begreifen oder unseren Lebensstil verändern und genau dadurch die Heilung und Weiterentwicklung erfahren, die wir brauchen.

Dass die kosmische Energie heilsam wirkt, habe ich unzählige Male in meinem Leben erfahren. Mir fällt dazu gerade ein Beispiel ein, das sich bei einem Picknick mit der Familie und Freunden am Bodensee ereignete. Eine Freundin wurde dort von einer Biene in die Lippe gestochen, ausgerechnet eine Frau, die sehr stark auf solche Stiche reagierte. Sie wusste sofort, dass sie nun wieder einige Tage lang damit würde zu kämpfen haben. In ihrem Schreck rief sie: »Jana, mach was! Bitte schick mir Heilkraft.«

Ich nahm also meine heilenden Hände vor dem Brustraum zusammen und bat um Heilung: »Liebe lichtvolle geistige Welt, ich bitte um die heilende Kraft der Lemniskate. Wir bedanken uns für vollkommene Gesundheit.« Dann rieb ich meine Hände leicht aneinander und ließ das heilende Licht fließen. Ich stellte mir zwischen meinen Händen eine Lichtkugel vor und visualisierte eine liegende Acht, die heilende Lemniskate. Ich bemerkte, wie die Energie zwischen meinen Händen immer mehr zunahm, und schickte sie dann in die Lippe der Freundin. Alles ging relativ schnell, denn ich wollte natürlich nicht, dass sie mit einer Schwellung reagierte, die sich dann ausbreitete. Ich sah, wie die lichtvolle Energie an dem Stich arbeitete und die ganze Stelle durchlichtete. Eine Minute lang schickte ich weiter Licht und Energie in die Lippe der Freundin. Dann ließ ich los. Die Schwellung verschwand nach nur zwei Stunden – sonst hatte die Freundin tatsächlich oft eine Woche mit solchen Beschwerden zugebracht.

Die Lemniskate ist ein wundervolles Notfallmittel, das sehr schnell wirkt. Auch als wir unseren Hund einmal impfen lassen mussten – als Dalmatiner reagierte er unmittelbar mit angeschwollenen Lymphknoten –, konnte ihm die Behandlung mit Homöopathika und der Lemniskate ganz schnell helfen.

Ich bin sehr dankbar dafür, mithilfe der lichtvollen geistigen Welt und der kosmischen Energie mich selbst und andere Menschen sowie auch Tiere und die Natur heilsam behandeln zu können. Für mich ist es ganz wichtig geworden, täglich für mich selbst meine Heilarbeit durchzuführen. Und ich empfehle jedem Menschen, sich wenigstens ein paar Minuten jeden Tag dafür zu nehmen. Wenn dabei noch die Lemniskate einbezogen wird, kann es ganz schnell gehen. Dann brechen Erkältungen gar nicht erst aus, und andere Beschwerden heilen ebenfalls erstaunlich schnell. Auch ich habe oft nicht die Zeit, in meiner Familie stundenlange Heilrituale abzuhalten, wenn es jemandem nicht gut geht. Doch immer kann es möglich sein, kosmische Energie, ein Heilsymbol und Licht zu schicken und damit einen Heilimpuls zu setzen.

Wer sich eine solche Praxis zu Lebzeiten aneignet, kann sich immer helfen und weiß auch, dass er eines Tages sogar auf dem Sterbebett in der Lage sein wird, für sich selbst etwas Gutes zu tun. Mit Liebe, Glaube, Hoffnung und Zuversicht kann man immer helfen, und kein guter Gedanke, keine gute Handlung ist jemals umsonst oder geht verloren.

Körper, Geist und Seele zusammenhalten

Bereits mit vierundzwanzig Jahren erfuhr ich auf außergewöhnliche Weise, dass Körper, Geist und Seele tatsächlich achtsam zusammengehalten werden müssen. In New York besuchte ich eine Jugendfreundin, und wir nutzten die Möglichkeit, einen Fallschirmsprung zu erleben. Ich bin immer offen für neue Erfahrungen und auch recht sportlich, also freute ich mich entsprechend darauf. Vor der Höhe habe ich keinerlei Angst, denn ich bin ja immer so ein wenig »in den Wolken«. Durch meine frühen Erfahrungen habe ich eher Respekt vor dem Wasser, vor der Tiefe. Höhe macht mir nichts aus.

Wir saßen also eines Tages in einem kleinen Flugzeug, ich wurde für meinen Tandemsprung an einen erfahrenen Springer angebunden, saß mit meinem Rücken an seinem Bauch. Voller Vorfreude wartete ich ab, bis die Tandems vor mir das Flugzeug verlassen hatten. Dann saßen wir vorn an der Tür, ich hatte die Hände, wie mir empfohlen worden war, an die Brust gelegt und sollte mich nun einfach fallen lassen. Ich spürte keinerlei Angst. Aber irgendwie hatte ich die Rechnung ohne mein Unterbewusstsein gemacht. Alles war vorbereitet, wir waren zur Tür gerobbt, ich hielt die Hände und den Kopf in der empfohlenen Weise – und wunderte mich, dass nichts geschah. Bei all den anderen vor uns war es in Sekundengeschwindigkeit passiert, dass sie raussprangen. Doch ich saß da und saß da und kam nicht voran. Ich hatte schon Angst, dass wir einen Stau verursachten, und sah mich schließlich nach den anderen um. Da erkannte ich zu meinem Erstaunen, dass diese weiter in Bewegung waren: Sie robbten und sprangen durch mich hindurch! Ich verstand die Welt nicht mehr. Ich sah noch einmal genauer hin, und tatsächlich war bereits der Allerletzte an der Reihe. Auch er sprang, und ich sah ein, dass ich irgendwie »den Zug verpasst« haben musste.

Langsam begriff ich, was da ablief: Mein Körper befand sich tatsächlich längst im Flug, aber die Seele ist einfach im Flugzeug sitzen geblieben. Das Unterbewusstsein hatte mich allem Anschein nach für verrückt erklärt und war nicht bereit, sich dieser großen Gefahr auszuliefern. Ich sah nach unten und erkannte tatsächlich meinen Fallschirmspringer, mein Körper hing an ihm wie ein Stein. Meine Seele befand sich derweil im Flugzeug, und ich musste mir überlegen, wie ich jetzt wohl zu meinem Körper hinunterkäme. Mir blieb nichts anderes übrig, als dem Körper hinterherzuspringen. Ich setzte dazu an, und ruck, zuck war ich im Körper, der bereits dabei war zu landen. Das Beste, den freien Fall und das Gefühl der Freiheit, hatte ich verpasst. Ich habe meine Zeit im Flugzeug abgesessen und nur noch die letzten Sekunden des Sprungs mitbekommen.

Ich merkte, in welcher Panik mein Körper war, er zitterte und war durch den extremen Adrenalinschub ganz außer sich. Ich hatte es nicht so eingeschätzt, dass mein Körper solch ein Sensibelchen ist. Doch seither achte ich noch sorgsamer auf mich. Auch wenn ich mich als einen mutigen und verantwortungsbewussten Menschen kenne, der zielstrebig seine Aufgaben erfüllt, so schätze ich doch auch meine sanfte Seite und gönne mir die Ruhe und das Unaufgeregte, das sie braucht, damit ich insgesamt bei Kräften und in guter Stimmung bleiben kann. Auch dies gehört für mich zur Selbstfürsorge.

Die Erfahrung mit dem Fallschirmsprung hat mir geholfen, mich ganz bewusst stärker zu erden, viel in der Natur zu sein und einen klaren Tagesrhythmus zu pflegen. Von dem Schock des Sprungs habe ich übrigens im Nachhinein einen kräftigen, Gott sei Dank nur einmaligen Herpes an den Lippen davongetragen.

Heilung durch Freundschaft

So ist auch mein Leben wie das meiner früheren Klienten und meiner Seminarteilnehmer ein Weg der zunehmenden Heilung. Ich möchte hierzu noch eine berührende Erfahrung mit einer Freundin schildern, die ich sehr liebe und schätze, und das auch schon seit Jahrzehnten. Allerdings hatte sie manchmal eine Neigung, viel zu jammern und zu klagen, und ich konnte das irgendwann kaum noch aushalten. Sie sah Probleme, wo ich überhaupt keine erkennen konnte, und redete dann stundenlang nur darüber. Irgendwann war ich an dem Punkt, an dem ich wusste: Wenn sich das nicht bald ändert, muss ich diese Freundschaft beenden. Sie kostete mich zu viel Kraft, und immer war nur ich die Gebende.

Dennoch erkannte ich natürlich, dass ich mich von ihr deshalb überfordert fühlte, weil sie in mir Erinnerungen an meine Kindheit auslöste. Auch dort war ich von Menschen umgeben gewesen, die sehr viel schwarzsahen, sich beklagten, wenig Eigenverantwortung übernahmen und vieles auf mich abzuwälzen versuchten. Dieses Gefühl der Überforderung, das diese Freundin in mir auslöste, kannte ich aus meinen ersten Lebensjahren nur zu gut. So verstand ich auch, dass sie offenbar für mich eine Chance war, diese alten Erfahrungen in mir zu heilen.

Ich suchte nach einer Lösung. Wie konnte ich meine Resonanz auf Menschen dieser Art lösen? Mit ihr darüber zu reden brachte nichts, das hatte ich schon oft versucht. Mich weiterhin darüber aufzuregen brachte natürlich auch nichts, es verletzte uns beide. Doch irgendwo musste eine goldene Mitte sein.

Ich wendete wieder mein altes Mittel an, einfach zu beobachten, ohne zu bewerten. Als die Freundin in einem der nächsten Gespräche wieder zu klagen anfing, beobachtete ich, wann ich genervt zu reagieren begann, wann genau es mir unangenehm wurde und die Spannung in mir anstieg. Ich hörte, wie ihre Stimme piepsiger wurde und ich meine Anspannung kaum noch kontrollieren konnte. Bewusst atmete ich tief durch, statt den Atem noch mehr festzuhalten. Ich nahm detailliert wahr, wie eine Welle der Ablehnung in mir aufstieg – und dann sprang ich über meinen Schatten. Statt ihr weiter zuzuhören oder auf sie einzureden, stand ich auf, ging auf sie zu und umarmte sie. Ich hielt sie eine ganze Zeit lang einfach in meinen Armen.

Wie ein Stück Holz spürte ich sie an meinem Körper, sie erwiderte meine Umarmung nicht, und irgendwann fielen ihre hochgezogenen Schultern einfach nach unten. Ihre Gesichtszüge veränderten sich, sie kam ins Fühlen von Liebe und Gehaltensein. Sie verdrückte ein paar Tränen und ging dann weg.

In meinem Herzen hatte sich etwas verändert. Wo ich früher immer nur stark sein musste und andere zu tragen hatte, konnte ich plötzlich eine tiefe Gnade und eine Nachsicht spüren. Von diesem Tag an wurde ich milder und fing an, sanfter mit mir umzugehen. Ich brauchte nirgendwo mehr die Beste zu sein und konnte den falschen Perfektionismus, den ich mir antrainiert hatte, nach und nach loslassen. Ich musste nicht unendlich viel weiter forschen und suchen und entwickeln und schaffen. Ich ließ mich endlich so sein, wie ich bin. Ich fand zu einer inneren Ruhe und einer Entspannung, die mir seither sehr wertvoll sind.

Diese Freundin und ich, wir haben über diese Erfahrung niemals gesprochen. Das war einfach nicht nötig. Wir hätten sie nur zerredet. Durch meine Umarmung aber hatte sich auch bei ihr etwas gelöst. Natürlich blieb sie ein sehr sensibler Mensch, den vieles leicht angreift und der viel Zeit braucht, immer wieder Kraft zu schöpfen. Doch nie wieder erlebte ich es, dass sie ausgiebig klagte. Unsere Freundschaft ist seither tiefer geworden, und wir können uns hundertprozentig aufeinander verlassen. Es ist eine Freundschaft, die nicht viele Worte braucht, die einfach von einer großen Liebe und tiefem Vertrauen geprägt ist.

Wenn wir aufrichtig im Herzen sind, kann aus meiner Erfahrung jede Beziehung gedeihen. Wenn wir bereit sind, unseren eigenen Beitrag anzuschauen und zu beobachten, was tatsächlich in uns selbst und im Miteinander passiert, dann können wir alles befrieden. Ich möchte die Erfahrung nicht missen, über meinen Schatten gesprungen zu sein und genau dadurch Heilung und eine noch tiefere Verbindung zu einem anderen Menschen erlebt zu haben. Immer beginnt es in uns selbst.

Verzeihen

In all meinen Entwicklungsschritten und all meiner Auseinandersetzung mit der Vergangenheit lag immer auch ein Akt des Verzeihens. Schritt für Schritt konnte ich in Hinblick auf all das zur Vergebung finden, was in meinen frühen Jahren sehr belastend und überfordernd war, was mich geschmerzt hatte und mir einfach nicht angemessen für ein Kind erschien. Genau in diesem Verzeihen – den Eltern, anderen Bezugspersonen, den Umständen in der Gesellschaft, dem Leben, dem Schicksal gegenüber – liegt der Schlüssel dazu, tatsächlich erwachsen zu werden und eigenverantwortlich seine Geschicke zu lenken.

Das Leben machte mir tausendfach das Geschenk, auch in dieser Hinsicht von anderen Menschen zu lernen. Einmal hatte ich beispielsweise mit einer Klientin zu tun, die sich auch noch in ihren mittleren Lebensjahren trotzig wie ein Kind benahm, weil sie ihrem Vater noch immer nicht hatte verzeihen können. Sie litt schon seit Jahren unter chronischem Asthma. Es handelte sich offensichtlich um ein psychosomatisches Geschehen. Die Lunge steht dabei auch für Existenzsorgen. Schnell gewann ich den Eindruck, dass sie in ihrer Kindheit auf irgendeiner Ebene vernachlässigt worden sein musste, wodurch sie sich in ihrer Existenz bedroht fühlte. Ihre Aussage, dass sie ihrem Vater nicht verzeihen könne, bestätigte das zusätzlich. Er sei nie für sie da gewesen, klagte sie.

Mir fiel auf, dass sie sich selbst jedes Mal Energie entzog, wenn sie sich theatralisch die Hand auf die Brust legte, um zu verkünden, dass sie nicht verzeihen würde. Sie bestätigte sich selbst damit den alten Schmerz und die Spannung zu ihrem Vater und schwächte auf diese Weise den Lungenbereich.

Irgendwann erklärte ich ihr ganz direkt: »Wissen Sie, jedes Mal wenn Sie nicht bereit sind zu verzeihen – und dabei sind Sie im mittleren Alter und kein hilfloses fünfjähriges Kind mehr –, schwächen Sie sich selbst. Sie fahren Ihre ganzen Selbstheilungskräfte herunter. Ihr Vater, der ja auch ein Kind seiner Generation war, ist wahrscheinlich wie die meisten Eltern der Meinung, dass er nach bestem Wissen und Gewissen gehandelt hat. Sie sind jetzt Mitte fünfzig, kränklich, lassen keine Partnerschaft zu und geben Ihr ganzes Geld für alle möglichen Therapien aus, deren Heilkraft Sie auch nicht zulassen. Ihr Vater sitzt derweil dreihundert Kilometer entfernt in seinem Häuschen, trinkt seinen Kaffee, liest seine Zeitung und genießt seine heile Welt. Seine Resonanz ist heil, und er kommt gar nicht erst auf die Idee, dass er Ihnen etwas schulden könnte. Er hat das gemacht, was er konnte, mehr konnte er einfach nicht. Und deshalb fragen Sie sich einfach mit gesundem Menschenverstand: Wer ist eigentlich in dieser Situation der Verlierer? Wer schadet sich selbst, und dies auch noch freiwillig?«

Da schon einige Sitzungen nutzlos verstrichen waren und auch die Engelbotschaften nichts fruchteten, bin ich dieser Frau gegenüber sehr deutlich geworden. Das gefiel ihr allerdings nicht. Sie blieb dabei, dass sie ihrem Vater nicht verzeihen wolle. Sie wollte ein trotziges Kind bleiben. Sie wollte den Weg aus der Opferrolle heraus nicht antreten – und so konnte ich ihr leider auch nicht weiterhelfen. Sie blieb bei ihren Schuldzuweisungen dem Vater gegenüber und wartete verbittert darauf, dass er sie erlösen würde. Dabei hatte sie all das nicht einmal mit ihm kommuniziert. Er lebte wahrscheinlich tatsächlich einfach zufrieden sein Leben.

Ich sah die Klientin nicht mehr. Ich hatte zu akzeptieren, dass sie sich für den Weg der Selbstsabotage und des Selbstmitleids entschieden hatte. Dagegen konnte ich nichts tun. Und es wäre auch nicht meine Aufgabe gewesen. Ich wünschte ihr alles Gute auf ihrem Weg und gab ihr die Botschaft mit, dass sie sich jederzeit der Liebe öffnen kann und dann auch das Verzeihen möglich sein werde. Vielleicht würden meine Worte irgendwann einmal bei ihr auf Resonanz stoßen. Früher oder später, im Diesseits oder im Jenseits, das habe ich nicht zu bestimmen. Bis es so weit war, würde ihr Körper das austragen müssen, was ihre Seele und ihr Geist noch nicht verarbeiten konnten.

Himmlische Führung

Meine Urgroßmutter hatte mich in ganz jungen Jahren bereits mit Gebeten vertraut gemacht. Sie gehörten ganz sicher zu meinem winzig kleinen Rettungskoffer, den ich auch damals schon hatte, ohne es recht zu begreifen. Daher hatte ich mich eigentlich nie gefragt, wie und warum Gebete überhaupt funktionieren. Ich hatte ihre Wirkung schon oft erfahren, sie aber unbewusst als selbstverständlich hingenommen. Das sollte sich nun ändern, eines Tages hatte ich hierzu nämlich ein tief greifendes Erlebnis.

Ich setzte mich in eine Kirche und beobachtete das Tun der Menschen. In mir trug ich zu jener Zeit noch eine gewisse Blockade aus dem kommunistischen System, in dem ich aufgewachsen bin. Ich staunte, wenn ich die Menschen in den Kirchen und Pilgerstätten sah, die sich dort etwas von der himmlischen Führung erhofften. Es hatte eine Weichheit und ein Einverständnis damit, dass die menschlichen Kräfte beschränkt und begrenzt sind. Das kannte ich aus Russland kaum, denn der Russe verzeiht bekanntlich keine Schwäche.

An diesem Tag wachte mein Bewusstsein auf für die Güte, die uns von den geistigen Welten her entgegengebracht wird. Ich beobachtete eine Frau, die ihr Gebet sprach; und plötzlich sah ich, wie sich eine Lichtgestalt zu ihr gesellte, ein Engel, der ihrem Gebet zuhörte und dann seine Lichtflügel auf die Schultern der Frau legte und sie einhüllte. Genau in dem Moment entspannten sich ihre Gesichtszüge, und ihr Gebet wurde noch inniger. Als sie irgendwann aufstand und ging, begleitete sie der Engel.

Mir war mit einem Mal bewusst, dass ihr Gebet erhört würde. Dass unsere Gebete tatsächlich erhört werden! Es war zunächst ein Schock für mich, denn dieses Wissen widerstrebte allem, was ich in meiner Erziehung bis dahin erfahren hatte. Doch jetzt öffneten sich meine Augen und mein Herz für die tiefe Gnade, die wir erfahren, sobald wir uns für die himmlischen Kräfte und die Engel öffnen. Es veränderte meine Weltsicht nachhaltig.

Ich sah dem Engel nach und fragte spontan, ob es wirklich wahr wäre, dass auch meine Gebete erhört würden. Er wandte sich zu mir um und nickte zustimmend. Dann war er wieder ganz auf die Frau fokussiert. In meinen jungen Jahren wusste ich in diesem Moment: Da gibt es etwas, was sich so sehr stimmig anfühlt, dem muss und dem werde ich folgen.

Die Suche nach einem Seminarhotel

Dieser Einblick in die Kraft des Gebets liegt mittlerweile viele Jahre zurück. Heute ist das Beten für mich alltäglich und zugleich außergewöhnlich, weil heilig. Dabei ist es für mich einerseits eine unentwegte Bekräftigung meiner Verbundenheit mit der lichtvollen geistigen Welt und andererseits die Quelle für unfassbar schöne und wertvolle geistige Führung und Inspiration. Denn gerade im Beten, im Stillwerden und Lauschen auf das, was die himmlischen Kräfte uns sagen, erfahren wir eine Führung im Leben, die wir aus unserem Ego und unserem Verstand heraus niemals haben könnten.

Eine solche Führung wurde mir auch zuteil, als ich vor einigen Jahren auf der Suche nach einem Seminarhotel war, in dem ich künftig meine Veranstaltungen würde anbieten können. Die ersten Kurse hatten ja in unserem Wohnzimmer stattgefunden, wo es aber sehr schnell zu eng wurde. Wir bauten die Garage aus, aber auch die war bald zu klein, ebenso ein weiterer Raum, der rasch aus allen Nähten platzte. Eine Baugenehmigung für einen Neubau bekamen wir nicht, also mussten wir außerhalb suchen. Mir schwebte so etwas wie ein Seminarhotel vor, in dem ich gut arbeiten könnte und in dem die Teilnehmenden auch bequem wohnen, miteinander kommunizieren und sich verpflegen lassen könnten. Ich war der festen Überzeugung, dass sich zum richtigen Zeitpunkt ein stimmiger Ort finden würde.

Während ich auf Vortragsreisen war, schaute ich mir in unterschiedlichen Gegenden potenzielle Einrichtungen an. Darunter waren auch spirituelle Seminarhäuser, in denen man vor lauter Räucherstäbchen kaum atmen konnte. Dort fühlte ich mich nicht frei genug. Klassische Hotels mit Seminarräumen waren mir stets zu nüchtern, sie hatten diese Business-Atmosphäre, die mir einfach zu wenig Herz ausstrahlte. Ich wollte so gern ein Haus, in dem ich mich genauso wie die Teilnehmer rundum wohlfühlen könnte, wo es frei zuginge, förderlich für Körper, Geist und Seele. Ich wünschte meinen Seminarbesuchern, dass eine Seminarwoche zugleich auch eine Urlaubswoche sein könnte.

Ein weiteres Jahr ging zu Ende, und wir verbrachten unsere Silvesterferien als Familie in der Schweiz. Es war bei uns ein schönes Ritual geworden, dort einen Neujahrsspaziergang durch den Schnee zu machen, in der Kapelle eine Kerze anzuzünden und das neue Jahr mit einem Segen zu beginnen. Auch diesmal waren wir in Morschach am Vierwaldstättersee. Wir wohnten in einer Ferienwohnung wie schon seit vielen Jahren. Dass es nicht weit entfernt ein Seminarhotel gab, wusste ich gar nicht. Ich habe einfach nicht darauf resoniert.

Zu diesem Zeitpunkt aber wechselte dort gerade die Leitung, und das Haus öffnete sich nun für Seminare der unterschiedlichsten Art. War es zuvor ein rein kirchliches Haus gewesen, konnten dort jetzt auch spirituelle Seminare im weiteren Sinne stattfinden. Damit war es energetisch mit auf meinem Radar, und die Schweizer Nachbarn sagten uns: »Geht doch mal in diese Richtung, dort gibt es ein Seminarhaus, in dem sich gerade einiges ändert. Das solltet ihr mal kennenlernen.«

Wir haben das allerdings gar nicht weiter ernst genommen. Denn ich kannte mittlerweile so viele Seminarhäuser, und keines hat mir zugesagt. Als wir in der kleinen Marienkapelle waren, um dort die Kerzen anzuzünden, entzündete ich mein Licht und bat darum, dass ich in diesem Jahr nun wirklich den optimalen Ort für meine Seminare finde, an dem sich alle Teilnehmenden und ich selbst wohlfühlen. Würde das ersehnte Wunder passieren?

Während ich in dieser Kapelle betete, kam ich innerlich tief zur Ruhe. Wir blieben einfach noch etwas sitzen und genossen die Stille des neu beginnenden Jahres. Ich erlebte in dieser Ruhe völlig unerwartet eine wunderschöne Marienerscheinung. Sie leuchtete in einem warmen goldenen Licht, und ihr gütiger weicher Blick strahlte eine Botschaft für mich aus: »Du bist willkommen.«

Ich verstand diese Botschaft natürlich nicht, denn ich hatte gar keine Absicht, mich hier in dieser Gegend niederzulassen.

Also fragte ich nach, was sie meinen würde und ob es dazu noch mehr zu sagen gebe. Doch ihr Lächeln veränderte sich nicht, und die Botschaft blieb: »Du bist willkommen.«

Natürlich wollte ich mit der Marienerscheinung nicht diskutieren, und so nahm ich diese Botschaft einfach an. Ich nahm sie in mein Herz und wollte beobachten, was sich entwickeln würde. Wir wanderten weiter in die Richtung, die uns die Nachbarin gewiesen hatte. Und plötzlich sah ich das Schild: »Seminarhotel Mattli Antoniushaus«. Das Café war offen, wir traten ein, und ich spürte hinein, wie es mir hier gefiele. Das Haus gehört zu einem Franziskanerorden, und seine Energie von Klarheit und Freiheit sagte mir sehr zu. Staunend stellte ich fest, dass ich seit zehn Jahren meine Silvesterferien in einer Ferienwohnung verbrachte und nur kurz entfernt davon ein Seminarhaus liegt, wie ich es mir tatsächlich erträumt hatte.

Nun wollte ich nicht voreilig sein und bat um ein weiteres Zeichen. Auf einem Tisch lagen Flyer des Hauses, ich blätterte darin und sah, dass eine Künstlerin, die dort Seminare gab, im Restaurant neben uns an einem Tisch saß und malte. Kaum hatte ich das bemerkt, saß schon meine Tochter bei ihr und malte mit. Für mich war das die Gelegenheit, diese Frau anzusprechen und zu fragen, wie zufrieden sie mit diesem Haus als Seminarhotel sei. Sie lobte die Anlage in höchsten Tönen und riet, mir von der Rezeptionistin alles zeigen zu lassen.

Nach dem Motto »Prüfe, wer sich bindet« bat ich um ein drittes Zeichen. Tatsächlich fragte ich an der Rezeption nach, ob man mir einiges über dieses Haus als mögliches Seminarhotel für meine Angebote sagen könnte. Die freundliche Dame schnappte mich gleich und führte mich durch alle Seminarräume. Sie zeigte mir das ganze Haus und erklärte mir alles, was ich wissen wollte. Da ich als spirituelle Autorin gerade in religiösen Institutionen auch schon ablehnende Erfahrungen gemacht habe, erklärte ich ihr: »Wissen Sie, ich bin nicht katholisch. Dies und jenes sind meine Seminare. Schauen Sie doch bitte, bevor Sie mir Ihre Mietverträge zeigen, auf meine Homepage, ob meine Arbeit auch in Ihrem Interesse ist.«

Mit ihrem Schweizer Dialekt sagte sie daraufhin nur: »Das macht gar nichts.«

Das war mein drittes Zeichen. Alles ging so leicht, und ich fühlte mich in dem Haus einfach nur wohl. Es war vom Geist der Einfachheit und der Freiheit geprägt und hatte gleichzeitig auch Komfort, beispielsweise im Restaurant mit einem wunderschönen Ausblick über den Vierwaldstättersee und die Berge. Überhaupt gab es hier ringsherum so viel Natur, dass ich fast ehrfürchtig zur Kenntnis nahm: Ich habe es gefunden. Jetzt verstand ich auch das Marienlicht mit seiner Botschaft »Du bist willkommen«.

Im Nachhinein gab sie mir jetzt den Mut, meine Seminare ab sofort tatsächlich in diesem Haus in der Schweiz anzubieten. Es war eine weitreichende und absolut stimmige Entscheidung. Ich machte und mache in diesem Haus nur gute Erfahrungen, und auch meine Kursteilnehmer fühlen sich dort sehr wohl. Der Geist der Franziskaner schwingt weiterhin mit, und zugleich hat sich der Ort für alternative Energien und Angebote geöffnet: eine wundervolle kreative und kraftvolle und dabei frei lassende Energie, von der auch meine Angebote sehr profitieren.

So hat mich die himmlische Führung aus Russland nach Deutschland und nun in die Schweiz gebracht. Nach und nach verlagere ich gemeinsam mit meiner Familie alles in die Schweiz, das Berufliche ebenso wie das Private. Denn auch in meiner Berufung fühle ich mich in der Schweiz besonders wohl. Dort haben geistige Heilweisen und alternative Heilmethoden deutlich mehr Anerkennung als in Deutschland. In der Schweiz habe ich noch nie einen schlechten und negativen Zeitungsartikel über mich gelesen, allenfalls einen neutralen. Man redet hier miteinander und nicht übereinander. Das macht in meinen Augen das Leben in der Schweiz sehr friedvoll. So fühle ich mich hier angenommen, im Seminarhotel über dem Vierwaldstättersee und auch auf der schweizerischen Seite des Bodensees, wo ich in meinem Privatleben angekommen bin. Auf diesem Boden wachsen weitere Ideen für Seminare und für Bücher, und ich kann meine Berufung kraftvoll leben.

Jedes Jahr zum Neujahr – und nicht nur an diesem Tag – besuche ich auch weiterhin die Marienkapelle in Morschach. Immer wieder schenkt mir die geistige Welt dort Botschaften, Orientierung und Lebenshilfe. Ich bin sehr dankbar, mich stets auf die himmlische Führung verlassen zu können.

Geistige Führung, wann immer wir sie brauchen

Aus meiner Erfahrung mit ungezählten Klienten und Seminarteilnehmern kenne ich natürlich auch diese vorwurfsvolle Frage: »Geistige Führung ist ja gut und schön, wenn sie bei dir funktioniert. Aber wo waren denn die Engel, als es mir schlecht ging oder als dieser und jener Mensch einen Autounfall hatte?«

Die für mich stimmige Antwort darauf erhielt ich im Zusammenhang mit einer besonderen Erfahrung: Ich fuhr mit dem Auto zu einem Workshop und hatte ein leicht mulmiges Gefühl. Schon beim Einsteigen waren die Worte in mir: »Fahr vorsichtig.« Das kenne ich so nicht. Also fuhr ich entsprechend langsamer und sehr achtsam. Das Gefühl, dass irgendetwas nicht stimmte, verließ mich auf dieser gesamten Fahrt nicht. Nun fuhr ich schon langsamer als sonst und hatte plötzlich das Gefühl: Komm, fahr noch ein bisschen langsamer. Eigentlich wollte ich pünktlich zu meinem Seminar, doch ich beobachtete mein ungutes Gefühl und nahm es ernst.

Schließlich kam ich zu einer Kreuzung, auf der kurz zuvor ein schlimmer Unfall passiert war. Wäre ich schneller gewesen, wäre ich sicherlich darin involviert worden. So aber kam ich zu der Unglücksstelle, als schon alles passiert war. Ein Lieferwagen war in einen Pkw hineingefahren, der Lieferwagenfahrer war eingeklemmt, überall war Blut, und er schrie panisch. Ich stieg aus und schaute, ob ich irgendwo helfen kann. Zum Glück hatte bereits ein anderes Auto angehalten, und eine geschulte Krankenschwester war dabei, den Lieferwagenfahrer zu beruhigen. Ich rief Polizei und Krankenwagen an, sprach ein Gebet, und bald traf Hilfe ein.

Seither entgegnete ich auf die Frage »Wo war denn der Schutzengel, als ich ihn gebraucht hätte?« mit einer Gegenfrage: »Wo war denn deine Achtsamkeit?«

Es ist tatsächlich unsere Achtsamkeit für die himmlische Führung, die darüber entscheidet, ob uns geholfen werden kann oder eben nicht. Deswegen ist es so wichtig, die Intuition zu schulen und auch das eigene Fühlen immer wieder wahrzunehmen und in seinen Veränderungen zu beobachten. Im

Alltagstrott und im Stress bemerken wir oftmals gar nicht, dass es da eine Warnung gibt. Wir übergehen leise Gefühle, die uns eine Hilfestellung geben wollen, und nehmen sie einfach nicht ernst.

Wir können die Verantwortung für uns selbst an niemanden abgeben, an keinen anderen Menschen und auch nicht an die Engel oder andere himmlische Helfer. Es ist unendlich viel Hilfe für uns da, doch es ist unsere Aufgabe, uns im Leben ganz grundsätzlich für diese Hilfe zu öffnen, gegebenenfalls darum zu bitten und wahrzunehmen, falls uns eine feingeistige Stimme warnen oder schützen möchte. Wenn wir in diesem Bereich immer aufmerksamer werden, dann kann unser Leben erblühen, und vieles, was schiefgehen könnte, kann doch gelingen.

Auch wenn's brenzlig wird

Als Autorin und Vortragsrednerin hat mich die himmlische Führung ebenfalls immer auf meinem Weg geleitet und begleitet. Oftmals wusste sie mich auch zu schützen. So hatte mich beispielsweise einmal eine Buchhandlung zu einem Vortrag eingeladen, bei dem ich meine Bücher präsentieren durfte. Ich freute mich darauf und nahm die Einladung sehr gern an. Einige Wochen vor dem Vortrag aber bekam ich plötzlich böse Drohungen. Es waren sehr wirre Nachrichten, per E-Mail, per Fax und manchmal auch per Post. Immer stand darin: »Wenn du an jenem Ort deinen Vortrag halten wirst, werde ich es zu verhindern wissen«, »Dein Leben wird bald zu Ende gehen« und Ähnliches mehr.

Ich sprach die Sache bei der Buchhandlung an, und sie erzählten mir, dass sie Anrufe bekommen hätten, in denen sich jemand böse darüber beschwert hatte, wie sie »so etwas« zu einem Vortrag einladen könnten. Auch die Tageszeitung des Ortes hatte solche Anrufe bekommen mit der Aufforderung, »so etwas« zu verhindern. Die Mitarbeiter bei der Tageszeitung hatten sogar einen Verdacht, wer dahinterstecken könnte, und gaben mir einen Tipp. Der besagte Mensch hatte einmal bei dieser Zeitung ein Preisausschreiben gewonnen und war damals durch sein Verhalten aufgefallen.

Mich versetzte das Ganze natürlich in Stress. Schon beim Aufwachen dachte ich morgens mit Schrecken daran, was heute wieder im Faxgerät oder im Briefkasten liegen könnte. Außerdem machte ich mir natürlich Sorgen, ob so ein verwirrter Geist, der sich in diesen Aktionen zeigte, mich oder meine Familie vielleicht tatsächlich körperlich angreifen würde. Was hatte ich noch alles zu erwarten bis zum Vortrag?

Ich fragte meine Engel, und mein Schutzengel zeigte mir einen lichtvollen Weg nach vorn und damit die Botschaft, dass alles gut gehen wird. Das freute mich, doch es konnte meine Nerven nicht beruhigen. Also erinnerten mich die Engel an das Konfliktlösungssymbol des Lichtkreuzes. Ich betete: »Liebe lichtvolle, geistige Welt, ich bitte um die erlösende Kraft des Lichtkreuzes für diese Angelegenheit. Auf dass sich alles heilsam und lichtvoll erlösen möge. Ich danke dafür.«

Wie gewohnt habe ich in meinen Händen eine heilende Lichtkugel erschaffen, die Energie fließen lassen und in der Lichtkugel das Lichtkreuz visualisiert. Dieses Symbol habe ich dann in diesen Konflikt geschickt. Ich merkte, dass die Energie zu arbeiten begann und es in mir ein wenig ruhiger wurde.

Ich erschuf eine zweite Lichtkugel und sprach: »Liebe lichtvolle geistige Welt, ich bitte um die erlösende Kraft des Lichtkreuzes. Möge es zwischen mir und dieser Angelegenheit wirken. Danke.« Ich visualisierte in der Lichtkugel das Lichtkreuz und stellte es diesmal zwischen mich und diesen Mann. Dabei konnte ich deutlich spüren, dass sich ein Schutz aufbaute.

Es war ein gutes Gefühl, etwas tun zu können, statt einfach nur wartend herumzusitzen. Ich erschuf noch eine dritte Lichtkugel und sprach: »Liebe lichtvolle geistige Welt, ich bitte um die erlösende Kraft des Lichtkreuzes für mich, auf dass diese Emotionen, diese Gefühle, diese Resonanz sich heilsam, liebevoll erlösen können. Danke.« Dieses Lichtkreuz der Erlösung stellte ich in meinen Körper hinein und merkte, wie ich mich würdevoll aufrichtete und stärker fühlte.

Jeden Tag machte ich diese Heilübung mit den drei Lichtkreuzen nun dreimal, morgens, mittags und abends. Ich merkte, wie ich von Tag zu Tag ruhiger wurde und auch die Drohungen seltener wurden. Ich spürte bald keinerlei Emotionen mehr, wenn es um die Drohungen ging. Und irgendwann gab es keine Drohbriefe mehr, und ich vergaß, in dieser Sache zu beten.

Am Tag des Vortrages – es war Spätherbst und sehr früh dunkel – fuhr ich zur Buchhandlung. Der Raum war wie immer voll, und ich hielt meinen Vortrag. Erst am Ende erinnerte ich mich, dass doch hier noch etwas gewesen war. Als ich mit den Buchhändlern über die Drohungen ins Gespräch kam, sagten auch sie, dass es seit einigen Tagen keine Zwischenfälle mehr gegeben habe. So konnten wir den Abend ganz unaufgeregt abschließen, und ich ging entspannt nach Hause.

Für mich war durch diese Erfahrung besonders deutlich geworden, dass mich negative Emotionen nicht mehr erreichen können, wenn ich das entsprechende Thema vollständig in mir bearbeitet und erlöst habe. Natürlich hätte ich den Termin auch absagen können. Doch dann wäre ich davongelaufen. Angst ist niemals eine gute Beraterin. In einer liebevollen und zuversichtlichen Verbindung mit den lichtvollen geistigen Welten hingegen können wir uns auf unglaubliche Weise schützen und heilen und auf unserem Seelenweg voranbewegen. Zu unserem eigenen Wohl und zu dem von anderen. Und in diesem Sinne wird wohl auch mein Weg weitergehen.

Vom Dunkel ins Licht

Wie viel Zeit ist vergangen, seit ich damals als Kind zitternd und mit schmerzender Lunge am Ufer des Sees saß, in dem ich beinah ertrunken war? Jahrzehnte sind es, und manchmal kommt es mir so vor, als seien es mehrere Leben gewesen. So viele Facetten meiner selbst hatte ich seither erfahren und wie kostbare Geschenke auspacken dürfen. Was ich damals schon ahnte, hat sich bestätigt: In mir gibt es tatsächlich eine unbeschreibliche Stärke und das Wissen, dass ich niemals tiefer fallen kann als in Gottes Hände, als in dieses liebevolle Bewusstsein, das mich in der Tiefe des Wassers als warmes goldenes Licht umfangen hatte. Dieses Licht und die tiefe Geborgenheit der göttlichen Liebe, sie hatten mich nie wieder verlassen. Nicht immer hatte ich mich an sie erinnert, doch im rechten Moment waren sie stets wieder da.

Wie gesagt: Oft denken Menschen, die mich heute erleben, dass mir alles in den Schoß gefallen sei. Sie denken, dass ich nie ernsthafte Schwierigkeiten zu überwinden hatte und wie ein Engel auf Erden lebe. Doch diese Reife, die ich heute ausstrahle, musste ich erst entwickeln. Nur durch meinen Lebensweg und alles, was ich in diesen ersten vierzig Jahren gemeistert habe, strahle ich heute eine innere Stärke aus, inneren Frieden und Klarheit. Meine Biografie zu schreiben war daher für mich eine wundervolle Gelegenheit, anhand meines Beispiels auch andere Menschen in ihrer Entwicklung anzuregen und sie vielleicht aus einem märchenhaften Glauben herauszulösen, dass das Glück einigen Menschen einfach zufällt und sie selbst nicht zu diesen Glücklichen oder sogar zu den Opfern gehören. Nein. Es ist ein innerer und auch äußerer Weg nötig, um vom Opfer zum Gestalter zu werden und sich ganz aktiv vom Dunkel ins Licht zu bewegen. Außerdem geht es auch in einem spirituellen und medialen Leben nicht darum, keine Probleme zu haben. Es geht um eine lösungsorientierte Haltung. Um die Zuversicht, für alles im Leben Anstehende lichtvolle Lösungswege zu suchen und zu finden.

Wenn ich jetzt am Ende dieses Buches mein Leben betrachte, dann erkenne ich einen gewissen roten Faden. Eins hatte zum anderen geführt, und die großen Haltestellen im Leben kann ich tatsächlich als Stationen meines Seelenplanes erkennen. Diesen roten Faden noch klarer wahrzunehmen und aus tiefstem Herzen dankbar zu schätzen, das ist für mich ein großer Gewinn aus der Arbeit an diesem Buch. Ich bin selbst erstaunt, was das Schreiben meiner Biografie an Schönem mit mir gemacht hat. Und ich bin erstaunt, jetzt mit meinen vierzig Jahren die Dichte der Erfahrungen und den Reichtum meines Entwicklungsweges, die Vielfalt in meinem Lebensprozess zu erkennen. All das noch einmal zu durchdenken und aufzuschreiben offenbarte mir auf ganz neue Weise meine Stärke und ließ mich meinen Lebensweg noch einmal neu verstehen.

Ich bin zutiefst dankbar, heute sagen zu können, dass ich den lichtvollen Sinn dieses Lebens erfülle, weil ich mich in allem stets weiterzuentwickeln versuchte und mir die Güte im Herzen bewahrte. Im Leben zu reifen, das ist für mich die größte Freiheit, denn das bringt mir eine innere Stabilität und zugleich eine tiefe Anbindung an die geistige Welt. Bei all den Herausforderungen und Wendungen im Leben habe ich die Erfahrung gemacht, dass ein Mensch dann gereift ist, wenn sich sein Vertrauen und seine tatsächlichen Handlungen im Sinne dieses Vertrauens im Leben die Waage halten. Reife heißt zu wissen, dass man bei allen Herausforderungen bereit ist, selbst nach Lösungen zu suchen, und dabei alles, was man bislang an Erfahrung und Unterstützung erleben durfte, miteinzubeziehen. Für mein bisheriges Leben bewahrheitet sich in jeder Phase der Satz, dass ich zwar nicht immer bestimmen konnte, was auf mich zukommt, doch ich konnte immer bestimmen, wie ich damit umgehe. Genau das ist Freiheit.

Ich wünsche allen Menschen, die dieses Buch lesen, sich davon inspirieren zu lassen, auch ihr eigenes Leben in Dankbarkeit und Wertschätzung zu betrachten. Vielleicht willst du dir die Zeit und die Muße nehmen, auch auf die Stationen in deinem bisherigen Leben zu schauen und dich zu fragen: Was ist der rote Faden in deinem Leben? Mit welchen Qualitäten hast du dein Leben gestaltet, und welche Erfahrungen haben es dir ermöglicht, innere Kraft zu entwickeln? Auf diese Weise kannst du deinen lichtvollen Seelenplan immer besser begreifen und aus einer immer größer werdenden inneren Kraft heraus deine Zukunft gestalten.

Es ist wahr, dass in meinem Leben sehr viel Ernst war. Doch ich durfte diesen Ernst in eine mystische Tiefe verwandeln. So viele meiner Erfahrungen lehrten mich, stets im Bewusstsein des Todes zu leben und nichts als selbstverständlich anzusehen. Keinen einzigen Tag, keine liebevolle Geste, keinen der geliebten Menschen in meinem Umfeld. Keinen der Teilnehmenden an meinen Veranstaltungen, kein neues Buch, keine Idee oder Inspiration. Weder Frühling noch Sommer, Herbst oder Winter. So lebe ich voller Dankbarkeit jeden Moment und weiß, dass wir als Seelen unsterblich sind. Wenn mein Leben jetzt zu Ende wäre, wüsste ich nichts zu bereuen. Ich würde glücklich die Augen schließen, weil ich immer ich selbst gewesen bin, und das ist für mich das Höchste überhaupt. Vielleicht werde ich irgendwann erfahren, warum das für mich so dramatisch wichtig ist.

In unserer Gesellschaft werden Menschen mit spirituellen Gaben, mit dieser Feinheit, Offenheit und Sensibilität leider nicht so sehr geschätzt, wie ich es mir wünschen würde. Und ich bin sehr dankbar dafür, dass ich in all meinem Wirken nicht nur eine Anlaufstelle für spirituelle Menschen sein kann, sondern auch schon viele Zweifler dabei unterstützen konnte, sich für eigene Erfahrungen des Spirituellen zu öffnen. So viele Fragen drängen in unserer Welt auf Antworten. Und wir werden uns für gute und friedvolle Wege in die Zukunft für immer mehr Mitgefühl und ein höheres Verantwortungsbewusstsein öffnen müssen. Auch wenn sich unsere Welt noch so stark verändert hat, die Bedeutung der geistigen Anbindung, die Grundphilosophie der Liebe, diese Gesetzmäßigkeiten des Lebens galten immer und gelten auch weiterhin. Sich nach ihnen auszurichten und in allem nicht die Gegnerschaft, sondern die Versöhnung und die Heilung anzustreben, das ist für mich aus all meinen Erfahrungen heraus das wertvollste Vorgehen geworden.

Immer wieder werde ich gefragt, ob es nicht naiv ist, von einer positiven Weiterentwicklung der Menschheit auszugehen. Ich antworte darauf mit einem klaren Nein. Es hat sich über die Jahrtausende, Jahrhunderte und auch die letzten Jahrzehnte so vieles zum Guten weiterbewegt. Allerdings bildet das die Berichterstattung des Großteils der heutigen Medien nicht ab. Doch wir können uns aktiv auf die Suche nach all dem machen, was die Liebe, das Mitgefühl und die Schönheit hochhält und weiter vermehrt. Ich persönlich bin sehr, sehr dankbar und glücklich darüber, in einer Zeit zu leben, in der es so viel Freiheit und Frieden gibt. Das ist keineswegs selbstverständlich. Und wir müssen diesen Frieden und diese Freiheit behüten, bewahren, in die Welt tragen und uns dafür einsetzen, indem wir von Herzen miteinander kommunizieren und eher das Verbindende als das Trennende sehen, indem wir auf Lösungen und auf Heilung fokussiert sind.

Eine andere Frage, die mir sehr oft gestellt wird, ist die, ob sich die geistige Welt mit der Zeit verändert habe. Über die Jahrtausende hinweg oder vielleicht auch seit meiner Kindheit. Ist die Welt heute höher schwingend als früher? Ich kann nicht wahrnehmen, dass sich die geistige Welt verändert hätte. Die Gesetzmäßigkeiten dort sind und bleiben die gleichen. Allerdings sind wir Menschen in unserer Wahrnehmung und unserem Empfinden feiner geworden. Immer mehr öffnen sich für die geistigen Welten und tauschen sich untereinander auch darüber aus. Darum haben wir heute ein unvergleichlich großes Wissen über diese Welten und ihre Zusammenhänge zu unserer alltäglichen Welt.

All das beschleunigt sich immer weiter: Wir lernen immer schneller, Heilung geht immer schneller, und es stehen uns auch immer mehr Methoden und Möglichkeiten zur Verfügung. Wenn ich allein beobachte, was unser Verein für geistig behinderte Kinder in Russland in sieben Jahren an Anerkennung in der Gesellschaft erreicht hat, das hätte in früheren Generationen vielleicht siebzig Jahre benötigt. Immer braucht unser Bewusstsein für seine Entfaltung Zeit. Wir müssen Erfahrungen machen, sie durchdringen und aus ihnen lernen. Und gerade heute haben wir die Chance, in einem Leben ungeheuer viel zu erreichen – an eigener seelischer Weiterentwicklung und an Inspiration für andere.

Ich weiß, dass ich die Zeit, die mir in diesem Leben bleibt, in tiefer Demut, mit Würde und Dankbarkeit annehmen werde. Für unsere Seele geht es darum, dass wir einen liebevollen Fußabdruck in dieser Welt hinterlassen. Denn am Ende unserer Reise werden wir uns nicht fragen: »Was hat mir die Welt gegeben? Was habe ich alles angehäuft? Bin ich auf meine Kosten gekommen?« Vielmehr wird sich unsere Seele, wenn sich unsere physischen Augen zum letzten Mal geschlossen haben, fragen: »Wie intensiv habe ich gelebt?« Und das wird abhängen von den Fragen: »Wie intensiv habe ich geliebt? Und wie intensiv konnte ich die Liebe anderer annehmen?«

Mögest du diese Fragen dann mit deinem Herzenslächeln beantworten können. Und vielleicht möchtest du sie dir sogar jetzt schon jeden Abend vor dem Einschlafen stellen und lächelnd der Antwort in dir lauschen.

Weitere Informationen *

Kontakt zu Jana Haas: www.janahaas.com

Lieferbare Werke von Jana Haas

Engel und die Neue Zeit – Heilwerden mit den lichten Helfern (Allegria)

Engelkarten – 44 Lichtbotschaften mit Anleitung (Allegria)

Schutzengel – Wie uns die himmlischen Begleiter zur Seite stehen (Knaur)

Schutzengel (Meditations-CD, Knaur)

Jenseitige Welten – Die Reise der Seele ins Licht (Knaur)

Himmlisches Wissen – Ein erfülltes Leben mit Hilfe der Engel (Knaur)

Der Seelenplan – Was unser Schicksal bestimmt (Goldmann, auch als Hörbuch bei Trinity)

Heilen mit der Göttlichen Kraft – Aktiviere deine inneren Heilkräfte mit Cosmogetic Healing® (Goldmann)

Jede Seele ist in der Liebe zu Hause – Das Geheimnis einer erfüllten Partnerschaft (Knaur)

Dein Herz kennt den Weg – Alle Antworten, die du jemals gesucht hast (Goldmann)

Das Mysterium der Bäume – Selbsterkenntnis, Liebe, Heilung (Trinity)

Das Seelenhören – Innere Stärke in herausfordernden Zeiten (Scorpio)

Jana Haas – Kinderhilfe in Russland e. V.

Ziel des gemeinnützigen Vereins ist es, geistig behinderten Kindern in Russland, die dort keine Lebensperspektiven haben, ein besseres und menschenwürdiges Leben zu ermöglichen. Wir sind auf Spenden angewiesen. Alle eingehenden Spenden gelangen zu 100 Prozent, ohne jeglichen Abzug, zu den Empfängern.

Näheres unter: www.janahaas-kinderhilfe.de

Spendenkonto: Sparkasse Bodensee
Jana Haas – Kinderhilfe in Russland e. V.
IBAN: DE79 6905 0001 0024 6628 01
SWIFT-BIC: SOLADES1KNZ

Verzeichnis der Rituale, Gebete und Übungen